教育哲学のデューイ

連環する二つの経験

田中智志 編著

東信堂

はしがき

ずいぶん前から、デューイの思想を「教育哲学」として読んでみたい、と考えていた。そんなことは昔から行われているだろう、といわれそうであるが、これまで行われてきた「教育哲学」――「道具主義」「実験主義」「経験論」「プラグマティズム」と形容されてきたそれ――とはちがう「教育哲学」として、である。端的にいえば、それは「存在論」としての「教育哲学」である。

「存在論」といえば、アリストテレスの「存在」の議論、すなわち「形而上学」を思い浮かべる人も多いだろうが、ここでいう「存在論」は、ハイデガーのいうそれである。すなわち、ある人が現に存在すること、すなわちほかならないこの人として固有本来的に生きることを語ろうとする言説である。この現に存在すること、つまり「現存在」は、「実存」（エクシステンティア existentia［外へと向かい在ること］）であり、したがって「超越」（トランスケンデンティア transcendentia［境いを超えて上がること］）である。

ここでいう「超越」は、通例、「形而上学」と訳される「メタフュシカ」（Metaphysica）の原義に近い。フュシス（phsis）は、出自・本性・習性・外見・自然などを意味するが、ここでいうそれは、自然なものに見えるものである。したがって、ここでいう「メタフュシカ」は、アリストテレスの『形而上学』のように体系的で表象的な考察ではなく、もっともらしく見えるものを超えるという蠢動態である。

私にとって、教育においてもっともらしいものは、「自己」が自明のごとく前提にされていることである。「自己」は、意図し思惑し欲望するそれ、「エゴイセントリズム」の「エゴ」である。なるほど、およそ人は、「自己」によって生きているが、ときに（しばしば？）「自己」を超えて生きている。それは、たとえば、「忘我」「無我」「夢中」「取り憑かれたように」「思わず」「いつのまにか」と形容される言動のなかに見られる。意図し思惑し「愛」することもあれば、唐突に自然に「愛」することもあるように。

私たちのもっとも身近な意識的営みが「経験」であるとすれば、その身近な「経験」のなかにこそ、事実の学も規範の学も語りえない超越が、見いだされる。俗世を離れたところに籠もり「修行」することによってではなく、重要なことは、踏まえられる文脈である。「経験」という言葉を「経験論」を文脈にして使うかぎり、この超越は現れないが、この言葉を存在論の文脈として使うなら、この超越が現れる。

つまり、教育というまさに身近な営みに、「自己」からの超越を見いだすこと、それもいきなり仏教的・キリスト教的な意味世界を文脈とした教育ではなく、存在論を文脈とした教育を見いだすことが、ここでいう、〈教育哲学〉である。したがって、本書で読みとく「経験」は、エヴィデンスに固執する人が使う経験ではなく、デューイが「形而上学的転回」以降によく語るようになった経験である。

ちなみに、私が「経験」という概念を存在論的に考えるきっかけになったのが、二〇一三年の暮れに兵庫教育大学附属小学校から、同校の研究発表会における「講演」を依頼されたことだった。迷うこともなく『経験の再構成とは何か――デューイの協同性』という題目をお伝えしたことを覚えている。講演は、二〇一四年二月に、同名のまま させていただいた。序章に収めた論考は、そのときの原稿に加筆したものである。

田中智志

目次／教育哲学のデューイ——連環する二つの経験

教育哲学のデューイ　連環する二つの経験

序　章　教育哲学のデューイへ

——「経験の再構成」とは何か

田中智志

〈概要〉デューイとともに**教育を哲学する**ために、デューイのいう「経験の再構成」の含意を考えてみよう。「**経験**」という言葉で表現される営みは、〈私〉の**直接経験**にとどまらず、〈私〉が言葉を介して他者の経験を経験すること、つまり**間接経験**でもある。どちらの経験も、それが自然にかんする経験である場合、人が〈よりよく生きようとする〉ために不可欠である享受の自然観を生みだす。この自然観は、物と人のかかわりあいを、**試みる／受けとめる**という関係として理解するとともに、人と物の呼応可能性にもとづき、人と自然の関係を、**自然の恩恵に与りつつ自然を使う**という関係として理解することである。こうして形成される享受の自然観は、人が、人とともに自然を気遣うという、文化の**倫理的基礎**をもたらす。こうした享受の自然観の形成が、デューイのいう「経験の再構成」の含意である。教育が、人が〈**よりよく生きようとする**〉ことへの支援であり、〈よりよく生きようとする〉ことが、経験の再構成であるなら、教育のめざすところの一つは、享受の自然観の形成、といえるだろう。

1　経験の本態を問う

〈見えないもの〉と経験

本書の主題は、ジョン・デューイ（Dewey, John 1859-1952）の教育哲学である。「教育哲学」（Philosophy of education）という言葉は、「ジョン・デューイ」と呼ばれる思想を読む方向性を形容している。デューイの思想は、「知識論」「プラグマティズム」「教育論」「政治論」「美学論」など、多岐にわたる。本書の試みは、そうした領域を横断しながら、緩やかに「教育哲学」という方向に収束させる試みである。

ただし、私は、教育と教育哲学を定義することにさして関心をもっていない。私の関心は、教育を措定することで、思考するという生動的営みに存在論的自由を与えることである。さしあたり、教育とは人が〈よりよく生きようとする〉ことへの支援であると措定すれば、教育哲学は、そうした人の固有本来的な生の動態をなんとかして語ろうとする努力であるといえるだろう。この生の動態は、規範・命題として提示されるものではなく、〈見えないもの〉ないし〈語りがたいもの〉として黙示されるものである。それは、自然科学が追究する法則（数式）としてのそれではなく、人が生きることそれ自体の本態としてのそれである（ちなみに、デューイ自身は「……教育は、生きること（living）のプロセス［＝問題処理・成り行き］であり、将来の生活（living）のための準備ではない」といい（MPC: 87）、「哲学は、［自然と他者に向かいつつ、性向を根底的に形成するプロセスである］教育の普遍理論として規定される」と述べ、「教育哲学とは……義しい精神的・道徳的習性を形成するさいに現れる問題をはっきり規定することである」と述べている（DE: 338, 341））。

この〈見えないもの〉は、たまに垣間見える。それは、私たちが環境（他者・事物・世界・社会など）と接する場面を深くふりかえるときである。端的にいえば、デューイがするように「経験」を反照的に思考するときである。デューイの関心が「経験」に集中していたことは、よく知られている。それは、およそ「自己」（エゴ）の意図・思惑を越えて始まるという意味で、「私が経験している」といいにくい。「私に経験が生じている」というべきだろう。デューイは「それ［＝「自己」ではない何か」が経験していると言うべきである」と述べている（EN: 178-9）。経験は、「私」の営みでありながら、「自己」を越えていると。

のちほど確かめるが、デューイにとって、経験は、「私」という身体が世界・自然に参与しそこに位置づけられるときに、「私」に立ち現れること、つまり出来事である。参与することは、物質的・意識的に、たとえば、教室・職場などに入ることではなく、そうした場所を成り立たせている根本的な連関、デューイが「全体（性）」と形容するそれに自分が組み込まれていることに気づくこと、すなわち、私たちの生きることそれ自体が「全体」という〈見えないもの〉に組み込まれていると感じることである。おそらく、経験は、それがどんなに身近なものでも、〈見えないもの〉の表徴であるといえるだろう。

直接経験と間接経験

ともあれ、あまり先走りせずに、ふだん使われている「経験」という言葉の意味を考えてみよう。手始めに、二〇〇二年の大学入試センター試験の「国語」のある「問題」を取りあげよう。その「問題」は、心理学者の浜田寿美男の『「私」とは何か』をかなり長く引用しつつ、受験生に、人の「経験」が、「身体感覚」に支えられた「直接経験」にとどまらず、「言葉」に支えられた「間接経験」でもある、という理解を求めている。その引用されているところの一部を引用しよう。

「….次のような場面を書物で読んだとすればどうだろうか」。

「庭でコマ回しに興じていた子どもが、不意に『あっ、雪！』と叫んで空を見上げた。大きなぼたん雪が、鉛色の空からゆらりゆらりゆらりと舞い落ちてくる」。

「ここでも私たちは、しっかりとその雪が落ちてくる情景を思い浮かべる。たとえこれを読んでいるのが真夏で、ステテコ一枚で、団扇をバタバタやっていたとしても、その雪の場面を理解するのに不都合はない」。このとき「ことばは現実の場面を離れて、それだけで一つの世界を立ち上げる、そういう力をもつと言える。そこにことばの世界と身体の生きる世界との二重化をはっきりと見ることができる」。「身体がその生身で直接に生きる世界とは別に、ことばがそれだけで独自に開く世界がある。このことを人は『ことばの宇宙』と呼んできた。….ことばがまったく身体の世界からの支えなしに、それだけで成り立つなどということは、本来ありえない」（浜田 1999: 14-7）。

ここに描かれているような、人の経験が直接経験（実体験）だけでなく、言葉に媒介された間接経験でもあるということは、ありふれた事実である。言葉を通じて、苦しんでいる人・痛んでいる人のその苦しみ・痛みが、如実に伝わってくること、つまり「共感」（いいかえれば「交感」ないし「共鳴共振」）という事実は、よく知られている。他者の感情だけでなく、引用の文章にあるように、「雪がふる」という自然の事実でさえも、あたかも自分で経験しているかのように、他者の経験を経験することがある。

ここで立ちどまって確認しておくなら、教育学界では、この間接経験が直接経験から切り離されてきた。教育界では、身体感覚と言葉は、対立するものであるかのごとく位置づけられてきた。すなわち、一方で「経験学習」「体験学習」「経験主義カリキュラム」など、「経験」(実体験)を重視する考え方が強調され、他方でこれに対立する「系統」(科学知)を重視する考え方、「系統学習」「学問中心」「学問中心カリキュラム」が提示されてきた。この「経験／系統」の対立については、これまでたびたび議論されてきた。一九五〇年代の「生活教育」「問題解決学習」をめぐる議論は、そうした議論の一つである。

しかし、こうした「経験／系統」という対立図式を強調しすぎてはならないだろう。なるほど、五感の体験(生動的な活動)と科学の言葉(事後的な思考)は、たしかに区別されるが、さきほど述べたように、経験は、五感の体験、すなわち直接経験のみならず、言葉を媒介とした間接経験もふくんでいるからである。重要なことは、直接経験も、間接経験も、「系統」すなわち科学知を経由しつつも、たとえば「水とは△△である」「人間とは○○である」といった表象性・客観性を重んじる科学の言葉をふくみつつも、〈よりよく生きようとする〉という、人の本来的な生の動態(存在様態)を指し示していることである。

ここでいう「よりよく」は、ギリシア形而上学の「最高善」やキリスト教神学の「完全性」といった「善」ではない。そうした「善」は、通念においては、所定の規範命題である。ここでいう「よりよく」は、私たち一人ひとりの固有的で具体的な情況において、遂行的に希求されるとともに、いいかえれば、投企されるとともに、事後的に象られることである。これもまた、デューイが繰りかえし述べてきたことである。たとえば、「よい人は、道徳的に価値づけられていなくても、よりよくなろうとしている(is moving to become better)人である」といわれているように(RP: 180 傍点は引用者)。

デューイの経験概念が暗示する教育哲学

デューイを「教育哲学」として、すなわち〈よりよく生きようとする〉という人の本来的な生の動態を語ることとして読むとき、通念のデューイ像がずらされるだろう。デューイといえば、「新教育」の主導者であり、「経験／系統」という対立のなかで「経験」を重視する「経験主義」ないし「プラグマティズム」を提唱した教育学者である、と思われてきた。しかし、以下の行論のなかで明らかになるように、デューイは、いわゆる「経験主義」を唱えて「系統」を軽視した教育学者ではない。もっとはっきりいえば、デューイは、「経験」を「系統」に対立させていない。経験概念をきちんと規定せずに、デューイの思想を慣習的に「経験主義」「プラグマティズム」と形容することは、デューイの矮小化にひとしい。

デューイの経験概念は、さまざまに語りうるが、その本態は、人の自然に対する関係性によって規定されている。いいかえれば、経験するという営みの「性状（質）」（quality）は、人の自然に対する関係性、すなわち自然観に支えられている。ここでいう「自然観」（view of nature）は、文化（人為）以前から在るものの全体、すなわち「存在全体」としての自然に対する態度であるが、それは、「自己」の意図・思惑・欲求を具現化するための手段として自然を利用・活用するという、道具的な自然観――「使う」ことを重視する自然観――ではなく、自然を、よりよく生きることを可能にする贈りものと了解し、それに与りつつ、それを使うという、享受の自然観――「与る」ことを重視する自然観――である。

人は、この享受の自然観をもつことで、自然を構成するさまざまなものに対しても、むろん人に対しても、肯定的にかかわることができる。ここでいう「肯定的」（positive）は、物・人を「（人為を超えて）置かれたもの」（positum）として受け容れることである。それは、検証され確認された事実のみを承認する態度という意味の「実証的」（positive）

から区別される。この肯定的態度を生みだす享受の自然観は、人の本来的な生の動態の礎となるだろう。ようするに、ここでいう経験は、人が自然に対しても他者に対しても肯定的にかかわることを可能にする自然の概念をふくんでいる。本論の目的は、この経験を支える自然の概念を敷衍することであり、またその自然の概念が文化の継承・創出の基礎であると示唆することである。

まず、第2節で、学校で行われている自然の経験（体験活動）がどのようなものか、具体的な事例をあげて示す。端的にいえば、それは、自然へのはたらきかけ（試み）と自然からの応え（受けとめ）という営みである。ついで、第3節では、この自然の経験が享受の自然観を醸成することをデューイの議論を踏まえつつ示す。端的にいえば、その契機は、物に「呼応可能性」を見ることである。そして、第4節では、享受の自然観を踏まえるとき、人は、自然だけでなく他者を無条件に気遣うという、倫理的態度を形成することができる、と述べる。つまり、物に呼応可能性を見いだす享受の自然観が、デューイの自然概念であり、そうした自然概念とともに生きることが〈よりよく生きようとする〉ことである、と。

2　自然の経験

享受の自然観の形成という課題

人が〈よりよく生きようとする〉ことは、たとえば、現代社会に不可欠な倫理的基礎を希求することである。それはおそらく、地球温暖化・海洋汚染のような、地球的規模の環境破壊を押しとどめるための、享受の自然観をもつことではないだろうか。「グローバル・イノベーション競争」に打ち勝つことも大事であるが、それは、私たちの生存の基盤がすでに確保されていることが前提である。グローバルな競争に勝つことばかりを考えて、その前提である生存の基盤、すなわち地球環境の保全を蔑ろにしては、本末転倒である。地球温暖化・海洋汚染・生物多様性の危機などは、喫緊の問題であり、抜本的対策を必要としている。この地球環境を保全するための倫理的基礎が、自然に与りつつ生きるという享受の自然観である。

この享受の自然観は、「持続可能な開発」論を学ぶことによって形成されるのではなく、自然を具体的に経験する教育のなかで培われるだろう。たしかに、日本の多くの子どもたちは、学校で自然を具体的に経験する教育を受けている。教科の時間でも、総合学習の時間でも、特別活動でも、さまざまな自然体験が用意されている。たとえば、田植え・稲刈りなどの、またサツマイモ・ジャガイモ作りなどの、農作物を育てる具体的な農業体験・栽培体験が用意されている。また、里山を散策したり、柴刈り・焚き火などを体験したりする里山体験学習、アマモの再生を試みる里海プロジェクトなどの自然体験も用意されている。

たとえば、サツマイモ作りは、よく知られた栽培体験であろう。校庭の片隅を畑にして、サツマイモを栽培するとき、子どもたちは、苗床ハウスを作り、苗を植え、肥料をやり、水をやり、雑草をとる。そして、およそ4ヶ月後に、葉が茂り、下葉が枯れ始めるころに、イモ掘りを行う。子どもたちは、目を輝かせ、サツマイモを掘り出し、「すごい、すごい」と、その大きさに歓声をあげる。

驚異の感覚から新たな知識へ

しかし、こうした栽培体験・自然体験は、多くの場合、充実しているけれども個別の体験にとどまっているのではないだろうか。たしかに、こうした「体験活動」の目的は、「作物を育てることの歓び」「自然の豊かさ」などを子どもたちに実感させることであるから、子どもたちが目を輝かせ、歓声をあげ、楽しんでいれば、その目的は達成されたことになる。しかし、そのとき、子どもたちは、なぜサツマイモができることが嬉しいのか、よく（＝反照しつつ）考えていないのではないか。嬉しいのは、サツマイモを作るという課題を達成したから、という理由にとどまらないはずである。嬉しいのはまた、あの細く短かった苗がこんなに太くなり長くなり、影も形もなかったイモがこんなにたくさんついている、という、自分の思議を超える現象に驚く感覚、すなわち「驚異の感覚」（sense of wonder）にも由来するはずである。

考えてみれば、子どもたちの日々は、驚異の感覚に満ちている。「どうして……」「なぜ……」と、親を質問攻めにする姿に象徴されるように、子どもにとって、この世界は驚異の世界である。社会とともに、自然は、自分の思議をはるかに超えた存在である。この自然の不思議さを前にして、子どもは、それを理解しようとする。すなわち、不思議を思議のうちに収めようとする。それがあの質問攻めである。この不思議の思議化は、当の体験以外の知識を必要とする。なぜサツマイモは育つのか。この問いに答えるためには、「水をやると種から芽が出る」「苗は水や肥料をやると根を張る」といった植物一般の知識が必要であるし、つきつめていえば、いのちあるものの成育・成長という生物学の深い知識が必要である。サツマイモ作りという体験は、さまざまな知識（経験知・科学知）に支えられて、新たな知識となる。

「経験」――試みると受けとる

デューイも、この、経験と知識の結びつきを語っている。一九一六年の『デモクラシーと教育』において、デューイイは、「経験の本態(nature)」を理解するためには、経験が「能動的内容」と「受動的内容」をふくむこと、すなわち「試みる」(trying)と「受けとる」(undergoing)という二つの営みからなることを把握しなければならない、と述べている。「私たちは、何かを経験するとき、物にはたらきかけている……。そして私たちは、その結果を物から受けとっている、ないし受けとめている。私たちが、物に対して何かをすると、物は、それに応え、私たちに何かをする」と。この、はたらきかけ(試み)と応答(受けとり)が結びつけられるときにはじめて「私たちは何かを学ぶ」、つまり知識を得ると(DE: 146)。

この「試み」と「受けとり」の関係は、原因と結果の関係(因果の関係)である。デューイは、「指を火に入れると、火傷する」という経験知について、次のように述べている。「子どもが自分の指を火のなかに入れるだけなら、それは経験ではない[ただの行為である]。その行為が、結果として受けとった[火傷という]苦痛と結びつけられたとき、それは経験となる。すなわち、火のなかに指を入れるという行為は、火傷をすることを指し示すようになる」(DE: 146)。この場合、指を火のなかに入れることが「試み」(原因)であり、火傷することが「受けとめ」(結果)である。この人のはたらきかけ(人の試み)と物の応え(人の受けとめ)を因果の関係として、すなわち「法則」(因果律・連関性)として把握することが「思考」であり、いわゆる「経験から学ぶ」ことである。そして、この思考が諸科学の用語・概念・論理によって精緻化されたものが、「学術的(アカデミックな)知識」としての科学知である。

自然とともにある歓び

しかし、さきほど問いかけたように、子どもたちは「経験から学ぶ」だけではない。「サツマイモ」の事例に戻っていえば、「サツマイモができた!」という歓びは、どんなにサツマイモの「成長」にかかわる生物学の知識を学んでも、残りつづけるはずである。作物が成長し結実することは、たしかに経験知・科学知に支えられたわざ・技術を要するが、人の手ですべて成し遂げられるのではない。そこには、人為を超えて自然から贈られたもの――「いのちの驚異」とでもいうべき、おのずからの営みがある。

同じことは、他の栽培体験・自然体験についてもいえるはずである。たとえば、里山を散策すると、子どもが、「この花は、なんていう名前？」と、淑やかな黄色い花を付けている「キンラン」を見つけ、その色に感動し、その名前をたずねることがある。子どもたちにとって花とは、「チューリップ」のような、花壇に植えられた、名前のある栽培種の花であり、道端の自生植物の花は、名前もわからず名札もついていない雑草であるが、その自生植物の美しさに魅せられ、「だれがこんな美しい花をつくったんだろう？」と、いのちの不思議さを考えはじめることがある。人為を超えるいのちがこの世界に贈られていて、その贈られたいのちとともに生きていると感じること――それが、自然とともに生きる歓びであろう。

この自然とともに生きる歓びは、自然の恵みの気づきに通じている。たとえば、里山学習をするときに、子どもたちに、「森は、人間のために酸素を作りだしています」と説明する人がいるが、これは、森を手段化する道具的な自然観につながりかねない。むしろ「森は、人間のために酸素を作りだしているのではなく、自分にとって必要な養分を作りだすときに、いらなくなった酸素を排出しています」という客観的説明のほうが、享受の自然観につながるだろう。すなわち、子どもたちに「人間は、森がなければ、呼吸さえできない生きものであり、つきつめていえば、自然に生かされている」と、気づかせることになるだろう。

享受の自然観とその妨げ

享受の自然観とは、こうした、〈人為を超える贈りものとしての自然があり、人はその自然の恩恵に与って生きている〉、という〈見えないもの〉の了解である。しかし、人と自然のこうした根底的なつながりを示す享受の自然観は、なかなか形成されない。自然の経験がすぐに享受の自然観に至らない理由は、享受の自然観が抽象的・観念的だからというよりも、享受の自然観が社会的規模で行われている自然の利用によって、いいかえれば、道具的な自然観によって退けられているからだろう。自然の利用が享受の自然観を退ける理由は、さまざまであるだろうが、端的にいえば、次の二つの理由をあげることができる。

第一に、自然の利用は、私たちにさまざまな利益をもたらすが、享受の自然観は、私たちに——感動以外の——はっきりとした利益をもたらさない、ということである。自然の利用は、いわば、因果律を求め、それを「自己」の意図・欲望の実現のために活用することであり、それは、多くの場合、経済的利益をもたらす。第二に、私たちの生きている現代社会が、市場経済的な道具的思考に彩られているからである。自然だけでなく、人さえも、経済的利益を生みだすための手段に貶められがちだからである。「役に立つこと」（有用性）が重視され、「役に立たないこと」（無為性）は無視されがちだからである。

しかし、享受の自然観が形成されにくいという現実は、後述するように、この自然観が時代遅れであるということではなく、むしろ積極的に語られるべきことを意味している。それについて論じるまえに、デューイの議論を踏まえつつ、この享受の自然観がどのように形成されるのか、その契機を明らかにしよう。

3　享受の自然観の形成

人と物の相互浸透

デューイは、一九二五年の『経験と自然』という著作のなかで、「享受の自然観」と呼びうる自然観を語っている。デューイにおいては、「自然の本態」（nature of Nature）は「前分節の全体性」（unanalyzed totality）と形容されている（EN: 16, 18）。すなわち、言語によって分節されて、理科的な諸命題（因果関係）によって語られるまえの、さまざまな物が結びつき・移りゆく広大無比の広がりである（EN: 228）。いいかえれば、自然とは、それを構成する諸物が連綿連関し変化推移している全体である。したがって、自然の本態は語りがたい。人にできることは、この連綿連関し変化推移する自然を、その一部分（つまり生きものをふくむ物）を通じて、「心」（mind）で感受し、「かたち」（image）として映出し記憶することである。

デューイにとって、自然の一部である物を「心」で感受することは、人が自然と通じあうことである。デューイは、人が「心」で物を感受しながら、その物にはたらきかけるなら、その物は、その人のはたらきかけに応え、人と通じあう、という。デューイは、この通じあいを、人と物の「相互浸透」（interpenetration）と表現している（EN: 265）。この「相互浸透」は、神学用語であるが、霊的体験ではなく日常体験である。たとえば、サツマイモを育てるときでも、どこで育てるのか、その気候土壌を考えながら、また苗が、どのような種類なのか、その素性を考えながら、サツマイモを育てなければ、いいサツマイモはできない。大きくて甘いサツマイモを作る「わざ」は、繰りかえし気候土壌やサツマイモと呼応するなかで、いいかえれば、通気、水はけ、日照に気をくばり、害虫を駆除し、サツマイモと通じあうなかで、はじめて培われる経験知である。

物は呼応可能性をもつ

デューイは、人と物の相互浸透を生みだすような両者のかかわりあいを「相互活動／相関活動」(interaction/transaction) と呼んでいる (さしあたり、この二つの概念は、デューイが使う場合、同じものを指しているとみなす)。「相互(関)活動」は、その字義が示しているように、人と物が活動 (action) を交わしあう (inter/trans) こと、すなわち人の活動と物の活動が呼応しあうことである。いいかえれば、デューイは、人と物のかかわりあいを、人と人のかかわりあいと同じように考えている。すなわち、人が人とコミュニケーションを行うように、人と物がコミュニケーションを行う、と考えている。

この人と物がコミュニケーションを行うという考え方は、アニミズム的である。デューイ自身、自分の考え方がアニミズム的であると認めている。しかし、デューイは、俗流の「アニミズム」のように「物に自分の欲望や意図を見いだすことは……自然の事実の誤った解釈である」と述べている。「物が人に何かを指示するときは、人と物のあいだで、目的や方途がすでに分かちあわれている」からである。デューイにとって、物にはたらきかけることは、物を自分の欲望や意図に従属させることではなく、物の指示を受け止め、その「潜在的な諸力を解放する」ことである。デューイは、「アニミズムとは［人と人のかかわりあいという］社会的情況の内実を、自然の物と人の直接関係にそのまま見いだした結果、生じた考え方である」と述べるとともに、「すべての物は、潜在的に呼応可能性 (communicability) を秘めている」と述べている (EN: 141-2)。

与りつつ使うというスタンス

こうした人と物とのかかわりあいは、さきほど「経験の本態」として述べたように、人が「試みる」ことであり、また人が「受けとめる」ことであり、人は、この経験の本態から考え出されるわざ・技術を用いつつ、物を「使う」(use/ [L] uti)。しかし、この人と物のかかわりあいが、人が物を支配することではなく、デューイがいうように、人と物が相互に活動しあうことであるかぎり、この「使う」は、いわば「慎ましさ」(humility)という態度をともなう営み、いわば「使わせてもらう」ことになる。この慎ましさとともに使うという態度においては、物は、人が自分の願望を充足するための「手段」として意味づけられるのではなく、自然から人に贈られた「恵み」として意味づけられる。つまり、人と物の相互活動という観点に立つとき、人が物を「使う」ことは、人が物を通じて自然の恵みに「与る」(enjoy/ [L] frui) ことである。

「自然の恵みに与る」ことは、「人間中心主義」(homo-centrism)、「エゴロジカリズム」(egologicalism) で考えているかぎり、正しく理解されない。人が、自然を自在に操作し改造し利用するという道具的な自然観をもっているかぎり、自然は、人が応答する相手ではなく、人に従属するものに貶められるからである。こうした道具的な自然観に立つかぎり、人は、自然とともに生きることはできないだろう。しかし、デューイのように、すべての物に人との呼応可能性を見いだすとき、いわば、人が自然からの呼び声を聴こうとするとき、人は、自分を自然の恵みに与る立場に置くこと、享受の自然観をもつことができる。

この享受の自然観は、たとえば、人が栽培する作物がりっぱに育ったとき、自分の栽培技術を誇るかわりに、自分の栽培技術を超える自然の力に助けられた、と思うことである。そもそも、作物の生育は、天候や気象に大きく左右されるが、人の栽培技術は、天候や気象を操作できるようなすごいものではない。そして、生命自体、人為をはるかに超えている。ようするに、享受の自然観は、技術を一般に、人が願望を充足するための手段と考えるかわりに、人が自然の恵みに与るための手段であると考える。

経験知と科学知

この享受の自然観が暗示することの一つは、客観的な科学知が、具体的な経験知を確かなものにする手段として活用される、ということである。経験知が向かうところは、自然の物の固有性である。二つとして同じサツマイモの苗がないように、そして二つとして同じサツマイモができないように、自然の物は、すべて固有な存在である。つきつめていえば、科学知は、自然の全体性のなかに、すなわち諸物の連綿連関・変化推移のなかに存在しているこの物の固有性を感受するために、使われるべきである。その意味でこそ、科学知は「道具性」(instrumentalities) である。デューイは、なるほど、科学知は「標準化、定式化、一般化、原理、普遍性」に向かう客観性・一般性重視の知であるが、その知は「固有的・一回的であるものによりよく接近するための道具としてあるべきである」と述べている (EN: 96)。

もしも、科学知が固有性を無視し一般性に向かうなら、やっかいな事態が生じる。科学知が原初的経験から離反し、それと対立し、科学知を用いて考案される技術が「人間的な気遣い」から離れてしまう。デューイは次のように述べている。「科学的事象が原初的経験［＝一次経験］と結びついていることが無視されるとき、その結果として生じることは、物の世界像が人間的気遣い (human interests) から無縁なものとなることである。科学的事象が、まるごと経験から隔てられるからである。科学的事象はこのとき、たんに経験から疎外され孤立するだけではない。科学的事象は［人間と］対立する立場に置かれる。つまり、それが確定されたもの・最終的なもの・それ自体と見なされるとき、それは、心の豊かさを抑圧し、想像力を麻痺させる源泉となる。こうした「原初的経験を看過した」物質的世界の像や物質的事象の哲学は、すべての調整改良の企てやすべての人びとを健やかにする知性豊かな見識と矛盾している」と(EN: 20)。

このように「原初的経験」を重視するデューイは、科学的思考に支配され、子どもを目的合理的に管理しようとする思想家などではない。いいかえれば、デューイは、近代教育学の概念、たとえば、『人間形成』「人間性」といった概念をもっとももらしく使いながら、子どもたちを、目的合理的に制御される世界で機械のように生きる人間に仕立てあげようとする、目的合理性をただ信奉する思想家などではない。

学ぶと教わるという呼応の関係

享受の自然観が暗示することのもう一つは、試みる／受けとるの呼応の関係が、学ぶと教わるの呼応の関係を暗示していることである。教えることが学ぶ人の自由を妨げるとか、学ぶことが人の自由を促すといった考え方は、誤りである。享受の自然観から考えるなら、私たちの主体性は、「自己」の表現や言表によって構成されるのではなく、「自己」の外からの呼びかけによって生成する。この呼びかけられることが、およそ教わることである。いいかえれば、主体性は、自存しているのではなく、呼応の関係のなかにある。

驚かれるかもしれないが、こうしたデューイの享受の自然観の含意は、現代哲学の到達点の一つであるレヴィナス(Lévinas, Emmanuel 1906-95)の「応答可能性」(responsibilité)に重なる(TI: 194)。レヴィナスにとって、人は本来的に他者に対し応答可能である。それも、「傷つきやすい」(vulnérable)といえるくらいに応答してしまう。そうした本来的な在りようがなぜか棚上げされて、近代以降、人は理性による自律を標榜し、個人主体として生きるべきである、と語られてきた。この理性による自律は、近代教育学が標榜してきた規範概念でもある。レヴィナスは、この規範概念を否定はしないが、根底から相対化している。

もっとも、レヴィナスの応答可能性は、ユダヤ教思想ないしキリスト教思想に裏打ちされたものであり、基礎的形象は「大いなる他者」すなわちイエス・キリストであろう。すなわち、レヴィナスは、人はイエスの呼びかけにおよそ応答することができる、と考えているのだろう。もしも、応答可能性が、人は本来的にイエスに対し応答可能な状態であることを、基礎的形象としているのならば、キリスト教思想を背景としない人びとにとっては、レヴィナスの議論がどのくらいの訴求力をもつのか、はかりがたいだろう。

そのレヴィナスの応答可能性に比べれば、デューイの呼応可能性のほうが、のちにふれるように、「日本的自観」と通じるところがあるように思う。むろん、デューイの思想も、根底的なところでキリスト教的な傾き、とりわけアウグスティヌスの思想への傾きが感じられるが（田中 2019）、それでもそれは、レヴィナスのそれよりも日本の文化になじみやすいのではないだろうか。

「経験の再構成」とは何か

さて、これまで述べてきたように、デューイにおいては、経験の内容は、試みる／受けとるという呼応の関係、いいかえれば、学ぶ／教わるという呼応の関係のなかで、自然に与りつつ自然を使うという享受の自然観が象られ、深まっていく。こうした経験の象り・深まりが、デューイがいう「経験の再構成」の本態ではないだろうか。デューイにとって、教育とは一人ひとりの「成長」であり、一人ひとりの「成長」の基本は「経験の再構成」であるが、それが意味するところは、明示的に語られていないように思う。

たとえば、デューイは、一八九七年の「私の教育学的信条」(“My Pedagogic Creed”)において、「私が最終的に信じていることは、教育が継続的な経験の再構成(continuing reconstruction of experience)として把握されるべきである、ということである。すなわち、教育のプロセスと目的は[経験の再構成という]一つにして同じものである」と述べている(MPW: 91)。同じことは、それからおよそ四〇年後の一九三八年に出版された『経験と教育』(Experience and Education)においても、述べられている。「教えると学ぶは、経験の再構成の継続的なプロセス continuous process of reconstruction of experience である」と(EE: 59)。しかし、どちらの著作にも、「経験の再構成」が何を意味しているのかが、具体的に書かれていない。

一見すると、知識が量的に増えることや、ある知識が他の知識と結びつくことで体系化されることが「経験の再構成」である、かのようにも見えるかもしれないが、そうではないだろう。これまで確認してきたことから考えるなら、直接経験から生じるさまざまな知見(経験知)が増えるなかで、物の背後に人為を超える、自然の「全体」が拡がっていることが想像され、物がその自然からの恵みであると了解されることで、しだいに享受の自然観が形成されること、つきつめていえば、〈自然は、人の願望や認知をはるかに超える大いなる存在であり、人は、その大いなる存在に支えられ、それに与り、その一部として生きている〉と考えること、これが、デューイのいう「経験の再構成」が向かう先ではないだろうか。

根源的な生と協同的な生

先ほどふれたように、ひょっとすると、享受の自然観という「経験の再構成」の向かう先は、時代遅れに見えるかもしれない。私たちは、テクノロジーがますます進展し、人工的な環境が整備されてゆくなかで、それなりの満足を味わっている。人工の環境が自然の環境よりも自然であるという状態すら、生まれている。稲穂のみのる田園や獣道のある森ではなく、高層ビルが建ちならび、無数の人工音が鳴り響くなかで生きる人は、人の生命でさえも操作対象となることに違和感をもたないかもしれない。人の生命をふくめ、自然はすべて、人がその欲望・欲求に従い、自己決定し、利用し、変形するもの、と思えるかもしれない。

しかし――これといった論拠があって言明するのではなく、漠然と思うことであるが――人の根源的な生は、社会情況がどのように変わろうとも、おそらく変わらないだろうし、それは、人為を超えた自然の恵みのなかにこそ見いだされるだろう。すなわち、人は、自分の意思とは無関係に生まれ、親の愛に育まれ、他者とともに試行錯誤しながら成長し、死を意識しながらも〈よりよく生きようとする〉。こうした人の本来的な生を根源的に支えているものは、親の愛に象徴される、人が人に贈る「無条件の愛」であろうし、この無条件の愛は、人が、自然――またギリシア哲学やキリスト教神学の〈神〉――のような人為を超える存在全体からの恵みに気づくなかで、不完全ながらも、人の為すところとなるだろう。

なぜなら、人は、自分が自然の恵みに与って生きていると気づくとき、すなわち、自分が一つのいのちであり、自然に支えられてて生きていると気づくとき、環境としての自然だけでなく、他者も自分も大切にしよう、と努めるはずだからである。人が享受の自然観に立つとき、自然も人も、自分にとってどうでもいいモノ、また自分がどうにでもできるモノではなくなるからである。自然は、自分を支えるものとなり、他者は、自分と同じように、自然に支えられた一つのいのちとなるからである。端的にいえば、人が自然の内に生きる存在となるからであり、この自然内存在としての他者が自分と同じような存在となるからである。したがって、自然を、人為を超える存在全体ととらえ、人がそのなかで他者と共存在すると考える享受の自然観は、人が自然と人を気遣うための倫理的基礎、つまり「文化」の基礎といえるだろう。

このような自然内共存在という人の生存様態は、デューイが『デモクラシーと教育』で、教育の目的であり前提であるという「デモクラシー」すなわち「協同的な生」(associated living) に重なるだろう。それは、本書のなかで木下論文、西本論文が考察しているように、「一」(unus) でありかつ「多」(multus) である。虚偽・仮象・流転に通じる「多」を否定し、「一」を「真」(verus)・「善」(bonus) に通じるものとして肯定するのは、キリスト教思想の伝統であるが、そのことを脇に置いて、実際の生きざまをよく考えるなら、人びとはおよそ、人として支え援けあい正直であろうとしつつ、一人ひとり固有特異であり多種多様である。すくなくとも、自分がおのずから然る「全体(性)」に参与している、と自覚しているかぎり、そうである。

能力と心情をつなぐ

ここで述べた享受の自然観は、教育学者(理科教育論)の日置光久が唱える「日本型理科」が前提にしている「日本的自然観」と近しい。日置は、日本の伝統的概念としての「自然」(じねん)と、西欧的概念としての「自然」(nature)とを区別し、従来の理科は、西欧キリスト教的な背景をもつ自然を前提にしていたが、これからの理科は、日本的自然概念を前提にした考え方も取り入れるべきである、と主張している。西欧的概念としての自然は、神の定めた秩序に基づく巨大な機械であり、その秩序を把握することが科学の目的であり、科学の成果は、自然の支配、すなわち問題解決の能力をもたらすが、日本的概念としての自然は、機械ではなく、また人が支配すべきものでもなく、「森羅万象」「山川草木」と呼ばれるような、人為を超えて存在する「おのずから然る」ところ、人が畏敬・感謝の念をもちながら共生するところである。

理科教育学の日置は、この西欧的[1]と日本的の両方の自然観をもちながら、日本の理科教育を再構成してゆくこと、すなわち「問題解決の能力」と「自然を愛する心情」の両方を育てることが、これからの日本の理科教育である、と論じている(日置 2014: 29)。日置のこうした議論に引きつけていえば、先に述べた享受の自然観は、この「能力」と「心情」がどのようにつながっているのか、そのつながりを経験の中身をたどりながら示すものである、ともいえるだろう。すなわち、「能力」の形成は、経験に基づく知見(経験知)の形成であり、この経験知を精緻化する科学知の形成であり、「心情」の形成は、経験知・科学知が形成されるなかで、自然の呼応可能性に気づき、享受の自然観を形成し、文化の倫理的基礎を培うことである、と。

念のためにいえば、能力と心情をつなぐことは、メリトクラシーとセンチメンタリズムをつなぐことではない。たとえば、アスリートやピアニストの圧倒的な能力に感動することではない。能力と心情をつなぐことは、機能的営みとしての能力と存在論的思考としての心情の矛盾(緊張)を生きることである。怖れるべきことは、この矛盾が感じられなくなることである。優れた能力への感動というかたちで、能力が心情を大きく凌駕し、能力によって心情が規定され、能力と心情の矛盾が隠蔽されたり棄却されたりすることである。それは、能力の劣りに対する柔和な無視、排除の微笑をもたらす。それは、たとえば、「弱さにも力がある」という考え方に対し、「意味不明ですね」

と、冷たい笑顔で応える態度を生みだす。

たしかに、機能的すなわち目的合理的であることは、その目的が充分に大きくないとき、たとえば、会社・国家の経済的利益の増大にとどまるとき、家族を想う気持ちや自然を護りたいという心を看過することになる。しかし、その目的が充分に大きいとき、たとえば、社益・国益の増大よりも、人類全体の「公共善」（レス・プブリカ res publica）を優先するとき、それは、細やかな心情に寄り添うものとなるだろう。現実の経済活動・政治活動がそうした理念からほど遠いからといって、この理念を冷笑したり唾棄したりすることはできない。それは、どこまでも失敗への怯えに囚われ、希望抜きの欲望で生きている証しだろうから。

教育を哲学すること

冒頭の議論に戻ろう。さきほど「教育哲学」は〈よりよく生きようとする〉という人の本来的な生の動態をなんとかして語ろうとする努力である、と述べた。補足するなら、その「哲学」は、動名詞的である。すなわち「哲学すること」である。それは、「自己」の意図・思惑を停止するときにおのずから生じる、「超越すること」であり、個々人の存在論的な試みである。それは、ハイデガーの言葉を引くなら、「実存の本来的な生起そのもの」である。いいかえれば「現存在は、超越するがゆえに、哲学する」（GA 27, EP: 214）。「自己」として考え行うが、たえずその「自己」を超えて考え感じることが、「哲学する」ことである。

現代の教育は、意図し思惑する「自己」をまったく疑うことなく、行われている。「自己」のないところに教育などない、かのように。「主体」も「人材」も「学力」も、すべて、「自己」を前提にしたままである。たとえば、うずくまる見ず知らずの他者に思わず手を差し伸べるとき、どこからか聞こえてくる乳児の泣き声に居たたまれなくなるとき、他界して二〇年もたつ古い友人が唐突に脳裏に浮かぶとき、ダム湖に水没した我が家に無性に戻りたくなるとき、「私」のなかに、意図し思惑し欲望する「自己」を見いだすことはできない。かりに見いだせても、その「自己」は、「私はだれ?」と不思議そうにしていたり、呆気にとられている「自己」である。「自己」を超越する「私」を前提にして教育を考えるべきだろう。

教育を哲学するとは、「自己」を超越する「私」とは、どういう存在者なのか、と考えることであり、いわば、実存としての「私」を考えることである。実存としての「私」は、「私」でありながら、他者とつながっている。その他者は、人だけではない。可能性として考えられるその他者は、生きるものすべてである。そのつながりは、あくまで人の想い(思い込み)である。しかしそれは、否定的にとらえられるべきことではなく、肯定的に誇るべきことである。人にしかできないこととして。それは、自分が世界に根底的に参与していると気づくことである。いわば、役者のように役柄を真摯に演じ成りきりつつも、観客のようにその没入を感受することであり、同じく、音楽家のように演奏に専心し没入しつつも、鑑賞者のようにその専心を感受することである。そこには、差異をふくむ「一」なる経験が生じている。人は、この経験のなかで、自分と他者(物)のつながりを「世界」として象ることができるが、人以外の動物は、そのつながりを感じることができるとしても、それを「世界」として象ることができないだろう。ちなみに、人以外の動物(の多く?)が、自分と世界のつながりを意味として象りえないことを、ハイデガーは「世界貧乏的」(weltarm)と形容し、人を「世界形成的」(weltbildend)と形容している(GA 29/30, GM: 263)。

デューイの思想とともに教育を哲学すること、それが本書の基本的なもくろみである。少なくとも私自身は、さまざまな概念を存在論的に把握することが、それを根底的に差異化する=哲学することであると考えている。そこに広がるだろう光景(ヴィジョン)は、全体性に「参与」している人である。ハイデガーふうにいえば、世界の内に在る「器官」のような人である。人は、その参与的・器官的であることを「交感」（sympathy）において原初的（第一次的）に経験し、「知性的交感」（Intelligent sympathy）において派生的（第二次的）に経験するといえるだろう。「知性的交感は、物事の帰趨への気遣いを広げ深め」、この交感のなかで、私たちは、自分を「他者の立場に置くこと、他者の目的・価値の立場から解すること、公平な傍観者の眼から見ることで自分自身の予断を減じること」ができるからである（E: 251）。

＊　本稿は、二〇一四年二月一日の兵庫教育大学附属小学校研究発表会における講演「『経験の再構成』とは何か——デューイの協同性」の原稿に加筆したものである。

註

1　日置がいう「西欧的」は「西方教会的」ともいえるだろう。ローマ帝国（コンスタンティヌスI世）に公認されるまでの、初期教会（〜4世紀くらい）やギリシアの東方教会（5世紀〜）は、人間と自然を区別しながらも、自然は神が創造したものであり、神の啓示を含んでいると考えられ、畏敬の対象であった。すなわち、自然は、神が人に語りかける表徴の全体であり、たとえば、勤勉なアリは、怠け者に対する警告であると考えられた。「フランチェスコ（フランシスコ）会」の創設者であるアッシジのフランチェスコ（Francesco d' Assisi 1182-1226）は、ローマ教会に属しながら、初期的・東方的な自然観をもっていた。ヨルゲンセンは、「どんな被造物も、フランチェスコにとっては、ともかく神の言葉だった。彼は、万物の価値を鋭敏に感じとり、何か高貴で神聖なものとして、万物に畏敬の念をいだいていた」と述べている（Jögensen 1935=2007: 330 訳文変更）。しかし、一一世紀に、東方教会（コンスタンティヌーポリ全地総主教）と西方教会（ローマ教皇）の「相互破門」（一〇五四年）というかたちで、東方教会から分離したローマの西方教会は、東方教会的な自然神学とは異なる自然神学を打ち立てた。西方教会的な自然神学は、神が人に伝えようとした自然の象徴の体系を解読することをやめ、神の創造がどのように行われたのか、そのメカニズムを発見することで、神の意志を理解しようとした。近代的な自然科学の源流は、このローマ的な自然神学に由来している。

文献

田中智志　2019　『教育の理念を象る——教育の知識論序説』東信堂.
浜田寿美男　1999　『「私」とは何か——ことばと身体の出会い』講談社.
日置光久　2005　『展望　日本型理科教育——過去・現在・そして未来』東洋館出版社.
日置光久　2014　『自然から学び、科学的に考える二一世紀型の理科教育』大日本図書 教育研究室.

*

Dewey, John 2008 *The Collected Works of John Dewey, 1882-1953*. ed., Jo Ann Boydston. Carbondale, IL: Southern Illinois University Press (Early Works = ew / Middle Works = mw / Later Works = lw).
MPC = "My Pedagogic Creed" (1897, ew. 2).
DE = *Democracy and Education* (1916, mw. 9).
RE = *Reconstruction in Philosophy* (1920, mw. 12).
EN = *Experience and Nature* (1925, lw. 1).
E = *Ethics* (1932, lw. 7).
L = *Logic: The Theory of Inquiry* (1938, lw. 12).
EE = *Experience and Education* (1938, lw. 13).
Hadot, Pierre 2001 *La Philosophie comme manière de vivre*. Paris: Albin Michel.
Hadot, Pierre 2014 *Discours et mode de vie Philosophique*. Paris: Les Belles lettres.
Heidegger, Martin 1975- *Martin Heidegger Gesamtausgabe*. Frankfurt am Main: Vittorio Klostermann. / 1985- ハイデガー（辻村公一／茅野良男／上妻精／大橋良介／門脇俊介ほか訳）『ハイデッカー全集』全１０２巻（予定）創文社. [GAと略記]
EP = *Einleitung in die Philosophie*, GA, Bd. 27. / 2002 ハイデガー（茅野良男／ヘルムート・グロス訳）『哲学入門』.

GM = "Die Grundbegriffe der Metaphysik," GA, Bd. 29/30.

Jörgensen, Jens Johannes 1952 *Der Heilige von Assisi 1182-1226*. München: Kösel-verlag. / 2007 ヨルゲンセン（永野藤夫訳）『アシジの聖フランシスコ』平凡社.

Lévinas, Emmanuel 2003 (1971) *Totalité et Infini: Essai sur l'Extériorité*. Paris: Librairie Générale Française./ 2005 レヴィナス（熊野純彦訳）『全体性と無限』上・下 岩波書店.［TI と略記］

第1章　デューイ思考教育論の実践

――ホーレスマン・スクールにおける実験の成果と課題

佐藤　隆之

1　デューイ・スクールからホーレスマン・スクールへ――ティーチャーズ・カレッジにおけるデューイの講演

本章では、デューイが『思考の方法』（一九一〇年）で提起した思考論に基づく教育論（以下、「思考教育論」）を実践に移した、コロンビア大学ティーチャーズ・カレッジの附属校ホーレスマン・スクールの実験を取り上げる。同校では、デューイの思考教育論を応用した幼児教育の改革に取り組んだ。デューイの実践化というとまず想起されるのが、シカゴ大学の附属小学校として開設されたデューイ・スクールであろう。そのデューイ・スクールの試みと、ホーレスマン・スクールにおける幼児教育改革は、時と場所を隔てて連関している。デューイ・スクールの実験をふまえて、ホーレスマン・スクールではデューイをどのようにして実践し、いかなる結果となったのか。その成果と課題を解明することを通して、思考教育論を実践と結びつけるうえでの条件や今後の課題について示唆をえたい。

ホーレスマン・スクールとデューイ・スクールの結びつきは、デューイが一九一三年二月二一日に開催されたコロンビア大学ティーチャーズ・カレッジ同窓生協議会（Teachers College Alumni Conference）の幼稚園教育部会にて行った、

「幼児期における推論（Reasoning in Early Childhood）」という講演が示している（Dewey 1914）。ホーレスマン・スクールの幼稚部（以下、「ホーレスマン幼稚部」）では、二〇世紀初頭から、児童心理学の発達や進歩主義教育運動の高揚などを背景として、フレーベルに基づく幼児教育の改善に着手している。その改革のために招聘されたヒル（Patty S. Hill）は、改革の拠り所を『思考の方法』に求め、その一環としてデューイに講演を依頼した。デューイの講演「幼児期における推論」はその成果である[1]。その講演の基盤となった『思考の方法』の源泉がデューイ・スクールにあったことからすると[2]、ホーレスマン・スクールは同校の後を受けて、デューイ教育思想を実践した学校に位置づけられる。

実際、改革を担った教師らはホーレスマン・スクールの実験を、デューイ・スクールの成果をデューイの協力のもとで発展させるものと自負していた。デューイ講演の速記録は、一九一四年にヒルを編者として『ティーチャーズ・カレッジ』誌に特集された「幼稚園の理論と実践に関する実験研究」の巻頭を飾ったが、その経緯についてはこう述べられている。「デューイ博士に依頼して巻頭論文として公表することは、理に適っているだろう。というのも、ここに掲載されている研究のほとんど、とりわけパルマー女史、ブラウン女史、そしてスミス女史の論文は、デューイとともに行った研究や、シカゴ大学と提携した実験学校の幼稚部においてデューイが行った幼稚園研究の成果に触発されたものであったからである」（Hill 1914: 6）。ここで言及されているパルマー（Luella A. Palmer）、ブラウン（Grace L. Brown）、スミス（Meredith Smith）はいずれも実験の担い手であり、特集に論考を寄せている。ホーレスマン幼稚部における改革は、彼女らがデューイ・スクールに学びつつ実践された。

とはいえ、その講演は、たった一度きりの、些細な出来事であった。デューイの関与は、デューイ・スクールとは比べるべくもない。それもあり、デューイ思考教育論の実践化について、デューイ・スクールとホーレスマン・スクールをデューイ講演で結びつけて検討した研究は、管見の限りでは見当たらない。デューイの「幼児期における推論」が「進歩的幼稚園教師たちに多大の影響を与えたと考えられ」ることや、「ホーレスマン幼稚園では、…思考を必要とするような問題を提示するという実験が試みられ…これは、デューイの原理を実践したものといえる」ということは指摘されている（藤 1985: 272-274）。しかし、「幼児期における推論」が幼児教育に関わる教師や教育関係者に対する提案であったことや、それを受けて行われた「思考を必要とするような問題を提示するという実験」の全容までは考察されていない。

ホーレスマン・スクールにおける実験は、デューイ・スクールを思考教育論において継承・発展した稀有の取り組みであった点において、検討に値するだろう。また、デューイが説く思考とその教育への応用というと、「子どものための哲学」の始祖とされるリップマン（Matthew Lipman）が想起されるかもしれない。リップマンの主著も *Thinking in Education*（Lipman 1991 = 2015）であり、考えることが鍵概念とされている。その実験は、デューイの思考教育論を、リップマン以前に、彼自身が講演というかたちで直接関与して実践しようとした具体的な試みとしても興味深い。

そのような展望のもとここでは、まずデューイ講演を分析して、そこでの提案の骨子を確認する（第2節）。次に、その提案がどのように実践に移されたのかを、先述のスミス、ブラウン、パルマーらの報告に基づいて、成果があがったとされることと（第3節）、課題として残されたこと（第4節）に分けて検討する。そのうえで、デューイを実践しえなかった理由について、デューイの提案とそれに対する実践者の理解のずれや、デューイが講演では論じなかった提案もあったことに注目して論じる（第5節）。最後に、デューイ思考教育論を今後どのように継承するかについて、デューイがもっとも重要かつ実現困難とした教師に求められる能力を中心に提起したい（第6節）。

2　デューイの提案――考える幼児の育成原理

デューイの講演「幼児期における推論」は、現場を担う教師や教育関係者に向けての、思考教育を実現するための提案であった。講演が行われたティーチャーズ・カレッジ同窓生協議会の幼稚園教育部会には、同カレッジの幼稚園教育学科を卒業した、教師、指導主事、校長、教育長、教員養成機関の教員などが参加した[3]。

講演におけるデューイの提案に関して、講演が行われた背景（佐藤 2011）や、提案の内容（佐藤 2012）については、既に別のところで詳しく考察したので、ここでは本章での考察に関わる骨子のみを示す。

基本的にその提案は、二つの前提に立つ。一つは、考えることそのものの機能や過程は、幼児期とそれ以降を通して大きくは変わらないという前提である。いま一つは、それゆえ考える力を育成するために教育者ができることは、「元来の力を低下させず、維持できるような条件を提示する（furnish conditions）」ことであるという前提である（Dewey 1914: 9）。これをデューイは、「他の人が考えるための条件の提供（provide the conditions for another person's thinking）」ともいっている（Dewey 1914: 14）。もとよりデューイは、「私たちは直接教育することは決してなく、環境を通して間接的に教育するのである」と述べ、「環境をデザインする」教育を説く（Dewey 1916: 23）。思考教育論でも「条件を提供（提示）する」、換言すれば「環境をデザインする」ことが前提となる。その二つの前提をふまえての提案は、Ⅰ 考える過程の三要素、Ⅱ 考える幼児のための三つの警告と方法、Ⅲ 環境をデザインするための条件、という三つに整理できる。

Ⅰ　考える過程の三要素

デューイは、幼児と大人の考える過程はともに、「三つの要素（あるいは不変の条件）」に特徴づけられるとする。

Ⅰ①　「到達すべき目的」を設定して前進し、目的との距離を埋めていく過程である。

Ⅰ②　目的に到達するために、「さまざまな手段や材料（material）[4]」を選択したり配列したりする過程である。

Ⅰ③　その過程においては、「その目的に向かって活動するうえでの新しい発見の可能性」がある。つまり、目的に到達するために手段と材料を選択したり配列したりする過程は、「知性と想像力」をはたらかせる「実験」であり「新しい発見」がある。

むろん、幼児と大人で相違するところもあるが、幼児の短所は、大人と比べれば相対的に長所になりうるとみなされる。Ⅰ①については、子どもの場合、最終的に達成しようとする目的が継続性、確定性、専門性に欠けるが、自由かつ柔軟で、オープン・マインドであるため、新しいアイディアを出しやすい。Ⅰ②については、子どもは、目的・目標を達成するまでの過程が単純で達成するまでの時間的距離が短い代わりに、いつでも、直ちに、強力に考え始められる状態にある。Ⅰ③については、子どもは考えるうえでの選択と配列において、大人のように言語やその他のシンボルを使いこなすことはできないが、手足を中心として身体全体を、活発に、目に見えるかたちで使おうとする（Dewey 1914: 10-12）。

Ⅱ　考える幼児のための三つの警告と方法

デューイは次に、幼児の考える力が損なわれる三つのケースをあげ、それを防ぐという視点から、考える幼児を育成する方法を提示する。

Ⅱ①　「指示されるだけの学習の量」の克服 ――指示に従うだけではなく、頭を使いながら身をもって学ぶ。∴ただ指示されるだけの学習が多いと、目的を欠いているために知的エネルギーが浪費されてしまう。そうならないようにするために、子どもの注意、換言すれば子どもが注目していることを生かして、子どもが目的を設定し、知性をはたらかせてそれを達成する行動に身をもって取り組めるようにする。

Ⅱ②　「既成の完成された定式」の克服 ――「自発性とゆとり (spontaneity and leeway)」を生かす。∴教師が教えるうえでの「定式」[5]に縛られると、考える過程は、材料を選定して配列しながら新しい何かを探し求める、実験的で試行的な過程とはならない。銘記すべきは、「この過程はある程度、自発性とゆとりを必要とする」ということである。まじめであるほど教師は、失敗を避けたがるあまり、芽生えたばかりの小さな植物の根を掘り起こして根が育っているか確かめるようなことをして、かえって成長を妨げてしまう。植物は外から手を加えられなくとも自然と芽を出し成長する。同様に幼児にも、「自発性」を発揮して考え、成長する力がある。教師は、その「自発性」を損ねず、目的の設定やそれを達成する手段や材料の選択と配列を子ども自身が考え、内から生成しうる余地、つまり「ゆとり」を与えるべきである。

Ⅱ③　考えることの無意識性 ――「無意識的ではあるが生き生きと用いられている方法」と「意識的に定式化された方法」への配慮。∴考える方法は、「意識的に定式化された方法 (the consciously formulated method)」と無意識的ではあるが生き生きと用いられている方法 (the method unconsciously but vitally used)」の二つに分けられる。「意識的に定式化された方法」は、考えた後に顧みて、事後的にとらえられるものであり、「意識的」に振り返ることにより導き出される「定式」である。他方、「無意識的ではあるが生き生きと用いられている方法」は、考えている最中に展開されている。幼児自身が考える「自発性」と、それを可能にする「ゆとり」をもたらすためには、後者の考えることの無意識性こそを教師は重視すべきであり、それを生かすような条件を提供する、換言すれば環境をデザインする必要がある（Dewey 1914: 12-14）。

Ⅲ　環境をデザインするための条件

そのように環境をデザインするために、次の二点が提案されている。

Ⅲ①　教師の「知的共感力・洞察力（intellectual sympathy and intellectual insight）」――デューイによると、「おそらく最も手にすることが難しいのは、知的共感力と知的洞察力である。その二つの力は、他の人が考えるための条件を提供できるようにする。しかも、事前に用意された何らかの計画に従うのではなく、自分のやり方で考えられるようにするのである」。「既成の完成された定式」に従うのではなく、考えることの無意識性を生かすうえで最大の課題が「知的共感力・洞察力」であった。

Ⅲ②　「知的身体的統制」や「社会的適応」を必要とする「状況」をもたらす教材――それは、自分自身の身体を、知性をはたらかせて使えるようにする教材である。それはまた、他の人と良好な関係を築く教材である（Dewey 1914: 14-15）。

以上、デューイの提案を八点に分けて整理したが、それが実際にどのようにして実践され、どこまで達成されたのかを次に考察してみたい。なお、右記のⅠ①からⅢ②について本文中で言及する際には、適宜「Ⅰ①」のように記す。

3　実験の成果

考えるための四つの問題

デューイ講演の後には、ティーチャーズ・カレッジとホーレスマン幼稚部の講師であったスミスが司会を務めて、講演に関するディスカッションが行われた（Smith 1914: 16）。スミスの「幼児の推論の発達」はその報告である。そこにおいてはまず、「解決するために考えることが求められる、単純で子どもらしい問題、困惑、あるいは困難に関わる」ようにしたことが指摘されている（Smith 1914: 17）。子どもが問題（困惑、困難）に自ら気づき、それを解決するために子どもを考えるように仕向けることができたと評価されている。実際には、次のような四つの問題に子どもは取り組んだとされる。それぞれにデューイによる提案との共通点が認められる。

（1）教師から与えられた目的を、与えられた材料でつくるという問題。たとえば、椅子を、積木や紙でつくる。（2）教師から与えられる目的が、（1）よりも細かい問題。たとえば、開いた窓を、第六恩物の積木でつくる。（3）あるモデルが示され、適当な材料を選択して模倣する問題。たとえば、ある子どもがつくった納屋を見せ、それを再現する。（4）子どもたちが独力で材料を選択する問題。たとえば、箒をつくるための材料を選択する（Smith 1914: 17）。

以上の四つにおいては、考えるための問題の程度が徐々に高度になっている。（1）と（2）とは教師が目的とそれを達成する手段を与える。（1）よりも（2）の方が、目的が絞られており、考えるレベルが高くなっている。（3）は指示されたものを模倣すればよいが、（4）は箒をつくることは指示されても、箒そのものは見せない点で考えるレベルが高くなっている。（3）と（4）は、何をつくるかは指示されるが、何を用いてつくるかの選択は子どもに任せられる。

以上の実験にはデューイの提案との重なりが散見される。（1）～（4）においては、目的達成の手段や材料の選択と配列において、子どもたちが考える（I②）。何をつくるかは教師が指示しているが、どうつくるかは子どもたちが決める（I①）。椅子をつくるための積木の組み合わせ（配列）において「実験」があり、「新しい発見の可能性」もある（I③）。

さらにいうと、四つの問題に取り組む活動は、難易度は異なるにせよ、いずれも遊びという形式をとる点で一致しており、「予め決められた、あるいは指示された活動」ではないとされる（Smith 1914: 17-18）。それは、II①「指示されるだけの学習の量」の克服と合致している。また、つくり方は子どもたちに委ねられているから、II②「既成の完成された定式」の克服とも重なる。

考えることの無意識性に関わる実践（1）――実験的方法

このようにホーレスマン・スクールにおける実験では、考えるレベルを、四段階を経て高めようとした。デューイのIとIIの提案を継承・発展しようとしたことがうかがわれる。それに対して、II③「考えることの無意識性」という提案に関しては、ブラウンとパルマーが論じている。

ティーチャーズ・カレッジ幼稚園の講師であったブラウンは、「幼稚園のオキュペーションにおける遊びの動機と実験的方法」と題する報告のなかでまず、「手を用いた表現の価値」について例をあげながら説明している。「紙片を一つか二つかに実験的に折ってみることは、無意識的にボートを示唆するかたちに発展する。次に、子どもが知っているボートにしたがって、煙突や帆が付け加えられる。そのようなアイディアが、偶然ながらも、あるボートのイメージに似た形や、あるボートのイメージを喚起する形から生起する。それにより、ボートをより完全にしたいという願望が刺激されるのである。そのようにして、拡張するアイディア間で継続的に相互に影響が与えられ、それをもっと完全に実現しようとするのである」(Brown 1914: 28 強調引用者)。ここにおいては、紙という材料を手で折ることが、ボートづくりの活動へと発展していく様子が描写されている。紙を折っているうちに、ボートを折ることを思いつく。ボートを折っていると、煙突や帆をつける「アイディア」が「示唆」される。それを実行すると、よりよいボートをつくりたいという「願望」がわいてくる。そのように「アイディア」が「拡張」し、相互に結びつけられた結果、より完成度の高いボートがつくられる。そうした活動は、「無意識的に」、また「偶然」に展開されるというのである。

この活動の「無意識的」な側面を重視した指導法が、ブラウン報告のタイトルにもなっている「実験的方法」である。「実験的方法」は、人類が新しい状況に取り組んできた方法を、子どもによる教材の使用に応用したものとされる。それは、新奇な状況において、一人ひとりの子どもが、他の子どもや教師とともに材料を実際に使用しながら自己表現するなかで、材料の使い方を習得する方法である。それは、オープン・マインドや知性に支えられた、身体的で協同的で知的な方法であった(Brown 1914: 30)。

この方法は教師の目からみて、目的が設定されるまでと、その後の二段階に大きく分けられている。目的が設定されるまでの段階は、「自発的な模倣あるいは、必要とされるなら示唆」をえての簡単な「実験」に始まる。それを通して、「教材の可能性や限界」に気づき、「自立と自由を感じられるようにする」(Brown 1914: 30)。この段階では、「自発性」に基づき、「無意識的ではあるが生き生きと用いられている方法」で考える。

目的が設定された後の段階は、適宜示唆を与え、「選択と個性のための自由と機会を大幅に与え」ながら、子どもが目的を達成する計画を立案できるようにする。それを通して、「....子どもたちは、その後の活動の流れについて、かなり細かく計画を立てる」ようにする(Brown 1914: 30-31)。この段階では、「選択と個性のための自由と機会」

においてデューイが提案する「ゆとり」を担保し、「無意識的ではあるが生き生きと用いられている方法」を生かしながら、子どもたちが意識して考え、最終的には「かなり細かく計画を立てる」に至る。

以上の報告からすると、ブラウンがいう「実験的方法」には、デューイがいうⅡ②「既成の完成された定式」の克服をめざして、Ⅱ③考えることの無意識性に軸をおきながら、子どもの必要・要求や能力などに応じて「意識的に定式化された方法」が導入されている。そうするためにブラウンは、教師の教え過ぎを、デューイを引きつつ戒めている。デューイは「想像と表現」(一八九六年)において、幼児が何に興味をもつかのみならず、興味を「想像」の力を借りて「表現」する「形式や過程」こそが重要になるとしている(Dewey 1896: 193)。その意味での「使用による検証(test of use)」を実現するためには、「指示された学習」が必要とされる場合もあるにせよ、「正当な目的の発達を損ねる制限がないようにすべき」とされる(Brown 1914: 31-32)。Ⅱ②「既成の完成された定式」の弊害に警鐘を鳴らし、子ども自身による行動(使用)とその結果の検証が重視されている。

考えることの無意識性に関わる実践(2)——目的的・示唆的方法

ニューヨーク市公立幼稚園の副指導主事であったパルマーによる「幼稚園の教材組織の基礎原理」においては、タイトルにあるように、教材の組織という観点から、意識と無意識の関係が論じられている。パルマーは、幼児の教材組織の問題を、子どもの無意識と教師の意識の統合の問題ととらえる。教材は、子どもの立場からみれば自己教育の手段であり、教師の立場からみれば子どもを教育する手段である。その二つは、「自己の無意識的な教育と他者の意識的な教育」とみなされている。すなわち、子どもは大人の見方に影響を受けるが、そのことは意識されていない。一方、教師は、自分の目標、子どもの目標、子どもの現在の経験、興味、能力、子どもにとって価値があることなど、さまざまなことを意識している。その対立が生じるのは、子どもは衝動的でこの瞬間に生きているが、教師は教育全体を計画し、将来の生活をみすえているという相違による。そこには、衝動的か計画的か、今ここか先の未来かという対立があることから、「最大の問題はこれら二つの方法と目標を調停すること」とされる（Palmer 1914: 49-50）。

以上のような子どもと教師の教材組織における無意識と意識の対立の調停についてパルマーは、フレーベルが説く自己活動、有機的統一、発達の三点に基づき、「目的的（purposive）」、あるいは「示唆的（suggestive）」と呼ばれる方法を提起する。その方法の四段階について、フレーベルの第五恩物（分割された立方体）を例に説明している。

（1）実際にふれることから多くを学び、ほとんどの行動がまだ与えられた事物の質に対する衝動的な反応である段階。例：子どもの自由に委ねて、半分にした立方体をどのように使えるか（たとえば、傾いた屋根として使う）を発見できるようにする。

（2）行動の大半が、大人からの指示であったり、子どものために用意された複製の模倣であったりする段階。例：屋根の形をつくるよう指示したり、模倣させたりする。

（3）教材で実験しながらある形をつくることにより、さらに上の段階に到達できるように導く段階。例：子どもがたまたまつくったある形を、教師から示唆をえて改善をくわえる。

（4）思いついたアイディアを、使用する材料やつくろうとしている事物の特徴や関係についてより明確に理解して、完成しようとする段階。例：ある形をつくりたいという願望を喚起する刺激として、異なる教材（たとえば、納屋の絵と積木）を使えるようにする（Palmer 1914: 53-54）。

この四段階をふんで幼児が教材の使用について成長できるようにする方法は、「教師からみれば示唆的で、子どもからみれば目的的」な方法であるから、子どもの無意識と教師の意識をともに生かすことができるとされる(Palmer 1914: 54)。整理すると、四段階は、①子どもの無意識(教材の衝動的で自由な使用)→②教師の意識(指示)と子どもの無意識(模倣)→③教師の意識(示唆)と子どもの無意識(実験)→④新たな教材を使用しての③の高度化へと展開している。その過程において、意識と無意識が交わるようになっている。

このように、ブラウンとパルマーの報告では、ⅠやⅡを視野に入れながら、Ⅱ③の「意識的に定式化された方法と無意識的ではあるが生き生きと用いられている方法」という提案がとくに留意され、一定の成果をあげたと判断されている。

4　残された課題

「(社会的) 状況」と「検証された推理」

その一方で、実現できなかった課題もあった。報告のなかでスミスは二点あげている。一つ目の課題については、「第一に、ここで熟慮すべき問題は、最大限考えることができていないことにある」と指摘されている(Smith 1914: 19)。そのような結果になった理由については、「…問題がいくぶん人工的である、すなわち、問題が大部分教師によって提案されているのである。生活のなかで問題に取り組むときのように、自然に必要が生じる状況が欠けている」と解釈されている(Smith 1914: 18 強調原文)。強調箇所が示す通り、実際の「生活」のように、自ずと必要を感じて問題に取り組む「状況」――「社会的状況」ともいわれる(Smith 1914: 19)――を提供できず、教師から与えられた「人工的」な問題になり、子どもたちが自分自身で目的を立てることができなかった、というのである。そのような反省からは、「必要が生じるような状況の本質」とは何であり、またどうすればその「(社会的) 状況」を学校の教室でつくりだすことができるのか、という新たな課題が提起された (Smith 1914: 18)。

その課題は、デューイ講演の提案でいえば、Ⅲ②の「知的身体的統制」や「社会的適応」を必要とする「状況」をもたらす教材と重なる。そのような「状況」を与える教材を開発することができなかったことになる。

二つ目の課題については、「第二に、孤立した事物の構成 (construction) に関わる問題であり、それが失敗に帰すのは、何らかの結果に達しようとするときに、その結果を試す明確な手段がないことにある」とされる (Smith 1914: 19)。ここでいう「構成」とは、先述の例でいえば、紙でボートをつくる、積木で屋根をつくるといった、「つくる」活動である。事物をつくる (構成する) 活動は、「何らかの結果に達しようとするときに、その結果を試す明確な手段がない」ために失敗に終わった。というのも、「デューイ博士は、重要なのは、考えられる解決に関する一つひとつの推論や示唆は、検証された推理 (tested inference) であると述べている」(Smith 1914: 19-20)。しかし、実験では、何かをつくる目的を立てて実際につくった結果について、当初の目的が達成されたかどうかを判断する「検証された推理」が欠けていた。そのために、デューイを実践しえなかったというのである。

この「検証された推理」については、先にみたようにブラウンも、「想像と表現」においてデューイが「使用による検証」を重視していることに言及していた。教師たちが、「(使用による) 検証 (された推理)」を重要視したのは、それがあってはじめて、「生活」あるいは「(社会的) 状況」において子どもたちが、つくる活動に主体的に専心することが可能になるからであった。「検証」の段階があることにより子どもたちは、目的を立てて椅子や机などをつくる結果が、当初の目的を十分に達成できるようにする責任を負うことになる。それがなければ、単なる「再生産」になってしまうおそれがある (Smith 1914: 19-20)。「知的身体的統制」や「社会的適応」を必要とする「状況」を与えるためにも、「検証された推理」が求められる。それゆえ教師たちは「検証された推理」を、デューイ思考教育論を実践するうえでの要とみなした。

「検証された推理」の重要性は、反省的思考に不可欠な二つの習慣という観点からも補足されている。第一の習慣とは、「デューイ博士によれば、検証された結果と、単なる自分の主張や意見に依拠した結果を区別する習慣」である。たとえば、人形の家をつくるという目的を達成するとき、思いつきではなく、「生活のなかでそうするように検証する、つまり、その結果は目的に対して有用であるか」と問う習慣である (Smith 1914: 20 強調原文)。それにより実生活に近いかたちで、考えることが可能になるというのである。

第二の習慣は、検証を経るまで、「判断を遅らせる習慣」である。ここでいう「判断を遅らせる習慣」とは、「示唆」や「結果」について即断することなく、時間をかけて「慎重に熟慮」する習慣を意味する (Smith 1914: 20)。たとえば、子どもたちが人形で遊ぶなかで、人形用の机をつくる必要性を感じたとする。どのような机をつくるか、どうやってつくるかなどが問題となる。それについて話し合ったり、教師から助言を受けたりして「示唆」がえられる。その「示唆」に基づいて、机の形やつくり方を決め、材料を「使用」して実際につくり、その結果を「判断」する。「示唆」→「使用」と「制作」→「判断」という過程をふんで考えるのが、「判断を遅らせる習慣」であった。

そのような二つの思考の習慣に関わる「検証された推理」についても、実現するにはいたらなかったとみなされた。そう判断された最大の理由については、こう記されている。「その結果がうまくいっているか、それとも見せかけだけかということはどうやって見分ければよいのか。教師のたんなる意見や権威の問題になってしまうこともあるだろう」(Smith 1914: 20)。そもそも活動が、教師ではなく、子どもたち自身が立てた目的を実行しているものであるか否かをとらえることが困難であった。かくして教師たちは、デューイが提案するⅢ①教師の「知的共感力・洞察力」という課題に直面することになった。

デューイからみた課題――「心理学的誤謬」

以上が実践に関わった教師たちが導き出した課題であるが、デューイからみて想定される課題についてもふれておきたい。デューイは共著『明日の学校』のなかでホーレスマン幼稚部を、「コロンビア大学ティーチャーズ・カレッジの幼稚園」として取り上げている。ヒルが特集「幼稚園の理論と実践に関する実験研究」に寄せた序文（Hill 1914: 3）を引用しつつ、それは遊びに重きをおき、フレーベル主義者には幼稚園とは認めがたいと指摘し、その革新性を評価している。その取り組みが、人形の衣食住に関わる手作業や、大型積み木を用いた人形の町づくりなどの実践を中心として紹介されている（Dewey=Dewey 1915: 278-283=1978: 82-85）。デューイは、ホーレスマン幼稚部を「明日の学校」の一つとみなしていた。

しかし、後年デューイは、講演のなかで提起していた「意識的に定式化された方法」と「無意識的ではあるが生き生きと用いられている方法」の相違が十分に理解されていないと述べている。デューイは講演を行う以前の一八九九年に、実際に考えている過程としての「考えること（thinking）」と、その結果としての「思考（thought）」の区別に言及している。前者の「考える」は「無意識的ではあるが生き生きと用いられている方法」に、後者の「思考」は「意識的に定式化された方法」に対応している。この二つに関して、「それを経験している人にとってのあるがままの経験と、心理学者が反省的分析によってあるがままの経験のなかから導き出したものとを混同すること」を、「心理学的誤謬」と呼んでいる（Dewey 1899: 118）。

この「心理学的誤謬」をデューイは、『思考の方法』において、とりわけ初等教育によくみられる問題としている。「過程の前に結果を求める」ことが、「教える手続きに関する方法を、過度に定式化しようとする動きのなかにみられるのであり、それはとくに小学校の教授において顕著である。発見において用いられる方法、すなわち、反省的探究を、発見が行われた後で明らかになる方法と同一視することはできない」（Dewey 1910: 267-268=1933: 217 強調原文）。ここでいう「発見において用いられる方法」は「無意識的ではあるが生き生きと用いられている方法」に、「発見が行われた後で明らかになる方法」は「意識的に定式化された方法」に相当する。後者の結果を前者の過程の前に求めてしまうということは、デューイが懸念する「心理学的誤謬」にほかならない。それが初等教育に多くみられるというのである。この指摘は一九一〇年版『思考の方法』の指摘であり、一九三三年版にも残されていることからすると、「幼児期における推論」から二〇年経ってもなお問題であり続けているとデューイはみなしていた。

その指摘はホーレスマン・スクールの実験を直接対象とするものではない。しかし、同じことが講演のなかで提案されている以上、同校の教師たちも引き受けるべき課題であった。それもやはり実践できなかった残された課題であったようである。というのも、報告を読む限り、デューイが説く考えることと、それに対する教師たちの理解には、微妙なずれが認められるからである。

5　実践できなかった理由——講演で論じられなかったこと：考えるリズム

教師たちは、考えるうえでの無意識を意識化することに重点をおいており、デューイが力説した「考えることの無意識性」を徹底する程度において不十分であったようである。たとえばパルマーは、こう述べている。「材料は、多くの時間をかけて、人間が発達するなかで意識的に使用されてきた。……この世界における人間に顕著な機能、すなわち、遠くにある目標のために環境に適応するという機能に対する人間の意識は、多くの時間をかけた思考の発達であった」(Palmer 1914: 52)。人間の発達は、材料の「意識的」な使用を通して環境に適応することに支えられていたのであり、「人間の意識」は「思考」に等しいとされる。ティーチャーズ・カレッジ幼稚園教育の講師であったアボット(Julia W. Abbot)も、特集「幼稚園の理論と実践に関する実験研究」に収録された「幼稚園における教具の使用」のなかで、「意識的」であることに何度も言及している。しかし、それは「子どもの無意識的な表現を、より意識的で、より統制された何かへと高める」という意味においてであった(Abbot 1914: 40)。

ホーレスマン・スクールの教師たちは、デューイの提案とは異なり、「考えることの無意識性」に配慮しながらも、「ゆとり」のなかで自由に考える無意識よりは、「人間の意識」としての「思考」を高位に位置づけた。結果的に、図らずも「心理学的誤謬」に陥ったのではないか[6]。

「心理学的誤謬」に陥った原因に関してもう一つふれておきたいのは、デューイはその「誤謬」を回避する方法について『思考の方法』のなかでは論じているが、時間の制約もあってのことか、講演では言及していないということである。当然の如く、それは教師たちによる実践やそれに対する反省において議論された形跡はなく、不問に付されたまま課題として残されることになった。

デューイは「心理学的誤謬」に陥る理由を、考えることの無意識と意識からなる、考える「リズム」という観点から検討している。共通の「理解」が成立していれば、滞りなく会話ができる。無意識に考えることは、そのような「理解」を前提とする。しかし、問題が生じ、「理解」が成り立たなくなると、「意識的な点検や調査」による反省が開始される。

デューイは、「このような無意識的なものと意識的なもののリズムが、実り豊かに考えることすべてに含まれている」と述べている (Dewey 1910: 348-349, 1933: 342-343)。

この考えるうえでの「無意識的なものと意識的なもののリズム」についてはさらに、次のような説明がくわえられている。①そのリズムを自ら取れるようにすることが、教師の役割である。②しかし、考えることは、特定の状況、個人の性向や機転などに規定されているから、「リズムのバランスをとる規則はない」。③よって、教師の仕事は、「無意識的なものと意識的なものの効率的なバランスを維持できる知性をどれほど育成するか」ということになる。④無意識リズムに普遍性はないが、考えることは、「理解」が成立しており無意識に考える段階から、問題が発生して意識的に考えて解決する段階へと、つまりは無意識から意識へと展開する。⑤考えるリズムは、「推定 (projection) と反省 (reflection) が、精査するなかで、まっすぐ前進したり後戻りしたりしながら、交互に行われるべきである」。すなわち、考えるリズムは、未来を展望して考える「推定」と、過去に起きたことを振り返りながら考える「反省」が織りなすリズムでもある。⑥そのリズムにおいて、「無意識は自発性と新鮮さを与え、意識は事実に基づく確信と統制を与える」といわれるように、無意識と意識は独自の役割を果たす (Dewey 1910: 349-350=1933: 343-344)。

この考えるリズムの説明のなかでは、ホーレスマン・スクールの教師たちが重視した、考えることを無意識から意識へと高めるということは、④においてたしかに言及されている。しかし、それはデューイ思考教育論の核心ではなかった。無意識と意識は、前者から後者に向けて高められるのではなく、絶えざる往還関係におかれるべきものであった。考えるリズムへの配慮があれば、実験やそれに対する省察は、また別の結果となっていたのかもしれない。

6　教師の「知的共感力・洞察力」という課題——デューイ思考教育論の継承

本章では、ホーレスマン・スクールの幼児教育改革におけるデューイ思考教育論の実践について考察し、その成果と課題を明らかにした。デューイが講演で提起した、I考える過程の三要素やII考える幼児を育成するための三つの警告と方法については、いずれも実現しようとし、成果をあげたとみなされていた。他方、III環境をデザインするための条件の①教師の「知的共感力・洞察力」と、②「知的身体的統制」や「社会的適応」を必要とする「状況」をもたらす教材については、課題として残された。「状況」を提供できていないために、子ども自身が目的を立てることができなかったし、そうするうえでの鍵を握る「検証による推論」についても実現できなかった。そもそもその成否を把握する方法の核心をなす、「知的共感力・洞察力」が教師には欠けていた。デューイが戒めていた、考えることの無意識と意識を混同する「心理学的誤謬」に陥っていることも危惧された。

そのような課題のなかでもとくに注目したいのは、教師の「知的共感力・洞察力」である。というのも、それについてデューイは、繰り返し確認すれば、「その二つの力は、他の人が考えるための条件を提供できるようにする」と重要視する一方で、「おそらく最も手にすることが難しい」として、身につけることが極めて困難とみなしているからである。重要だが困難。そうだとすれば、ホーレスマン・スクールの教師たちがその課題に直面したのも当然といえよう。同校の実験は、デューイ思考教育論を実践するうえでの難問を、明瞭に浮かび上がらせている。

この課題について、「隠れたカリキュラム」概念を提起したことで著名なジャクソン（Philip W. Jackson）は、デューイがなしえなかった、今後発展されるべき課題とみなし、自ら取り組んだ。ジャクソンは、デューイは『学校と社会』

第二章「学校と子どもの生活」の最終段落で、「子どもの活動という外面 (the outside of child's life) に現れたものだけしか述べてこなかった」(Dewey 1899: 37=1998: 122-123) と述べていることに注目し、デューイは「内面」を理解する方法について論じ尽くしていないとする (Jackson 1998: 420)。その課題を自ら引き受け、子どもの「内面」に迫る研究を重ねてきた。

「隠れたカリキュラム」はその成果の一つである。それは、デューイ・スクールで校長を務めたジャクソンが、「鉛筆と紙のテスト」では測定しえない、いわば子どもの「内面」を明るみに出すべく、同校での参与観察をもとに提起した概念であった (Jackson 1968)。その方法としての「観察」については、その後デューイの芸術論もふまえて、教室で直接見聞できることの奥にまで理解を深めるために、観察対象から「表出」していることへの意識を読み取る「表出的意識」を提唱している (Jackson, Boostrom, Hansen 1992)。晩年の『教育とは何か』(二〇一二年) においては、「教育の前提条件」としての「思考の動き (thought in motion)」について分析している。思考は、常に動いており、教師にも子どもにもままならず、「その推移が外からは見にくいし、必ずしも意識的に理解されているわけでもない」。デューイがいう無意識的に考えることを視野に入れながら、教師が「思考の動き」を方向付けるためには、教室でその「動き」を「感知」することが求められるとする (Jackson 2012: 24-25)。そのようなジャクソンの研究は、ホーレスマン・スクールにおける実験が直面することになり、また、デューイ自身も明示できなかったとされる教師の「知的共感力・洞察力」という難題を引き受け、「共感」や「洞察」の意味を解釈しながら、それを養う方法論を模索するものであった。そこにデューイ思考教育論を実践するうえでの一つの方向性や可能性が示されている。

ただし、「知的共感力・洞察力」という課題は、デューイ思考教育論においては、論理内在的には解明されえない、というよりも解明すべきではない課題であったことも忘れてはならないだろう。ここで明らかにしたようにデューイは、「考える」ことを、事後的に分析して法則化したり方法化したりすることにより「思考」として解明し、それに従って教えることは望まなかったからである。むしろ、考える過程や考えている瞬間に迫り、そのまま生かすことに重点をおいていた。その「過程」や「瞬間」の「考える」を、言語化し理論化して法則や方法を導き出すことは、「考える」を「思考」に帰すという「心理学的誤謬」を自ら犯すことにほかならない。講演で考える「リズム」について語らなかったのも、実は時間の制約からではなく、それを提起することが「既成の完成された定式」と教師に受けとめられ、根付いたばかりの植物を掘り起こすようなことを強い、「自発性とゆとり」が奪われることを懸念したからではなかったか。

デューイが教師の「知的共感力・洞察力」について語らなかったのは、それができなかったからではなく、あえてそうしなかった。ホーレスマン・スクールの教師たちが最終的に直面した教師の「知的共感力・洞察力」という課題は、克服されるべき限界ではなく、デューイ思考教育論を実践しようとする者によって常に継承され続けるべき課題とみなされるべきだろう。

註

1　「幼児における推論」は、タイトルに「推論」とはあるが、「推論」という語が用いられているのは冒頭の三段落目までで、あとは「考えること (thinking)」が使われている。「思考 (thought)」が用いられているのは一カ所だけである (Dewey 1914: 10)。その講演は、実質、考える幼児の育成に関する提案であった。

2　デューイは『思考の方法』の序文で、この著作のアイディアは、実験学校の校長職にあった妻アリス (Alice C. Dewey) によって喚起されたと述べている。彼女の仕事が「一八九六年から一九〇三年まで存在した実験学校と結びついており」、それが「実践における具体化と試行により可能になった具体性をともなうアイディア」をもたらしてくれたとみなしている(Dewey 1910: 179)。

3 卒業生の就職先は、教員に就職した者が一九〇〇年代前半において全体の約半数であり、残りは、指導主事、校長、教育長、教員養成機関の教員などであった。一九一〇年代になると、教員は全体の四分の一にとどまり、残る四分の三は教育指導職であった(田中・木下 2010: 53)。

4 “material”は、文脈によって、「教具」と「材料」を訳し分けた。

5 ここでいう「定式」が具体的に何を意味するかについてデューイはとくに解説していないが、字義的には教えるうえでの決まりきったやり方や、慣習的な方法を意味する。その典型としては、ヘルバルトの教授段階説があげられるだろう。

6 本章と同じく、デューイ教育思想の幼児教育への応用を論じたクファーロ(Harriet K. Cuffaro)は、「教育学的誤謬」について論じている。それは、「経験する機会の提供(the *offering* of an *opportunity* to experience)」と「ある経験を与えること(the *giving* of an experience)」とを混同することである。デューイの経験概念からすると、「経験は持たれるのであって、与えられるのではない。私たちが提供できるのはせいぜい、私たちがつくりだす社会的物理的環境をとおして経験するための機会である」と主張されている(Cuffaro 1995: 72 強調原文)。この「教育学的誤謬」は、“offer”と“give”の語義からして、相手を慮って「機会」を「提供」し、無意識的に考える余地を優先するか、それとも、必要と思われる「経験」を「与え」て意識的に考えることに重きをおくか、という相違を含意している。ホーレスマン・スクールの教師たちは、「心理学的誤謬」に加えて、この「教育学的誤謬」にも陥っていたように思われる。

文献

佐藤隆之 2010「P・W・ジャクソンによるデューイ道徳教育論の継承と発展――「表出的意識」による学力の向上――」日本デューイ学会編『日本のデューイ研究と二一世紀の課題』世界思想社、一七八―一八九頁。

佐藤隆之 2011「デューイとコロンビア大学ティーチャーズ・カレッジにおける幼稚園教育改革――講演「幼児期における思考」の背景」『早稲田大学現代幼児教育研究所紀要』第二号、一九―三二頁。

佐藤隆之 2012「幼児期の推論訓練に関するデューイの提案――ホーレスマン幼稚園における実験研究の基礎」早稲田大学教

育・総合科学学術院『学術研究――人文科学・社会科学編――』第六〇号、一二一―一三六頁。

田中喜美・木下龍　2010『アメリカ合衆国技術教育教員養成実践史論――技術教育のための「大学における教員養成」の形成』学文社。

藤武　1985『アメリカ幼児教育思想の研究――デューイ思想を基軸として』第一法規。

Abbot, Julia W. 1914 "The Use of Materials in the Kindergarten," *Teachers College Record*, 15 (1), pp.38-48.

Brown, Grace L. 1914 "Play Motive and Experimental Method in Kindergarten Occupations," *Teachers College Record*, 15 (1), pp.26-37.

Cuffaro, Harriet K. 1995 *Experimenting with the World: John Dewey and the Early Childhood Classroom*, New York: Teachers College Press.

Dewey, John 1914 "Reasoning in Early Childhood," *Teachers College Record*, 15 (1), pp.9-15.

Dewey, John 1967-1987 *The Collected Works of John Dewey*, 1882-1953, J. A. Boydston, ed., IL Carbondale: Southern Illinois University Press (Early Works=EW, Middle Works=MW, Later Works=LW)

Dewey, John 1896 "Imagination and Expression," EW5.

Dewey, John 1899 *The School and Society*, MW1.（市村尚久訳 1998『学校と社会・子どもとカリキュラム』講談社学術文庫）

Dewey, John 1899 ""Consciousness" and Experience," MW1.

Dewey, John 1910 *How We Think*, MW 6.

Dewey, John, Evelyn, Dewey 1915 *Schools of To-Morrow*, MW 8.（杉浦宏・田浦武雄・三浦典郎ほか訳 1978『明日の学校教育』明治図書）.

Dewey, John 1933 *How We Think*, Revised Edition, LW8.

Hill, Patty S. 1914 "Introduction," *Teachers College Record*, 15 (1), pp.1-8.

Jackson, Philip W. 1990 (1968) *Life in Classrooms*, Reissued with a new introduction, New York: Teachers College Press.

Jackson, Philip W. 1998 "John Dewey's *School and Society* Revisited," *The Elementary School Journal*, 98 (5), pp.415-426.

Jackson, Philip W., Robert E. Boostrom and David T. Hansen 1993 *The Moral Life of Schools*, San Francisco: Jossey-Bass.

Jackson, Philip W. 2012 *What is Education*, Chicago: The University of Chicago Press.

Lipman, Matthew 1991 *Thinking in Education*, New York: Cambridge University Press（河野哲也・土屋陽介・村瀬智之監訳 2015『探求の共同体――考えるための教室』玉川大学出版部）

Palmer, Luella A. 1914 "Principles Underlying the Organization of Kindergarten Materials," *Teachers College Record*, Vol. 15, (1), pp.49-60.

Smith, Meredith 1914 "Development of Reasoning in Young Children," *Teachers College Record*, Vol. 15, (1), pp.16-25.

第2章　教育と民主主義の再建のために

――現代社会の危機とデューイの学習思想

松下良平

1　ポストモダン的懐疑論とデューイの思想

1　ポストモダン思潮がもたらした混迷

二〇世紀末に高まった近代哲学への批判は、これまで自明の前提とされてきた基礎づけ主義を批判し、真理を社会的に構築された知や権力として見なす視点を提示した。認識の究極的根拠・基盤や真理という概念に対して、徹底的な懐疑の眼が向けられたのである。その結果、認識や真理の考え方について根本的な転換の可能性が開かれた。「認識の正当化とは何か」「真理とは何か」といった問いに、従来とはまったく異なるアプローチが可能になったのである。

ところが近代哲学批判は、思いもよらぬ副産物をもたらした。「ポストモダン」という大きな思想的潮流に巻き込まれ、意味の解体や流動化を唱える思潮が社会に一定の影響を与えていくにつれて、その批判の内実が歪曲され矮小化されていったのである。「それは真（正当）である」といった判断が無意味であるかのように受けとめられたり、社会的諸関係や社会的実践に根差した真理や認識根拠が、さまざまな社会的実践で受け入れられている真理や認識根拠にすりかえられたりするようになったのだ。

そのため真理は、真理として社会で通用していたり、多くの人びとが同意していたり、社会で役立ったり、社会的に力のある人びとが「真である」と認めたりするものと区別がつかなくなった。真理は人や集団によって異なるとされるようになっただけではない。「それは真理である」という文には、「それは真理なのか？」という問いに対する応答としての意義があるが、それも無意味なものとみなされ、批判的な問いそのものが封じられがちになったのである。

同様に認識の根拠についても、つきつめて問われることが少なくなっていった。判断を正当化してくれる最終的な認識基盤がなく、いずれ無根拠な「生活形式」（ウィトゲンシュタイン）に行き着くのなら、思考や論証を都合のいいところで恣意的に中断しても同じだと言わんばかりに、自己（個人や組織）にとっての損得が判断の最終的な根拠になる事態が目に付くようになった。それに伴い、判断の正当性について知的に練り上げられた論証は軽視されていく。「エビデンス」という名のわかりやすくも怪しげな――時にはオセロ一が信じたハンカチまがいの――「客観的根拠」が絶対視される一方で、根拠が不明であったり間違ったりしたまま、政治的権力によってただ一方的にその正当性が主張される事態も生じるようになったのである。

二〇一七年には「ポスト真理（真実）」や「フェイクニュース」が世界的な話題となり、日本でもそれ以前から政治家・行政者・マスメディア・研究者を含む人びとの「偽装」や「思考停止」や「反知性主義」が喧伝されていたが、このような傾向はポストモダンの思潮と深い関係があるように思われる。たしかにその背後には、自己利益をめざした商品交換を従来の境界を越えて推し進めようとするネオリベラリズムの跋扈や、社会の情報化や消費化の急速な進展があり、それらが何よりも大きな影響力を及ぼしていることは疑いえない。トランプ米大統領の誕生やイギリスのEU離脱が象徴しているように、グローバル化がもたらした負の影響(人びとの不満)も、もちろん深く関係していよう。伝統的社会から引き継がれている日本人の大勢順応的思考様式が下支えしている可能性もある。とはいえ、そのような傾向の広がりに際して、ポストモダンの思潮が図らずもではあっても思想面で手を貸し、近代哲学批判が巧妙に利用されてきたこともまた否定できそうにない。

2 ポストモダン的懐疑論が教育に与えた影響

ポストモダンの思潮に伴う懐疑論をここではポストモダン的懐疑論と呼ぶことにしよう。今述べたように、それは社会の「空気」や時流の中に溶け込んで、教育の世界にも深刻な影響を与えてきた。教えるに値する知識が社会で役立つ知識や自己利益をもたらす知識に回収されたり、疑似科学や歴史修正主義がさしたる疑問もなく受け入れられたり、学校で教えるべき内容を為政者が恣意的に決めたりといった現象がそうである。学校教育の成果を学力テストの点数のような単純な「エビデンス」で評価することもそこに含まれる。思慮や見通しに欠けた教育政策の拙速な導入も、そこに含めてよいであろう。一方、「考えても意味がない」「言ってもムダ」「(自己を押し通すための)『コミュ力《りょく》』や多くの『いいね!』が〈力〉である」「〈力〉に逆らってもムダ」「空気を読め」といった、子ども・若者たちだけでなく大人にも浸透しているシニシズムやコンフォーミズムも、ある意味では社会に漂うポストモダン的風潮の反映だといえる。これらが相乗した結果として、真理や認識根拠への懐疑が、批判の精神を根こそぎ奪っていくという皮肉な逆説も生まれている。

今挙げた例は、近代哲学批判が矮小化されて社会に浸透した帰結だといってよい。しかしそうとはいえない場合でも、その批判が教育に与えた影響は深刻である。何よりも、従来の真理や認識根拠に対する懐疑や批判は、非対称的な関係を通じて「教える」ことや「伝達する」ことへの尻込みやためらいの意識を醸成した。教育の基点ともいえる社会の再生産とのつながりを見失い、教育をもっぱら個人の側からしか眺められなくなったのである。しかもそのとき教育は、「人格の完成」や「人間としての成長」を支援するのではなく、個人の生き残りに奉仕するものになり、しばしば個人を教育の場につなぎ止めるためのパフォーマンスに転じた。こうして近代哲学の精華ともいえる啓蒙に向けられた批判は、未熟や蒙昧を脱し、大人へと成長していくことへの希望を、個人と社会の両面で挫いてしまった。その結果、何を学ぶかに無頓着な体験型・エンタテイメント型の学びが広く支持されるようになる一方で、その反動のように規範教育や「ゼロトレランス」が支持を集め、機械的な反復・暗記学習が復権する事態も招いた。

近代哲学批判の社会への影響はそこにとどまらない。教育にも深く関係するものから若干の例を挙げれば、たとえば次のような事態を呼び寄せている。公私の二項対立図式を否定する「個人的なものは政治的なものである」というフェミニストのメッセージは、皮肉にも健康や家庭等の私事に政治が介入する事態や、個人的利益追求の支援を政治の役割とみなして、公共圏への参加や公的問題への関与がないがしろにされる事態を引き寄せた。

また、近代的理性に対する批判は感情や身体の復権をもたらした。だが、理性の再構築を反動的試みとして拒否して、ひたすら理性の解体を企てるほどに、感情や身体は、理性から切り離された非合理なものとして表舞台に登場するようになる。そのとき、同じく近代的理性の軛から解き放たれた宗教や芸術と結びついて、痩せ細った理性、つまり計算可能性や効率性のみを合理性とみなす道具的理性に非合理な目的を提供し、その目的の形式合理的な追求を感情的に煽ることも少なくない。

このように、近代哲学批判を徹底しようとすればするほど、その批判への反動のように、近代が排除したものが邪悪なものとして不気味に蘇り、今度はそれへの反動のように、近代の堅い核が居丈高な風情で力を振りかざすようになる。そのため二項対立図式への批判もまた、このような反動の応酬に巻き込まれることが少なくない。その批判が二項を隔てていた壁の自由な越境として受けとめられた上で、公 vs. 私、理性 vs. 感性、主観 vs. 客観、個人 vs. 社会、精神 vs. 物質、近代 vs. 前近代、等々、対立する二項間のシーソーが、その場の自己都合や損得勘定や力関係でいずれかに大きく振れる事態がもたらされるのである。今日、社会のさまざまな場面で見られる二極化や分断の背景には、このような理念的な問題も隠されているといえよう。

3　「民主主義と教育」の形骸化を乗り越える

近代哲学批判が間違っていたといいたいわけではない。その批判についての矮小化や誤解が、社会に混迷をもたらした側面は否定できないからである。しかしながら、近代哲学批判に問題はない、とする見方にも与するわけにはいかない。それがポストモダンの思潮に呑み込まれて変質し、ポストモダン的懐疑論に困惑する場合でも、その変質を防ぎ、その懐疑論を克服するための理論的拠り所を確保していないからである。

このような状況を打開する際に、重要な手がかりを与えてくれる思想家がデューイである。デューイもまた近代哲学へのラディカルな批判を企てた。しかしそこにとどまらず、今日のような混迷を回避するための別の選択肢を提示しているからである。一九八〇年代以降にデューイが再び脚光を浴びるようになったのも、まさにこのような理由からであった。デューイの晩年から死後しばらくは、分析哲学、実存主義、マルクス主義、構造主義等の哲学が拮抗する中で、デューイの哲学はもはや時代遅れの思想として忘れられかけていた。ところが、R・ローティやR・J・バーンスタインらによって、英米系と大陸系の哲学・思想が関連づけられるようになると、デューイの哲学が従来とは異なる視点から理解されるようになる。こうして、近代哲学批判と共鳴しつつも、その批判が陥りがちな懐疑論を乗り越える可能性を秘めた思想として、改めて注目されるようになったのである。

もちろん、デューイが格闘した諸問題をめぐっては、その後格段の理論的進展があった。ポストモダン的懐疑論に対しても、「倫理」を盾にした対抗的な思想が多様に試みられてきた。とはいえ、懐疑論に陥ることなく近代哲学を批判する認識論や存在論、さらにはそれと並行する人間論・社会論・文化論全般について、デューイほど包括的なヴィジョンを提供してくれる思想は、ほとんど存在していないといってよい。というより、研究が細分化し高度化するほど、包括的なヴィジョンはますます困難になっている。くわえて、近代哲学批判が懐疑論に陥るのを避けようとするとき、デューイのヴィジョンはある種の強みをもっている。というのもそこでは、一部の専門家しか理解できないような高度に精緻な議論を理解する必要はなく、代わりに日々の生活や教育を捉え直すだけでよいからである。その捉え直しの根拠を問われれば、デューイの（時にかなり錯綜した）議論を理解する必要がある。けれども、その懐疑論から脱却する試みは、基本的にだれにでも――むろん子どもにも、否むしろ子どもだからこそ――可能なのである。

そこで以下では、デューイの教育思想がポストモダン的懐疑論をどのような形で乗り越えることができるか、その可能性について考えてみたい。先にその一端を垣間見たように、ポストモダン的懐疑論は今日、デューイが終生のテーマとした「民主主義と教育」の両方に危機をもたらしている[1]。ポストモダンの思潮に乗じつつ資本の運動は、あらゆるものを止めどなく流動化・越境化・個別化しながら、使えるものをことごとく消費し、破壊し、置き去りにしていった。そのため、その傾向に抵抗するかのように恣意的に遮断機が下ろされ、理不尽に壁が築かれ、直情的に群れが生じる状況が広がった。その結果として民主主義が機能不全に陥り、教育もまた形骸化していったといえる。このような危機を打破するための手がかりとして、ここではデューイの教育論を位置づけてみたい。まず、通俗的なデューイ理解とは異なり、デューイの教育論を学習の方法論ではなく学習の思想として再定位してみる（2節）。そのうえでその学習思想が、ポストモダン的懐疑論に侵食された社会における教育と民主主義の形骸化をどのようにして乗り越えていくことができるか、考察してみよう（3節）。

2　デューイ教育論の再定位

1　学習の方法から学習の思想へ

今日、学習効果を高めるための研究が盛んである。教育目標とその達成を判定するための評価基準を明確化した上で、一定の型や方法を組み込んだ学習活動（授業）をデザインし、その効果をエビデンスに照らして比較・検証しながら、効果的な学習方法を確定していく研究である。そのような学習活動を構想する際に、デューイの教育論が有力な手がかりになると考える人は少なくないであろう。今日の教育においては、問題解決や探究の能力・スキルを身につけることがめざされ、協働や対話に基づく学習が重視されているからである。実際にも、そこで求められるアクティブラーニングは、デューイの教育論に由来するといわれることがある[2]。

たしかにデューイの教育論にはそのような期待に応えてくれる側面がある。問題解決学習や仕事を通じた学習は、今日の教育に求められる学習法として利用可能だからである。とりわけ、デューイの教育論をシカゴ大学実験学校での実践に照らして理解するとき、その教育論は一定の学習方法を唱道した教育論として読まれがちになる。

しかしながら、学ぶことを生きることそのものに拡張する思想としてデューイの教育論を理解するとき、デューイの学習論の本質は学習方法にあるという見方は留保を必要とする。ましてや、それを目標達成に効果的な学習方法を説いた理論として位置づけることはできない。むしろそのような学習方法を追求する研究をラディカルに批判する思想として位置づける方が、はるかに理論的に整合する。デューイの教育論はむしろ、今日の学校や学校化した社会で常識となっている学習論を根本から問い直す思想だからである。

そのようなデューイ理解の手がかりは、『学校と社会』および『民主主義と教育』の中にある。『学校と社会』では家庭や地域の共同体生活が果たしていた教育から議論が開始され、『民主主義と教育』において教育は第一義的には生活と社会の創造的再生産に資するものとして位置づけられる[3]。いずれも根源的な教育のあり方の解明がまず先にあり、それを基に学校教育が構想されるのである。そのためデューイの教育論は、教育思想と学校教育論という二つのレベルに分けることができる。

デューイの学校教育論が提唱する「胎芽的社会としての学校」は、資本主義体制下の国民国家の論理や制度を反映した学校ではない。あくまでも、最良にして最賢明な親がわが子に望む学校を公共化した学校である[4]。二〇世紀初頭のアメリカ社会という背景もあって、デューイ自身はこの違いに自覚的であったとはいえないが、現代日本の学校をはじめ、国家が要請する学校教育制度の中では容易に実現できそうにない学校なのである。そのため、デューイ思想の内部では教育思想とその具体的展開としての学校教育論は無理なくつながっていたとしても、今日の現実の多くの学校ではこの両者の間に大きなギャップが生じる可能性がある。デューイの学校教育論はたとえ受け入れられても、都合よく読みかえられて、デューイ本来の教育思想と齟齬を来す可能性が小さくないのだ。

だとすると、デューイの教育思想の真価を見きわめるためには、矮小化されたデューイの学校教育論と混同されないように、教育思想にいわばアーティキュレーション（要素間のつながりの鮮明化や重要な点の強調）を施すことが必要になってくる。そのようにして再定位された教育思想を、ここではあえて学習思想と呼ぶことにしたい。

「教育」を「経験の再構成」として捉えていることからもわかるように、デューイの教育思想では教育と学習は相即不離の関係にある。デューイのいう「経験」では経験することと経験されること、つまり経験する者が働きかけることと働きかけられることは一体となっており、その両者の絶えざる相互作用（interaction）や交互作用（transaction）こそが「経験」を特徴づける。そのような経験の様式とそこから得られる内容を、状況や環境の変化に応じながらより適切なものに再編していくこと、これが「経験の再構成」としての教育であり、その終わりなき継続の結果として「成長」がある。

したがって、その教育の概念は、教授と学習を截然と分け、前者と後者を因果関係で捉える西洋近代由来の〈教育〉とは大きく異なっている。だからこそ、〈教育〉機関としての学校にデューイの教育思想が持ち込まれると、大抵その本質が歪められてしまうのだ。とはいえ、〈教育〉の枠組みに圧倒的に支配された現代社会の用法では、「経験」はまずは学習者に関することである。そこで、経験に基づくデューイの教育思想をここでは学習思想と呼ぶことにする。なるほど、生活の中での学習の限界を学校での教育によって乗り越えようとするデューイ自身の意図に照らせば、この呼び方は適切とはいえない。けれども、学校教育の限界を乗り越えるために生活の中での学習に改めて目を向け、今日の教育論が前提にしている学習論とデューイの教育論の対比を鮮明にするという観点に立てば、ふさわしい呼称といえるのである。

2　オキュペーションとデューイの学習思想

ではデューイの学習思想とはどのようなものか。それは今日主流の学習論とどのように異なるのか。それを探る際に手がかりになるのは「オキュペーション」である。デューイにとってオキュペーションとは、学習を引き起こし促すための本質的な媒介として機能する活動である。ただしそれが何であるかについては、デューイの学校教育論と教育思想のいずれをベースにするかによって二通りの理解が可能である。

まず学校教育論に従えば、オキュペーションとは生活の中でなされ、生活に役立つものを生産する具体的な仕事である。『学校と社会』で挙げられた例でいえば、木工・金工・編物・裁縫・料理等である。一方、教育思想においては、オキュペーションはより抽象的な構造に置き換えることができる。『学校と社会』でも「オキュペーション」は「社会生活でなされる何らかの仕事を再現してくれる活動あるいはそれと同型の活動のモードで、子どもの側が行うもの」[5]として、いくらか抽象的に規定されていた。さらに『民主主義と教育』では、仕事や作業という意味のオキュペーションを残しながらも、「オキュペーションを通じた教育」は「経験としての教育」に包摂され一般化されている。その場合、実際の教育場面では、オキュペーションとは具体的には何を指すのか、という問いが新たに生まれる。だが見方を換えていえば、オキュペーションをデューイが生きた時代の制約から解放し、現代や未来の社会にふさわしく新たに構想することが可能になる。シカゴでの教育実践（実験）を踏まえた学校教育論は、デューイ教育思想の一つの展開例にすぎないのであり[6]、それはつねに別様の可能性に開かれているということである。

では、抽象的な理念としてのオキュペーションとは何か。字義通りに理解すれば、心が奪われ、注意が惹かれ、多くの時間を占めている活動であるが、デューイはもちろんそれ以上の意味を込めている。それは一定の環境の中で具体的な題材を用いながらなされる共同的活動であり、具体的な成果を生み出す活動であるが、あくまでもその活動自体を目的として行われる活動である。そのとき学校教育は、その成果がもたらす実利や利益にとらわれる必要がなく、もっぱらその活動に従事することがもたらす教育的意義に目を向けることができる。すなわち、めざす成果そのものに関心を集中させ、それを生み出すための思考や結果への責任を活性化することにより、知性や創造性や洞察力・判断力、努力や注意力や自己訓練の力、協働やコミュニケーションの力や責任感などを育み、科学から地理・歴史や芸術を含む多様な文化の参照や習得を促し、個性や自由の実現を果たそうとするのである[7]。思考の方法、活動への適切な向き合い方、人や事物との適切なかかわり方やスキル、思考に必要な知識や思考の成果としての知識をいわば自然に身につけ、磨き上げていくための媒介となる活動、それがオキュペーションなのである。

この過程をもう少し詳しく見てみよう。オキュペーションには、活動に没頭したり、感覚や直観のようなものによって活動が導かれたりするなど、主体と客体が未分化な「直接的経験／一次経験」の側面がある。しかし、状況に応じながら何か具体的な成果をめざす活動である限りにおいて、オキュペーションには「反省的経験／二次経験」もまた欠かせない。問題を知覚し、それを解決するための仮説を創造すること（推断 inference）、およびその仮説を彫琢するために、多様な概念・意味と関連づけてその内実を練り上げること（推論 reasoning）が重要な役割を果たす。そのうえで、知的に吟味された仮説を実際に用いてみて仮説とその帰結の関係を省察し、仮説が適切なものであれば「知識」が得られるし、仮説が不適切な場合には、そこから別の積極的な意味を導き出すことができる。このようなわけで、オキュペーションではおなじみの二項対立は生じない。活動に従事しているとき、そこには楽しさだけでなく苦心や苦労も伴う。興味と努力、題材と方法、精神と身体、知性と感情、理論と実践、知識と態度、等は、そこでは分離していないのである。

別の視点から見れば、オキュペーションとは、関心や問題を共有することでつながっている多様な人びとの間で、行為や言葉やモノなどがやりとりされる相互作用・相互行為の過程である。そこから何か具体的なものが産み出されるにしても、それは生活に役立つ仕事・手仕事に限られない。社会的に有用であろうがなかろうが、言語活動や身体技法を用いた諸活動から知的に高度な創造的活動まで、オキュペーションは生活の至る所で見いだせる。その意味で学ぶことは生きることと一体になっているのである。

3　デューイの学習思想と主流派学習論の違い

デューイの学習思想の特徴は、近現代社会における主流派の学習論、すなわち近代〈教育〉に伴う学習論と比較すれば、いっそうはっきりする。今日の学校の授業やカリキュラムが前提としている学習論は、個人主義と還元主義に立脚している（近代哲学批判の影響を受けた学習論も実証的研究を進める際にはそれらに立脚する場合が少なくない）。教授と学習の間には物理運動と同様の因果関係が可能である――たしかに一定の記号操作や単純な記憶による学習であればそれを実感できる――という前提に立ち、個人の特定の器官（「心」や脳）に働きかけることによって学習は生じると考える。目標―手段図式に従い、効果的な諸手段を駆使しながら、知識の習得と応用、あるいは諸能力・スキルや態度の獲得をめざす。

一方、デューイの学習思想では、学校教育が導入される以前の、家庭や地域の生活を通じた学習が準拠枠になっており、個人主義と還元主義はいずれも否定される。学習は個人の内部ではなく、共同体内の多様な相互作用・相互行為の中でなされ、また心や脳だけでなく、心身の全体を通じてなされる。したがって、今日の学習論の想定とは異なり、教育という外からの働きかけによって学習はコントロール可能とはみなされていない。そもそも学習者は、学習活動の外部にある教育目標を追求するのではない。従事する活動（オキュペーション）は外から与えられる場合もあるが、学習者が追求する目的はあくまでもその活動を成し遂げることである。しかも「手段―目的の連続体」においては、以前の経験の成果（知識や能力）を含むさまざまな手段を用いて「めあて」（end-in-view）が追求されるが、反面ではそれらの手段や環境の諸条件が制約として働き、「めあて」はたえず修正されていく。もちろん経験による学習を教師が指導し支援することは可能だし、しばしば有益でもある。だがそれは、教師がめざす地点に学習者を牽引し誘導することではない。

デューイの全体論的で非還元主義（状況主義的）な学習思想と今日の主流派学習論との対比は、別の角度からも説明可能である。主流派の学習論では、〈基礎段階の受動的学習〉と〈応用・発展段階の能動的学習〉の二段構えの学習が想定されている。学習者はまず、経験や理性を用いて一般性や確実性の高い基本的知識を受容（習得）する。次に、受容したそれらの知識を、一定の能力やスキルを用いて、実際の場面で応用したり、主体的・能動的に再構成して新たな知を創造したりするのである。よく知られているように教育界では、受動的学習への批判と能動的学習の失敗の往還運動が、手を替え品を替えして繰り返されてきた[8]。今日では、〈いつでも・どこでも通用する汎用的な能力・スキル〉を身につけるための能動的学習が積極的に求められる一方で、知識習得のための受動的学習の必要性も強調されている。二種類の学習の関係がかつてなくねじれている上に、その成功を確実に果たすべく人格や人間性の総体が学習に動員されようとしている。

このような考え方の背後には、近代哲学にとっての宿痾というべき「所与の神話」（W・セラーズ）[9]がひそんでいるとみなすことができる。その神話によれば、直接知や基本原理など〈他の概念の媒介を必要としない特権的表象〉が存在し、それに基づいて知の構築や正当化は可能になる。一定の〈特権的な知〉の受容によって初めて認識は可能になるのであり、もしそのような所与がなければ「何でもあり」に陥って認識は恣意的になる、とされているのだ。一方、主流派学習論もまた、疑うことなく受け入れるしかない特権的な知識（あるいは能力やスキル）を習得することがまず必要であり、それを踏まえてはじめて知識の応用や発展は可能になると仮定している。

それに対してデューイは、一般的で確実な知識（あるいは能力やスキル）から学習は始まるとは考えない。よって、基本的知識をまず習得し、次にそれらを生活や社会の中で応用し発展させるという二段階論にも与しない。そうではなく、具体的状況や社会生活の中で身につけてこそ知識は、実際に生きて働き、別の場面でも応用可能になり、さらには（多様な状況で用いることを通じて）別の新たな知識へと再構成されていく、と想定している。その過程で、学習者が言語や記号の果たす役割を実感できるようになったとき、初めてその人は言語や記号が担う概念や意味を学ぶ意義も理解できるようになる。記号論の枠組みを用いていえば、今日の主流派学習論が「意味論と統語論から語用論へ」という順序を前提としているのに対して、デューイの学習論は「語用論から意味論と統語論へ」という逆の考えを支持するのである。

ちなみに、近代哲学への批判は「所与の神話」の解体を徹底的に推し進めてきた。それを牽引してきたのは、いわゆる「言語論的転回」を経た哲学である。〈特権的な知〉を公共的な「言語ゲーム」に回収し、その知にまつわる諸問題を解消しようとしたのである。けれども、「所与の神話」批判の影響は学習論にはそれほど及んでいない。その批判が正しければ今日の学習論の二段階説は失敗を避けられないが、個人主義的で還元主義的な学習論は今日でも依然として健在どころか、教育界を圧倒的に支配している。近代哲学批判がこの学習論に与えた影響は、「特権」に敵意を抱く人びとに、特権的な知とされてきたものに背を向けさせ、代わりに社会で役立つ知識や恣意的な知識を受け入れさせただけであった。この学習論の骨格は批判されずに、ほとんどそのまま残ってしまったのである。

4　方法の二つの意味

ここにおいて、なぜ本稿ではデューイの教育論を学習方法論として位置づけるのを避けたのか、改めて説明可能になる。学習方法の意味は、主流派学習論とデューイの学習思想ではまったく異なる。前者では、所定の教育目標を達成するための学習を手続き化・手順化したものが学習方法である。そこからは基本的な学習方法の習得とその応用という二段構えの学習論も構想可能になる。一方、デューイにおいては、学習方法とは何よりも経験という方法を具体化したものとしての「探究の方法」や「問題解決法」である。『思考の方法（How We Think）』で解明しようとした方法も、教育目標を達成するための手段ではなく、あくまでも思考の様式であり、それを通じた学ぶ様式にほかならない。

同様に教育方法もこの二つの学習論ではまったく違う。主流派学習論は、めざす地点に確実かつ容易に到達するための手段として教育方法を位置づけ、〈知識の習得やその応用・創造を効果的・効率的に実現するための科学的な教育方法〉や〈個々の状況に依存しない汎用的な教育方法〉を追求する。それに対して、デューイの思想から導き出されるのは、学習者の経験が十全に働くように支援する教育方法である。いうなれば、支援に伴う無限の複雑さを縮減し、支援のエッセンスをうまく掬い取ってくれる方法である。相手の個性や状況や題材の特殊性を考慮することが欠かせない、いわばアートとしての教育方法なのである[10]。今日の学習論のように効果的な手段であることを直接には追求しないが、結果的には効果的な方法だといってもよい。

こうして二つの学習方法がまるで異なり、デューイの説く学習方法が異端であるとき、正統派の中に持ち込まれた異端はあっという間にねじ曲げられてしまう。デューイの学習方法は、受動的学習と対比されるものとしての能動的学習を通じて問題解決能力や探究力を身につけるための効果的方法にすりかえられてしまうのだ。対話や協働を導入すればデューイ的な学習方法になるわけではない。対話や協働は今日の主流派学習論でも積極的に用いられるが、それはあくまでも教育目標を達成するための手段にすぎない。社会や産業構造の変化に応じて目標が変わったために必要とされるようになった手段なのである。一方、デューイにおいては、対話や協働が組み込まれた活動は教育や学習の不動の立脚点であり、社会や時代により活動の中身や着目点が変わる。このようなわけで、これまで何度もくりかえされてきたこのすりかえの誤りを避けるためには、デューイの学習思想を一旦抽出した上で、その内部に学習方法を位置づけることが欠かせないのである。

なるほど、デューイは「方法の優位」(the supremacy of method)[11]を説く。だから言葉だけに着目すれば、特定の学習方法の優位を説いた教育思想家のように見えるかもしれない。しかしこれまで述べてきたように、その見方は正しくない。「方法の優位」が意味するのは、何らかの基本原理や直接知が認識を支えてくれるとする考え方を放棄し、あらゆるものが変動しうるという前提に立って、有機体が環境にいかにかかわるかに存在や思考の本質があるとする考え方にほかならない。世界の基底にある本質や実体を存在や思考の最終的な拠り所とする思想ではなく、世界やそれにかかわる主体を含むあらゆる実在や実体よりもかかわり方を優先させるのが、「方法の優位」の思想なのである。そしてその「方法としての経験」や「経験的方法」(empirical method)を基に、自然や文化や社会の本質とそれらの相互関係が解明され、その内部に認識や道徳が生成する機制が位置づけられていく。デューイが唱道する「科学の方法」も同様の誤解をしばしば招いてきた。その科学は、たしかに因習や慣習に囚われた生の迷妄を批判するための実験的で啓蒙的な企てである。だがそれは、「経験的方法」を高度化したものとしての科学であり、目的に対する手段の合理性を追求する実証主義的な科学ではない[12]。

5 経験の形而上学

だとすると、最後に考える必要があるのは、デューイのいう「経験」はどこまで信頼できるのかという問題である。そもそもデューイのいう経験を通じた学習には、西洋近代ではなく生物学的基盤に根差している点で、学習としてはるかに根源的であるという含みがある。だが「経験」概念に決定的な難点が見つかれば、その主張は瓦解する。

じつはデューイの近代哲学批判をめぐって大きな論争になったのが、この「経験」の問題であった。デューイが「自然主義的形而上学」という用語で「経験の形而上学」を求めたことを、ローティは（サンタヤナによるデューイ批判に倣って）「形容矛盾」とみなし、デューイの勇み足として批判したからである[13]。哲学の言語論的転回を徹底しようとする観点からは、たしかにその形而上学は近代西洋哲学の残滓に見えよう。ローティにすれば「経験」の代わりに「連帯」や「会話」があれば十分だし、民主主義も哲学的正当化を放棄してアメリカの文化的伝統の中に埋め込んでしまえばよい、というわけである。

しかしながら、ローティのような考え方には、きびしい批判も投げかけられてきた[14]。実際にも、言語論的転回を足場にしたローティ流の近代哲学批判は、冒頭部で述べたようなポストモダン的懐疑論を招き寄せるばかりとなっている。「連帯」はしばしば分断された世界を取り繕うイデオロギーに転じ、「会話」はネット上の閉じた空間で自己承認を求めてやまない。「民主主義」もまた欧米という辺境の特殊な文化とみなされ、日本に民主主義を根づかせる試みは戦勝国アメリカの文化帝国主義への屈服だ、とみなされかねない状況にある。そのアメリカでもまた民主主義は大きな危機に瀕している。経験という支えがなければ、これまで人類が積み上げてきた文化は維持も発展もできないかもしれないのである。

そこで、ここで改めて確認したいのは、デューイが近代哲学批判に耐えうると考えた「経験」は、思考や探究の足場であっても、思考や探究をその外側から拘束する統制的理念や合理的基準の類いではないということである。経験とは、有機体と環境の間の相互浸透的な作用であり、直接的経験と反省的経験のリズミカルな往還の運動にほかならない。その経験によって人間は文化を生み出し更新していくとはいえ、経験は海の波と同じようにあくまでも自然の運動や作用なのである。しかも、その自然の運動は偶有性をはらんでおり、固定した目的をもっていない。経験は個人の実態としても社会的水準としてもつねに生成の途上にある。経験的自然とはいわば徹底的に歴史化された自然なのである。

かくして、ヘーゲルから受け継いだものをダーウィンの影響によって自然化していく過程としてデューイの思想形成過程を捉えるとき、「自然主義的形而上学」という言い方はヘーゲルやライプニッツから引き継いだ負の遺産とみなすことができる。だとすれば、デューイ形而上学へのローティの懸念を払拭するためにも、経験はダーウィン以降の進化生物学や動物行動学や生態学等の諸成果によってさらに自然化し、経験の内実をいっそう科学化していく必要があるといえよう。

とはいえ、経験の理論を教育や民主主義という社会実践に適用するためには、科学だけでなく哲学の言語も必要になる。というのも、人間は「自然」に従うのではなく、背こうとするときが少なくないからだ。実際にも近代西洋文明は、人間の本性（nature）を含む自然の支配に多大な精力を傾けてきたし、「経験」もまた現代の学校では同様の扱いを受けているといえる。だとすれば、科学の言語と哲学の言語を融合させ、いわば生態学的な哲学を通じて、経験という存在を科学的に記述すると同時に、思考や探究の際に準拠すべき枠組みとしても位置づけておく必要がある。つまり思考や探究において経験を容易に拒否できないにもかかわらず従わない道が残っている限りにおいて、経験は生物学的―文化的事実にとどまらず、包括性をもった理念の位置に引き上げておく必要がある。

おそらくこのように考えてデューイが採用したのが、「自然主義的形而上学」であった。「あらゆる種類の存在が明示している包括的特性」(the generic traits manifested by existences of all kinds)[15]を解明し、「批判という領域のグランド・マップ」(a groundmap of the province of criticism)[16]を描き出す「経験の形而上学」のことである。だが、この「基本地図」を描くこととそれに従って道を進むことの間には、わずかとはいえ裂け目があるといわざるをえない。意識しないままその裂け目を跳び越えていく場合も多々あるだろうが、それを跳び越えるには、経験を信じることが必要になる場合も少なくないであろう。とはいえ、言語論的観点ではなくプラグマティックな観点に立てば、経験という存在と形而上学の間にわずかな隙間があるとしても、経験の形而上学というプロジェクトは「形容矛盾」になるとは必ずしもいえず、簡単に放棄しないほうがよいともいえるのである[17]。

3　ポストモダンの超克からモダンの再定義へ

1　〈民主主義の学習〉と〈民主主義としての学習〉

デューイの経験論は、ポストモダン的懐疑論を克服するための足場になりうる。とはいえ、教育と民主主義の形骸化を、デューイの学習思想がどのように乗り越えていくのか、その筋道は必ずしも明確ではない。ポストモダン的懐疑論は教育を形骸化させたが、その学習論の骨格は依然として近代哲学の圏内にある(2節・3)。そのため、たとえ紛い物でも社会で役立つスキルをまじめに習得しようとする場合や、教育成果についてのエビデンスを絶対視する場合になると、一見強固な反懐疑論に見えるほどである。そこでここでは、少しばかり迂回路を行くことにしよう。まず先に、デューイの学習思想は民主主義の形骸化をどのように乗り越えられるかについて考えてみたい。

　このようなテーマを設定すると、すぐに「何をどのように学習すれば民主主義の再建につながるか」という問いが立てられよう。実際にもたとえばＧ・ビースタはそのような問いを追究する。ビースタは民主主義の学習を、①既存の社会的・政治的秩序を前提とした政治的リテラシー（知識やスキル）の学習と、②絶えず更新されていく民主主義の実験的プロセスへの政治的関与を通じて政治主体を産み出す学習に区別し、①を「シティズンシップ教育の『社会化』の構想」、②を同教育の「『主体化』(subjectification)の構想」と呼ぶ。そのうえで、世界各地のシティズンシップ教育で①が支配的な傾向を憂慮しつつ、②の「主体化の構想」を支持するのである[18]。しかしながら、ビースタとは異なり、デューイにとって民主主義はたんなる学習の対象や内容ではない。学習それ自身が民主主義の実践だからである。

　そもそもデューイのいう民主主義は、国民国家の政治原理であるリベラル民主主義とは大きく異なっている。後者は近代ヨーロッパの歴史の中で成立したものであり、いうまでもなく絶対王政の国家に対する新興市民の挑戦が起源になっている。自己完結的な存在としての個人の自由を権利として平等に承認することを立論の立脚点とし、自由で平等な個人の集合体としてのデモスが主権者として国家統治を担う政治体制、これがリベラル民主主義である。

　それに対して、デューイが説く民主主義は、むしろアメリカにおける共同体自治の伝統に由来する。デューイによれば、関心を共有した上で、多様なものの見方や考え方をもつ人びと同士が自由にコミュニケーション（交流・協働）することが民主主義の本質である。統治原理ではなく、「交流し合う生の様式、コミュニケーションで結ばれた経験の様式」(a mode of associated living, of conjoint communicated experience)[19]が民主主義なのである。「経験は出会い、交換、コミュニケーション、相互交流によって安定したものになり、さらには拡張され豊かになっていくが、民主主義を欠いた生の様式はことごとくそれらを制限していく」[20]。経験を十全に機能させ、それによって個人と社会の成長を促すために不可欠なのが、民主主義なのである。

一方、オキュペーションや経験による学習もまた、共通の関心や問題に導かれた「交流し合う生の様式」であった(2節・2)。そのことを考えると、デューイのいう学習とは民主主義の実践にほかならないということになる。学習が多様な人びととの交流や協働に基づくほどに民主主義が実践される一方で、民主主義が浸透するほどに充実した学習も可能になるということだ。経験を介して、学習の深化と民主主義の進展は歩をともにしているのである。

だとすれば、〈民主主義としての学習〉が受け入れられ、広く深く浸透していくほどに、民主主義の形骸化は乗り越えられていくことになる。それと同時に〈民主主義としての学習〉は、教育の形骸化の克服にも大きな貢献をなしうる。たとえばビースタのいう「シティズンシップ教育の『主体化』の構想」も、社会に浸透したポストモダン的懐疑論に絡め取られていくのはおそらく避けられない。そのとき先の②の学習は、個に閉じがちな現代社会の人間にはかなりハードルが高いものとなり、しばしば形だけの学習に転じていこう。さらに、懐疑が批判的問いをも蝕んでいく社会では、政治的実践への関与がなされるとしても没批判的になる可能性は小さくない。この「主体化」に関連してビースタは、J・ランシエールから示唆を得て、「よき市民」として飼い慣らされることを拒否する「無知な市民」に民主主義の新たな政治主体として期待をかける[21]。よき秩序にとっての"無知蒙昧な"他者の異質な声や抵抗が民主主義を鍛えていくという発想は、たしかに重要である。けれども、「無知」が没知性や思考停止と結びつくようだと、(悪しき意味での)ポピュリズムをもたらすなど、逆に民主主義は危機に陥るだろう。

そのとき、〈民主主義としての学習〉は、教育のこのような形骸化に対処できる。シニシズムに陥り、社会の行方を見通せなくなり、民主主義的な生活実践が身近なところにない子どもたちに、民主主義的実践への政治的関与を求める前に、そのための足場や下支えになるものを提供するからである。さらには、新たな政治主体の可能性を秘めた「無知な市民」に、既存の秩序に対する自らの違和や不満に誠実になることだけでなく、その直接的経験から生まれたアイデアを対話や協働を通じて知的に練り上げていくための反省的経験も求めるからである。要するに、〈民主主義としての学習〉という土台に支えられなければ、ビースタの期待はおそらく裏切られるということである。

ちなみに、「シティズンシップ教育の『社会化』の構想」の形骸化を防ぐためにも、〈民主主義としての学習〉は有意義だといえる。その〈学習〉の支えがなければ、政治的リテラシーの学習は「頭の中の情報」にとどまって実際には生きて働かず、無力なものにとどまるからである。またその〈学習〉の支えがあるとき、政治的リテラシーは不可侵のものとしてではなく、問い直しや批判に開かれたものとして習得されていく。そうなれば、ビースタのいう二つの構想や学習は、互いに支え合うものとしてむしろ両立するであろう。

2　リベラル民主主義への懐疑とデューイの根源的な民主主義

生活や学習の過程と結びついた民主主義は、今日その意義がますます高まっているといえる。冒頭部でふれたように、ポストモダン的懐疑論は民主主義に深刻なダメージを与えつつある。真っ先に標的とされているのは、西洋近代由来のリベラル民主主義である。そもそも国情や伝統の違いのために、リベラル民主主義はかつて少なからぬ抵抗に遭ってきた（たとえば戦前の日本）。同様に今日また、グローバル化や近代哲学批判の影響を受けてリベラル民主主義への懐疑が広がりつつあり、アジアやイスラム諸国を中心にその民主主義に対する抵抗が改めて力を取り戻しつつある。日本社会も例外ではない。進歩派vs.保守派ではなく、（保守派を含む）リベラルvs.（立憲主義や民主主義を軽視する）右翼という形で社会に深い亀裂が生じつつある。

そのような中でビースタは、ヨーロッパ人であることに開き直ったかのように、C・ムフのリベラル民主主義観に同意しつつ、「民主主義のための説得力のある根拠があるわけではない。すくなくとも、平等と自由という基盤となる価値観に自身をコミットすることに先立つ根拠はない」と断じる[22]。このようにリベラル民主主義だけを念頭に置き、かつそれをいわば決断によって選び取るものとみなすとき、現代日本のような社会では逆に、民主主義は個人の意思によって拒否されかねない。

そのときデューイの民主主義論は、民主主義を擁護する別の可能性を開示する。デューイによれば民主主義の条件は、共通の関心に導かれながら、多様な他者と自由に交流や協働がなされることにある。個人を社会に有機的に結びつけるデューイの民主主義論は、リベラル民主主義とは異なり、個人の自由権の平等を他のすべてに優先させるわけではない。平等と自由はそれ以上遡れない民主主義の基本原理ではないし、個人が決断によって選び取る対象でもないのだ。

もちろん、デューイにとっても自由と平等は民主主義の要請としてきわめて重要である。デューイのいう自由とは〈各人がコミュニケーション（交流・協働・交換）できる自由〉であり、平等とは〈どのような人の見方や考え方や感性も各々ユニークで共約不可能な価値や可能性をもったものとして等しく尊重される〉という考え方である[23]。そこでは、私的所有の自由から切り離しても個人の自由は正当化できるし、自立した個人の権利という考えを持ち出さなくても平等が擁護できる。自由と平等はそれぞれ個人と社会（個人の集合体）に付随するのではなく、自由と平等のいずれも共同体（人と人の関係）の中から立ち現れてくる。

かくして経験の形而上学に根差す民主主義は、近代リベラリズムの自由や平等に不信の目が向けられても、簡単に揺らぐことはない。近代ヨーロッパとは異なる歴史や伝統をもち、個人を社会に優先させる考え方になじみがない社会でも、あるいは西洋近代に批判的な人びとにも受容可能な民主主義なのである。共同体に根差した地方自治の伝統をもつ日本のような社会なら、なおさら受け入れやすい。その意味でデューイの民主主義は、リベラル民主主義よりもはるかに根源的《ラディカル》な民主主義なのである。

さらにいえば、デューイの民主主義論は、根源的な民主主義を追求する現代の別の試みを補完する可能性を秘めている。リベラル民主主義では、自由な個人の多様な意見を主権者としてのデモス（国民）の統一的な意思にまとめるために法的手続きが重視されるが、その反面で一人ひとりの政治参加が軽視されがちになる。このような状況下で、ハーバーマスは法的手続きの形式化（システム化）を防ぐためにコミュニケーション的理性による討議を導入し、アーレントは一人ひとり異なる人びとの言葉や行為が交わされる政治的な「公共空間」の復権を説いた。それに対してA・ホネットは、ハーバーマスの「手続き主義」とアーレントが継承した「共和主義」の限界、すなわち（手続き主義による）コミュニケーションや討議を可能にしている諸条件の軽視や、（共和主義による）政治参加する主体への過剰な倫理的要求を克服し、両者を媒介するものとして、デューイの「社会的協働活動」を位置づける[24]。これを引き継いでいえば、オキュペーションの中に民主主義の可能性を見るデューイの民主主義論は、ハーバーマスとアーレントが共に与している〈労働（仕事）と政治参加の対立〉――その変奏が職業教育と市民教育の対立――を調停する可能性をも秘めていよう。

3　ポストモダンとハイパーモダンのハイブリッドを克服する

今日、リベラル民主主義は二重の危機にさらされている。一つは、すでに指摘したように、西洋近代由来のリベラル民主主義が近代哲学批判を通じて相対化され、非欧米圏を中心にしばしば不信を呼び起こしていることである。もう一つは、グローバル化が国民国家の基本枠組みを揺るがすことによって、国民国家と深く結びついてきたリベラル民主主義の存在的基盤が不安定になっていることである。その特徴は学習論の場合と似ている。リベラル民主主義が拠って立つ近代哲学の〈特権的な知〉は信用を失っているが、その民主主義の骨格部にある個人主義と還元主義はそれほど傷つかず残されている。

このような土壌にネオリベラリズムが偏った養分を過剰に注ぎ込んだために、リベラル民主主義という樹は次第に根腐れを起こし始め、幹や枝を細らせていった。その結果、各個人の選好の最大化をめざすいわゆる集計民主主義や「多数者の専制」や人びとの公共圏からの撤退という事態が進行していった。さらにいえば、歴史や文化を忘却した計算可能で均質な時空間の中で、剥き出しになった個人はもっぱら自己の生き残りや勝ち残りを追求するようになり、他者に求められた成果を上げ、自己の承認を得るために学習に励むようになった。

ここにあるのは、ポストモダンとハイパーモダンの奇妙な混合態である。資本の運動を活性化させるために、ネオリベラリズムはポストモダンの破壊力をうまく利用した。だが、ポストモダンが焼き払ったモダンの建造物の跡地には、資本の運動（消費や商品交換や金融取引等の拡大）を駆動する支柱だけはしっかり残った。個人（個体）主義と還元主義という柱である。それが補強されて、今度はその柱の周囲に資本の運動に役立つものが、真偽・善悪を問わず無節操に集められ、その残骸とともにモダンの跡地を無秩序に埋め尽くすようになったのである。

こうして、脆く危険で薄汚れた建屋のような社会を、より頑丈かつ安全で、より柔軟な美的調和の感覚に彩られた社会につくりかえていくことが、現代の大きな課題になっている。そこでは、社会に責任をもつ公衆が資本の運動の暴走をくいとめながら、創造的知性を駆使して新しい経済システムへの移行を模索することも含まれる。

そのとき、デューイの民主主義論は、ベースとなる思考枠組みを提供してくれる。デューイは社会を、自己完結的な個人の集合体として捉えるのではなく、最初から個人と切り離せないものとして位置づける。そのうえで社会への関与によって個人は成長し、個人の成長によって社会も改良されていくとみなす。そのとき、個人と社会双方の十全な成長のためには欠かせないものがある。他者や社会への応答責任を負うこと、多様な個人や集団が関心を共有しつつ自由な交流や協働や交換を推し進めること、個人や社会が各々独自の批判的で創造的な知性を駆使することなどであるが、それを可能にしてくれるのが、デューイのいう民主主義にほかならない。このような意味の民主主義的実践＝探究で得られた「保証つきの主張可能性（warranted assertibility）」[25]としての知識は、暫定的ではあってても信頼に足るものとなり、次の探究のための確かな足場となる。それは同時に、ポストモダン的懐疑論とハイパーモダンのハイブリッドを克服するための足場ともなろう。

４　経験という希望

グローバル企業など国境を越える力が巨大になり、国家が揺らぐことによって、国民生活の不安定度が増しつつある社会では、デューイのいう民主主義への期待はむしろ高まっていくといえる。その民主主義は、国民国家に適合するリベラル民主主義とは異なり、グローバル社会やローカルな社会にも等しく適用可能であり、むしろそこでこそ必要度が高まるからである。だがそれだけではない。リベラル民主主義を支えてきた西洋近代の哲学はたしかに揺らいでいるが、貧困や格差の拡大などを考えると、自由・権利・平等を重視するリベラル民主主義の賦活もまた喫緊の課題になっている。そのときデューイのいう民主主義は、リベラル民主主義を補強し、国民国家の枠組を越えてその再生への道を切り拓いてくれるからである。

デューイは、民主主義の支柱を近代の産物（個人主義と還元主義）から近代哲学批判に耐えうるもの（全体論的で非還元主義な経験）に取り替える。けれども、近代の遺産を十把一絡げに否定することはない。むしろ歴史的遺産としてのモダンを再定義した上で、うまく活かしていこうとする。リベラル民主主義の成果（自由・権利・平等）を別のより深い視座から正当化することによって、その不安定さや脆弱性を補い、その内実をより豊穣なものにしようとするのである。生の様式としての民主主義の土壌に根づいてこそ、統治原理としてのリベラル民主主義は花開き、豊かな実りをもたらすというわけである。そのときにはリベラル民主主義は、デューイのいう民主主義にも力を与えてくれるであろう。

いずれにせよ、民主主義の再建の鍵を握るのは、デューイのいう経験による学習だといえる。民主主義的な生活実践が希薄な社会ではなおさら当てはまるのだが、〈民主主義としての学習〉を学校や社会の中で広げ、民主主義的実践の基礎を身につけて初めて、民主主義のための政治的実践に関与できるようになり、そこから市民・国民としての本格的な政治参加の道が開けるということである。

デューイが与えてくれる希望の拠り所は「経験」にある。経験こそが、所与の神話とポストモダン的懐疑論の「あれかこれか」を超えることによって、近代哲学批判がポストモダン的懐疑論に変質し、（センスデータから資本の運動やリベラル民主主義に至る）〈特権的な所与〉に無批判に追従して硬直したモダンやハイパーモダンが蘇るのを防ぎ止めてくれるからである。いいかえれば、モダン vs. ポストモダンの二項対立を乗り越えて、ポストモダンの超克、さらにはモダンの再評価と再定義を可能にしてくれるのだ。そしてそのような可能性に賭けるなら、経験を取り戻しつつ〈民主主義としての学習〉を教育に導入し、経験としての生や文化を賦活してくれる民主主義を推し進めていくしかない。

だがこの「経験」は、探究される対象であると同時に探究する枠組みでもある。そのため、科学と形而上学の間で宙づりにならざるをえない。客観的な記述であると同時に信じる理念でもあり、その内実は絶えざる探究にさらされているのだ（2節・5）。デューイの経験論はこのように輪郭がはっきりしないだけでなく、個人主義と還元主義に染め抜かれたイギリス経験論と混同されるおそれもある。哲学的にも教育学的にも手垢にまみれ、紛らわしい「経験」という用語は、無闇に持ち出さないほうがよいのかもしれない。実際にもすでに「経験」という用語とは無関係に、その解明の試みは多様な研究分野で進んでいる。

このような意味で、経験は希望であるが、名指しされないことも多く、その真の姿には永遠にたどり着けない。だが、経験は人間の生の至る所に存在している。この逆説的真理を理解するとき、人はこういうのかもしれない。明日地球が滅びるとわかっていても、それでも林檎の樹を植える、と。デューイもまた、世界の暗い闇を深いところまで見通していたからこそ、あえて希望を語ろうとしたのかもしれない。

註

1　「民主主義と教育」の危機については、松下良平「民主主義の危機と教育」『武蔵野大学政治経済研究所年報』（第2号、2010年）も参照。

2　Bonwell, C. C. and Eison, J. A., "Active Learning: Creating Excitement in the Classroom," *AEHE-ERIC Higher Education Report*, No. 1, 1991, The George Washington University, p. 1.

3　Dewey, J., *The School and Society* (1899), in *The Middle Works of John Dewey*, Vol. 1, Ch. 1; Dewey, *Democracy and Education* (1916), in *The*

Middle Works, Vol. 9, Ch. 1.

4 Dewey, *The School and Society*, p. 5.

5 *Ibid.*, p. 92.

6 とはいえ、そこから学ぶべきことも依然として少なくない。たとえば、K・C・メイヒュー、A・C・エドワーズ（小柳正司監訳）『デューイ・スクール——シカゴ大学実験学校 1896-1903 年』（あいり出版、2017）を参照。

7 Dewey, *The School and Society*, esp., Ch. 1, Ch. 7; Dewey, *Democracy and Education*, esp., Ch. 15, Ch. 23.

8 主流派学習論の思想史上の位置づけについては、松下良平「学習思想史の中のアクティブラーニング——能動と受動のもつれを解きほぐす」『近代教育フォーラム』（第25号、2016）を参照。

9 W・セラーズ（浜野研三訳）『経験論と心の哲学』岩波書店、2006。なお、「所与の神話」については以下も参照。R・J・バーンスタイン（廣瀬覚・佐藤駿訳）『哲学のプラグマティズム的転回』（岩波書店、2017）、第1章。R・ローティ（野家啓一監訳）『哲学と自然の鏡』（産業図書、1993）、第4章。

10 Dewey, *Democracy and Education*, Ch. 13.

11 Dewey, *The Quest for Certainty* (1929), in *The Later Works*, Vol. 4, Ch. 9.

12 松下良平「ポスト近代的理性としての〈科学〉的知性——デューイ理論における目的合理性批判の契機」杉浦宏編『デューイ研究の現在』日本教育研究センター、1993。

13 R・ローティ（室井尚ほか訳）『哲学の脱構築——プラグマティズムの帰結』（御茶の水書房、1985）、第5章。

14 さしあたりたとえば、以下の諸文献を参照のこと。R・J・バーンスタイン『哲学のプラグマティズム的転回』第6章。R・シュスターマン（樋口聡・青木孝夫・丸山恭司訳）『プラグマティズムと哲学の実践』世織書房、2012、第2章。E・S・リード（菅野盾樹訳）『経験のための戦い——情報の生態学から社会哲学へ』新曜社、2010。

15 Dewey, *Experience and Nature* (1925), in *The Later Works*, Vol. 1, p. 308.

16 *Ibid.*, p. 309.

17 松下良平「形而上学の可能性——デューイとライプニッツのもう一つのつながり」『近代教育フォーラム』第19号、2010。

18 Biesta, G. J. J., *Learning Democracy in School and Society: Education, Lifelong Learning, and the Politics of Citizenship*, Sense Publishers, 2011, pp. 86f. 上野正道・藤井佳世・中村（新井）清二訳『民主主義を学習する——教育・生涯学習・シティズンシップ』勁草書房、2014、特に188頁以下、226頁以下（この箇所は日本語版のみ）。

19 Dewey, *Democracy and Education*, p. 93.

20 Dewey, "Creative Democracy: The Task before Us (1939)," in *The Later Works*, Vol. 14, pp. 229-230.

21 Biesta, *op. cit.*, pp. 96ff. 邦訳、211頁以下。

22 ビースタ『民主主義を学習する』220頁（この箇所は原著にはなく、日本語版で付加されている）。

23 デューイの自由観・平等観については、R・D・ボイスヴァート（藤井千春訳）『ジョン・デューイ――現代を問い直す』（晃洋書房、2015年）、第３章第３節・第４節も参考になる。

24 A・ホネット（加藤泰史・日暮雅夫ほか訳）『正義の他者――実践哲学論集』法政大学出版局、2005、309頁以下。

25 Dewey, *Logic: The Theory of Inquiry* (1938), in *The Later Works*, Vol. 12, pp. 15ff.

第3章　デューイにおける「経験の分有」の思考
――目的合理性と合一的共同性を超えて

木下　慎

1　はじめに

私たちは日々、経験を分かち合うことでそれぞれの経験を豊かにしている。しかし、「経験の分有」とは何を意味しているのか。何のために、誰と共に、経験を分かち合うのか。この世界を、あるいはこの世界に住まうことを、さらにはそのこととの意味を私たちは分かち合えるのか。そもそも、「私たち」とは誰であり、「分かち合う」とはいかなる出来事か。デューイの教育思想は根本的にはこの問いを問うている。

経験はコミュニケーションを通じて分有される。デューイは目的―手段の図式を用いてこの過程を分析している。ある面で、デューイの経験論とコミュニケーション論は目的合理性の図式に依拠している。デューイの思想がインストゥルメンタリズムと特徴づけられる所以である。しかし、果たして、経験ないしコミュニケーションは、目的合理性の範疇に完全に収まってしまうものなのか。この種の疑問は、近代の道具的理性に距離をとる近代教育批判の観点からすでに提出されている。その代表例として、今井康雄のデューイ論を挙げることができる(今井 1998)。他方、デューイは、経験が「道具的」(媒介的)な特徴だけでなく、そこに還元されない「完結的」(充足的)な特徴を備えていることを明確に指摘している。デューイはしばしば、コミュニケーションの完結的な様態を「コミュニオン」や「相互浸透」といった概念で記述している。このとき、コミュニケーションの直接的かつ全体的な側面が強調される。この側面を重視した研究の代表例として、早川操のデューイ論を挙げることができる(早川 1994)。

しかし、この種のデューイ論に対しては、今度は次のような批判を提起できる。すなわち、コミュニケーションの直接的かつ全体的な様態を「コミュニオン」や「相互浸透」といった概念で捉え、コミュニケーションに参加する自他の一体感が強調されるとき、「経験の分有」という概念が前提としているはずの、個々の経験の固有性、複数性、有限性がその合一的共同性へと解消されてしまわないか。

これら二つの批判は、デューイの経験論の道具的特徴と完結的特徴のそれぞれの側面に焦点化している点で、相互補完的なものだといえよう。したがって、両者の批判を俎上に載せ、いずれにも十分な回答を与えることができれば、目的合理性にも合一的共同性にも回収されない、経験の分有に固有の共同性が明らかになると思われる。

このような狙いのもと、本稿はデューイの教育哲学の核心をなしている「経験の分有」を主題として取り上げ、上述の二つの批判への応答を通じて、経験の分有に固有な共同性の構造を考察する。そのことによって、教育の可能性の条件をなす共同性の存立構造を、経験の分有という観点から問い直す道を開示したい。

以下では、まず、第一の批判への応答として、デューイの経験論が目的論的構成を備えながらも、全体論的観点から目的論を再構築しているため、狭義の目的合理性の図式を超え出ていることを明らかにする。次に、第二の批判への応答として、デューイのコミュニケーション論の全体論的特徴を踏まえた上で、デューイの美的経験論を参照し、「一つの経験」という概念の再解釈を通じて、合一的共同性に解消されない「経験の分有」の構造を明らかにする。

2　目的合理性を超えて

デューイの経験論に対する批判

最初に、デューイの思想に胚胎された目的合理性の図式を批判している研究を検討しよう。今井康雄は、デューイの哲学を、主客二元論を乗り越えた思想として評価する一方、それは依然として「目的合理性」の図式に収まっているという批判を展開している(今井 1998)。

今井は、目的合理性の範疇で経験を捉えることに批判的である。そこで前提とされているのは、主客二元論と連動した目的合理性の範疇である。すなわち、個人主体が目的のための手段を合理的に選択し、その手段によって客体を統御するという意味での目的合理性である。この種の目的合理性に依拠するかぎり、子どもを「自己活動」の主体として認めたところで、結局は、教師や親といった別の主体が、子どもの自己活動さえも、教育目的のために合理的に組織した教育手段による統制下に置いてしまう。今井はこのような認識論的布置を「新教育の地平」と名付けた。そこでは「〈子供の自己活動を目的合理的に統御するにはいかにすべきか〉が、教育実践と教育研究の基本的な問題設定となる」(Ibid.: 23)。

今井によれば、デューイは、経験を相互作用の過程として捉え、その相互作用における二つの位相として主客を連続的に捉えている。デューイは、個人主体の自己活動を、経験に先立って存在するものとして経験の相互作用から切り離して捉えてはいない。この点で、デューイは「新教育の地平」を超えているとされる（Ibid.: 32-3）。

しかしながら、今井によれば、デューイはあくまで目的合理性に依拠して経験の構造を把握している。目的合理性から最も遠ざかったように見える美的経験でさえ、デューイは「目的―手段」の概念で記述しているとして、今井はその特質を次のようにまとめている。

> 能動（素材の目的合理的処理）と受動（素材に対応した手際の修練）とが密接に接合することによって、活動そのものが一体的となり、活動を目的と手段とに裁断するわけにはいかなくなる。このような目的と手段の融合に、デューイは美的経験のしるしを見た。（Ibid.: 154）

ここでは、能動と受動の循環的な相互関係のなかで、活動の目的と手段が一つに融合している点に、美的経験の特徴が認められている。芸術活動では、作品の構想が素材の操作に先立って固定化されているわけではない。そこでは、一筆ごとに作品の構想が更新される絵画のように、目的と手段が連動しながら刻一刻と変化している。この点で確かに美的経験は、目的と手段が分断され目的が手段に先立って措定されている経験とは異なる。その点を認めたうえで今井はさらに次のように指摘している。

> 日常的経験――たとえば機械工の機械製作――が美的性質を含んでいたと同じように、美的経験も機械製作と同様の目的合理的構造を有している。この目的合理的構造を介して、美的経験は日常的経験に繋留されるのである。（Ibid.: 156）

デューイは、日常的経験から美的経験を切り離すことなく、日常的経験には美的性質の可能性を認め、美的経験には日常的経験と接続可能な目的合理的構造を認めている。今井によれば、双方の経験に共通する「目的合理的構造」を媒介として、目的と手段が融合するに至った美的経験は、日常的経験の連続線上に、日常的経験が到達しうる「上限モデル」として位置づけられる (Ibid.: 156)。

そのため、能動と受動の均衡が崩れ、目的と手段が切断された、現代の機械労働に代表される「経験の貧困」に対して、デューイが解決策として提示するのは「経験が本来有している目的合理的構造の回復」ということになる (Ibid.: 164)。今井によれば、「『経験の貧困』についてのデューイの批判的認識は、伝統的な手仕事の――あの理想的な機械工が体現しているような――目的合理的構造へと結局は回収されていくのである」(Ibid.: 165)。このように今井は、経験の目的合理的構造に固執した点に、デューイの経験論の限界を見いだしている。

確かに、今井の指摘するように、「目的」と「手段」の概念は、デューイの形而上学を貫く基礎的な範疇である。しかし、デューイは、従来の目的論をそのまま踏襲するのではなく、その批判的な再構築を試みている。そのため、その理路を慎重に検討しなければ、デューイの経験論に対する批判は性急なものになりかねない。

デューイは、日常生活の目的合理性を侮蔑する哲学や美学の衒学趣味は世界を仮象と本質に分断する形而上学的な二元論に支えられ、その形而上学的二元論はさらに社会の階級的分断に支えられてきたとして、西洋思想史に批判的評価を下している。デューイの指摘するこのような危険を回避するためにも、次項ではデューイの経験論の目的論的特徴を再検討する。デューイの経験論の構造を把握することによって、「経験の分有」の構造もより正確に理解できるようになると思われる。

経験の全体論的構造

本項では、デューイの経験論の目的論的特徴を検討する。まず、デューイの目的概念の内容を整理した井上環の研究を参照しよう。井上によれば、デューイの唱える「目的」(end)には、以下の三つの特徴が認められる。

第一に、目的は、自然の外部に非時間的に措定されたものではなく、自然の内部で出来事が展開する過程の終局(end)に位置する時間的局面である(井上 2017: 22-4)。第二に、自然的出来事の終わりに位置する局面は、有機体と自然の相互作用において「直接的質」(immediate quality)として享受される(Ibid.: 24-9)。第三に、相互作用の直接的質は、人間の実践においては、価値を帯びた「目論見」(end in view)となってその実現が目指される(Ibid.: 29-31)。以上の整理によれば、デューイの目的論において、目的と手段の関係は経験に先立って規定されておらず、経験の相互作用における直接的質の享受を起点に、価値を帯びた局面として目的が生起するということになる。

デューイによれば、「質」とは「ある事物が、存在するために、また関係の主題や言説のテーマとなるために必然的に**持つ**、還元不可能で、際限なく多元的で、定義も描写もできないもの」である(EN: 74 強調は原文)。またデューイは、「存在の直接性」(immediacy of existence)は「言葉で言い表せない」とも述べている(Ibid.: 74)。したがって、存在の質とは、直接的に享受されるものであって、他の事物との関係に媒介されて把握されるものではない。言い換えれば、ある事物の存在は、別の状態に到達するための媒介=手段には回収されない位相を備えていることになる。

以上のデューイの記述を踏まえるなら、存在は、手段を経由して目的に到達する目的合理的関係には還元できない。そして、存在の直接的質を契機としてはじめて、価値を帯びた目的が生起するのだとすれば、目的の位相それ自体に、手段から目的への移行関係には単純に還元できない位相が備わっているということになる。

加えて、デューイによれば、存在の直接的な質は、個々の事物にあらかじめ備わっているものではなく、事物と人間の双方が「状況」のなかに置かれてはじめて享受されるものである。私たちは、その状況の全体を、要素間の関係として反省的に分析する以前に直接的に感受している。デューイによれば、反省的な思考を介した「二次的な経験」は、質の直接的な感受がなされる「一次的な経験」を土台としている。

デューイはさらに、経験のこのような通時的構造を共時的構造としても記述している。人間の経験は、無意識の「背景」として潜在的に拡がる全体と、意識の「前景」に焦点化される部分が、絵画の地と図のように折り重なることで成立している (Ibid.: 235-6; CT: 13)。

このような潜在的な全体性に根ざした状況のなかで特定の質を直接的に感じとることによって、反省的な思考は方向付けられる。「思考の対象を選択的に決定し、それらを関係づける過程は、状況——状況はそこに浸透して内的な統合を果たす質によって構成されている——を参照することで統制されている」(QT: 246)。

このようにデューイは、直接的で全体的な位相を備えたものとして、人間の経験を重層的かつ立体的に把握している[1]。経験は潜在的に拡がる全体的な状況のなかで生じ、人間の反省的意識はその部分として派生的=事後的に生じる。確かに、デューイは、目的–手段の図式で経験を記述しているのだが、その全体論的構造を踏まえるなら、その都度の経験を規定する目的–手段の関係は、潜在的に拡がっている文脈の全体から分出してくると理解すべきである。そのため、前項で確認したような個人主体が企図する目的合理性は、経験全体の構造に照らせば、意識に顕在化することを許された部分的なものとして捉え直される[2]。

それでは、その都度の目的–手段の分節を可能にする経験の土台とはいかなるものか。この点について、早川操はケステンバウムの現象学的なデューイ研究を参照して、デューイの経験論において経験の土台となっているのは、過去から蓄積された諸意味の体系としての「習慣」(habit)や「精神」(mind)だと述べている(早川 1994：49)。早川によれば、過去の経験を媒介することで、状況全体の質が、「直観」や「想像」といった機能によって、「センス」(sense)として了解される。そして、全体的に感受された「センス」を母胎にして、探究的な思考において「ミーニング」(meaning)が分節化されていくことになる(Ibid.: 50-1)。ただし、そのような経験の発展的な過程は、あくまで過去の経験によって獲得された諸意味の体系を土台にしているのである。

つまり、直接的な質を感受する一次的な経験と、それに事後的な反省を加える二次的な経験は、前者が後者を一方向的に規定するという単線的な時系列を成しているのではない。むしろ、後者の過程で獲得された諸々の意味が「習慣」や「精神」として累積的に体系化され、前者の過程に組み込まれるという循環的な構造をなしている[3]。すなわち、経験の背景をなす状況の構成には、過去の経験に基づいた意味の体系が関与しているため、経験は直接的かつ媒介的(自然的かつ文化的)な全体性を土台として成立している。

以上をまとめると、デューイの経験論において、経験の目的は相互作用の直接的な質から生じるのだが、その直接的な質は自然と文化の双方の過程(あるいは文化をその一部に含んだ自然の過程)を含んだ文脈の総体を母胎として生じる。デューイの経験論は、個人の意識に顕在化する狭義の目的合理性を超えて、その成立を背後で支えている潜在的な文脈を参照している。そのような経験の再帰的記述は、個人主体の意識にのみ排他的に準拠した統制的行動に反省を迫り、より豊かな経験の文脈に開かれた態度を要請する。デューイは文脈の意識化について次のように述べている。

> 私が言いたいのは、哲学者は、反省の完全な対象にするという意味で、文脈を考慮に入れられるということ

ではない。しかし、哲学者はそのような文脈の存在に気付くかもしれない。そして、文脈の存在に気付くことで、謙虚さを学び、自分の出した結論をあまりにも無制限かつ教条的に一般化することを抑制するようになるかもしれない。（CT : 13）

ここでのデューイの発言には、「無知の知」の伝統にもつながるような反省的＝再帰的態度が見られる。この「謙虚」な哲学的感性こそ、経験の豊かな文脈を絶えず開示しようと試みる全体論的な経験論が堅持すべきものであろう。というのも、経験の全体性を強調する議論は、状況の全体性から無意識に排除される要素を意識的にも看過・忘却しかねない危うさを秘めているからである。この点に関して、次節では、デューイのコミュニケーション論の全体論的構造に注目しながら、さらに考察を深めたい。

3　合一的共同性を超えて

コミュニケーションの全体論的構造

前節では、デューイの経験論の全体論的構造を概観した。デューイは、特定の質に浸透された状況の全体性を、反省的思考の出発点に見いだしていた。このような状況の質的な全体性は、有機体と環境の相互作用である経験一般に認められる。当然、それは人間同士の相互作用であるコミュニケーションにおいても重要な位置を占めている。むしろ、コミュニケーションにおいてこそ、状況の質的な全体性は決定的な意味と価値を帯びることになる。本節では、この点を中心にデューイのコミュニケーション論の全体論的構造を検討しよう。

デューイによれば、「コミュニケーションは、経験を共有するに至るまで、経験を分有する過程である」(DE:12)。ただし、私たちは各自の経験をレンガのように手渡せないし、パイのように切り分けられない。そうではなく、経験はコミュニケーションにおいて「意味」(meaning) として分かち合われる。デューイはその機制を、“participate in” あるいは “share in” という述語で表現している。“participate in” と “share in” という表現はいずれも、「. . . . に参与する」と「. . . . を分有する」という二つの含意を備えている。デューイはこれらの述語を用いて、この両者の様態が不可分であることを示唆している。すなわち、共同の活動に「参与」する過程のなかで、その活動を構成する諸々の意味を「分有」する、といった包括的な事態を指している。

たとえば、デューイは、たんに人間に使役されるだけの馬は自らの行動の「社会的用途を分有していない」(the horse does not really share in the social use) ので、「分有された活動の協力者ではない」(He is not a partner in a shared activity) と述べている (Ibid.: 17)。それに対して、幼児が周囲の人間の習慣を身につける際には、「幼児は実際に共通の活動に参与する」(he really shares in or participates in the common activity) (Ibid.: 17)。さらに、デューイは以下のように同系の表現を繰り返している。「共通の理解を分有させるコミュニケーション」(communication which insures participation in a common understanding) は、「類似した感情的性向や知性的性向を獲得させる」(Ibid.: 7)。「このような分有は、子どもが大人の作業に直接参加すること」(this sharing is direct, taking part in the occupations of adults) で遂行される (Ibid.: 10)。「コミュニケーションはそこに参加する参加者相互の性向に変化を加える」(It modifies the disposition of both the parties who partake in it) (Ibid.: 12)。

デューイはこれらの表現を通じて、共通の活動への「参与」(participate in/take part in/partake) がなされる際には、「協力者」(partner) ないし「参加者」(party) が、活動の「役割＝部分」(part) を分担することで経験を互いに分有する、といった一連の機制を描写している。

ここで、デューイがコミュニケーションの様態を記述するのに、前置詞 "in" を繰り返し用いていることに注目したい。そもそもデューイは、「社会はトランスミッションによって [by]、コミュニケーションによって存在し続けるばかりでなく、トランスミッションのなかに [in]、コミュニケーションのなかに存在する」と述べている (Ibid.: 7 強調は原文)。デューイにとって、社会的事象だけでなく、すべての出来事は世界に内在する (in) と同時に、世界の部分を構成し (of)、相互に作用しあっている。そのため、「経験は自然のなかにあるのと同様、自然の一部を成している」(experience is *of* as well as *in* nature) (EN: 12 強調は原文) とも言われる。このような記述は、デューイの思想がそもそも、世界の外部に何らかの超越者を想定せずに、世界に内在的な観点を立っていることと関わっている。デューイにとって、あらゆる存在は自然に内在する。なかでも人間は、コミュニケーションを通じて経験の意味を他者と分有する過程で、共同の世界に参与する。先に触れたように、デューイは経験の母胎として、習慣的に累積された意味の文化的体系を見いだしていた。デューイは次のように習慣の意義を強調している。

> 世界との相互的な関わりのなかで形成された習慣 [habits] を通じて、私たちは世界のなかに住んでいる [in-habit]。世界は家 [home] になり、その家は私たちの日々の経験の一部となる。(AE: 109)

人間は「習慣」(habits) を形成することで、世界の「なかに住む」(in-habit)。この事態を「センス」と「ミーニング」の観点から記述すれば、以下のようになる。人間は世界のなかで、自らの置かれた状況の全体を「センス」(sense)

として質的に感受している。その質的なセンスが分節されることで「ミーニング」（meaning）が生じる[4]。すなわち、世界内の相互的な交流のなかで、無数の「センス」が経験に受胎され、そこから反省的に「ミーニング」が分出し、この世界を満たす。そのようにして、世界は多様な「意味」（センス／ミーニング）に彩られ、私たちの住み慣れた「家」（home）に変容していく。

もちろん、世界に住んでいるのは、一人の人間だけではない。多種多様な意味を産み出す自然の多産性は、人間と事物の相互作用だけでなく、人間同士のコミュニケーションを条件として成立している。デューイにとって、コミュニケーションは、人びとが共に住まうところの共同世界を構成する決定的な契機なのである。それゆえ、次のように言われる。

> あらゆる物事のなかで、コミュニケーションが最も不思議だ［the most wonderful］。事物が相互外在的に押したり引いたりする次元から、事物が人間に現れて、それによって事物がそれ自身に対しても現れる次元に移行する。コミュニケーションによって参与ないし分有［participation, sharing］が生みだされる。このような事態はとても不思議なことであって、それに比べれば、［キリスト教の聖体拝領の秘蹟でパンとワインがキリストの血と肉に変化する］いわゆる実体変化も影を潜めてしまう。（EN: 132）

私たちはコミュニケーションによって、他者と共に世界に参与し、その世界を他者と分有する。このあまりにも自明な事実を「最も不思議だ」と驚くような感性こそが、デューイのコミュニケーション論——さらには common／community／communication／communion の一連の語彙に彩られたデューイの哲学体系——の根底をなす哲学的センス（哲学的驚き）ではないだろうか[5]。デューイは、共同の世界を生起させるコミュニケーションの力を強烈に感受していたからこそ、次のような理想的ヴィジョンを描けた。

コミュニケーション――分有された生、分有された経験という奇跡――が持っている感情的な力、神秘的とも言えるその力を内発的に感じられるとき、現代の粗野で過酷な生活はかつて陸にも海にも存在しなかった光に洗われるだろう。（RP: 201）

デューイによれば、現代の粗野で過酷な生活から私たちを救済してくれるのは、私たちを共同の世界から救い上げる超自然的な奇跡ではなく、私たちを共同の世界へと救い上げるコミュニケーションという奇跡である。デューイは、経験の分有をもたらすコミュニケーションに、神秘的とも形容される力を認めている。事実、デューイはコミュニケーションの理想的な様態に、「美的質」だけでなく「宗教的質」を見いだしている。そして、この点に、デューイのコミュニケーション論の全体論的特徴が最も顕著に表れている。項を改めて、検討を重ねよう。

コミュニオンの共同性

デューイによれば、コミュニケーションは、「道具的」（instrumental）な側面とともに、「完結的」（consummatory）ないし「充足的」（final）な側面を持っている。コミュニケーションは、他者の協力を調達することで自分の欲しているものを獲得する「やり取り（交換）」（exchange）という側面では、道具的な性質を帯びている（EN: 144）。他方で、コミュニケーションは、それ自体で享受される「生の直接的な高揚」という側面では、完結的な性質を帯びている (Ibid.: 144)。この点については、次のように言われる。

> コミュニケーションは、共同体において大切にされている事物や芸術を分有するという点で、すなわちコミュニオンのセンス [sense of communion] において諸々の意味を増大させ、深化させ、強化させる分有であるという点で、充足的 [final] なものである。(Ibid.: 159)

コミュニケーションが目指すべき状態に到達するための手段であるだけでなく、それ自体で充足的な性格を備えているのは、コミュニケーションによって分有される意味が「コミュニオンのセンス」において増大・深化・強化されるからだと言われている。さらに、次のようにも述べられる。

> コミュニケーション、およびそれに同質的な対象は、目的としての価値を持っている。なぜなら、そのような目的としてのコミュニケーションにおいて、人間は自分一人の孤独から救われ、意味を分かち合うコミュニオンに参与する [share in a communion of meanings] からである。(Ibid.: 159)

ここでは、コミュニケーションが目的としての価値を持っているのは、コミュニケーションにおいて人間は孤独から救われ、「意味を分かち合うコミュニオン」に「参与」するからだとされる。

上記二つの引用のいずれにおいても、「コミュニオン」という言葉が、コミュニケーションの充足的な側面を説明するために用いられている。それでは、コミュニケーションにおいて生じる「コミュニオン」とはいかなるものか。デューイは、コミュニケーションそれ自体にともなう「センス」について次のように述べている。

> 行動が他者と協調的に一致することほど、達成感を与えてくれる価値ある行動の様態は存在しない。それは、一つの全体に参与し、そこに溶け込んでいるというセンス［sense of sharing and merging in a whole］をもたらす。(Ibid.: 145)

コミュニケーションは、他者と行動が協調的に一致するとき、「一つの全体」(a whole) に参与し、その全体を分有し、その全体に溶け込んでいるという「センス」をもたらす。デューイによれば、コミュニケーションは、「複数の協力者［partners］が参加する活動、すなわち各々の協力者の行動が相互の協力関係［partnership］によって修正・統制される活動において、協働［cooperation］を実現する」(Ibid.: 141)。そして、コミュニケーションにおいて、人間は「相異なる参加者同士が参与＝分有する状況の観点」(standpoint of a situation in which two parties share) に立つことで、「自己中心的」(ego-centric) ではなく「参与的＝分有的」(participative) な様態で存在するようになる (Ibid.: 140)。すなわち、人間はコミュニケーションにおいて、自他が共に参与している状況の全体を参照し、その全体の観点に立って自らの行動を調整する際に、「一つの全体」に参与しているという「センス」を抱くのである。デューイは、このような協働的な状況の全体性に根ざした「センス」を「コミュニオンのセンス」と呼び、そこにコミュニケーションそれ自体の充足的な質を認めている。

デューイのコミュニケーション論に見いだせるこの全体論的なセンスに注目した研究として、先に触れた早川操のデューイ論が挙げられる（早川 1994）。早川は「このひとつの『全体性』と呼ばれるコミュニケーションの完結的局面では、ある個人の経験と他者の経験とがあるものを媒介にして『ひとつの共有された意味』でもって結合され、理想的な人間的融合の状況が創られる」と述べている（Ibid.: 60）。その上で、「ひとつの共有された意味によって理想的な対人的融合の状況が創造される時、そこには『美的質』とともに『宗教的な質』も浸みわたっている」（Ibid.: 199-200）と述べ、「対人的融合」を創造するコミュニケーションに、デューイの唱える「美的質」と「宗教的な質」を認めている。とくにコミュニケーションの宗教的な質については次のように言われる。

> コミュニケーションの過程で、あるものを媒介にして人と人とがつながりを見いだす時、そこには二人の人間の相互作用によって『関係のなかにある諸個人』という分離不可能な融合状態にあるひとつのまとまり（全体）が形成される。そのまとまりのなかでは、諸個人がそれぞれのセンス・意味・行動様式に応じて、全体とユニークな関係をもつ諸部分として活動する。その活動は、『交わり』というひとつの全体形成のために協働する個性的な部分を構成することになる。デューイは、より大きな全体のために協働的な部分として協力する人間の気高さは『畏敬や啓示（awe and reverence）』の感じと同じくらい宗教的なものであると主張している。
> (Ibid.: 208)

ここで早川は、デューイのいう「コミュニオン」を、ひとつの全体が形成される「交わり」ととらえたうえで、個人がその「全体」を構成する「部分」としてより大きな全体に向けて協働する感覚に宗教的な質を見いだしている。

早川が解釈するように、デューイの唱える「コミュニオン」が一つの全体に複数の存在者を融合させるコミュニケーションの様態であるとすれば、ここにはデューイの経験論の全体論的特徴が、最も際立った形で表現されている。そして、それゆえにこそ、その立論の危うさも同時に浮き彫りになっていると思われる。

この点を明確にするために、現代フランスの哲学者ジャン＝リュック・ナンシー（Nancy, Jean=Luc）の議論を参照しよう。ナンシーは、西洋思想の底流には、「失われた共同体」に対するノスタルジーが存在すると指摘している。そして、「真の意味での共同体喪失の意識はキリスト教的なものである」としたうえで、その失われた共同体への郷愁を体現してきたものこそ、「コミュニオン」をめぐるキリスト教の言説であったと述べている（Nancy 2004=2001: 31=20）。

ナンシーによれば、西洋の共同体論は、死すべき存在の有限性を合一的な共同体によって超克できるかのような幻想を絶えず生みだしてきた。しかし、合一的な共同体に内在することは、有限な存在者相互の共同性を合一性のなかへと解消してしまう危険を秘めている。それゆえ、ナンシーは、合一的な共同体によって存在の有限性から救済されるという幻想を振りまく「コミュニオンのシステム」（le système de la communion）そのものを脱構築するように呼びかけている（Nancy 2004=2001: 46=32）。

もちろん、このような批判が即座にデューイのコミュニケーション論に妥当するわけではない。第一に、キリスト教思想の歴史的文脈において、コミュニオンは「聖体拝領」の秘蹟を通じた神と人の合一を意味するが、デューイ自身は、先に引用した文章で確認したように、聖体拝領がもたらす実体変化よりも、「コミュニケーション」がもたらす変化にこそ、世界を変容させる力を認めていた[6]。

第二に、デューイの全体論的なコミュニケーション論は、個体の「個性」（individuality）を状況の全体性に解消するのではなく、むしろ状況の全体性と個体の個性を相互補完的な存立条件として捉えている[7]。早川もこの点を十分に踏まえているからこそ、先の引用で、全体の部分を構成する個人はあくまで「個性的」なものであって、「それぞれのセンス・意味・行動様式に応じて、全体とユニークな関係をもつ」と述べていたのだと思われる（早川 1994: 208）。とはいえ、これらの点を踏まえた上でも、全体性のセンスを根底に据えるデューイの立論には、経験の分有という概念が前提としているはずの個々の経験の固有性、複数性、有限性を看過させかねない危うさがある。

この点については慎重な検討が必要だが、ここでは全体性のセンスに付随する「選択」（selection）の問題、すなわち包摂と排除の問題を指摘しておきたい[8]。デューイは「感情」（emotion）や「関心」（interest）に、当該の状況に適合するものとそうでないものを区別する「選択」の機能を認めている（AE: 49, 75, 271, CT: 14-5）。たとえば、デューイは、「素材の選択と組織」は、「経験される感情の質が果たす機能」だと述べている（AE: 75）。経験に多様な素材が包含されるとしても、特定の経験に「すべて」を含めることはできない。まとまりをもった経験が成立するためには、全体の質的感覚に準拠した、要素の包摂と排除の過程が不可欠なのである。

ここで問題にしたいのは、選択がなされることそれ自体ではなく、その選択が要素の不可逆的な排除に繋がっていないかどうか、ならびに、その選択の過程が不可視化されていないかどうかである。この点の自覚が消失してしまえば、特定の感情や関心のもとで、すべてが調和的に結びついているという意識だけが前景化して、その背後で無意識に進行している包摂と排除の過程が看過されかねない[9]。

以上の問題点を踏まえて、本稿の最後に、経験の分有を合一的共同性に解消しようとする議論の傾向に抗うようなポテンシャルを、デューイの思想の内部に探ってみたい。次項では、デューイの宗教論ではなく芸術論を参照することで、経験を分有するコミュニケーションの様態を別の角度から描出しよう。

単数にして複数の経験

デューイによれば、芸術作品を介した経験の分有は「最も普遍的かつ最も自由なコミュニケーションの形式」である (AE: 275)。それは「経験の共同体を分断する深淵や障壁に満ちた世界のなかで生じる人間同士の完全で制約なきコミュニケーション」とさえ言われる (Ibid.: 110)。

デューイは美的経験の基本構造を、「一つの経験」［an experience］として記述する。デューイによれば、「経験される素材が完成に向けた道程を歩むとき、私たちは一つの経験を手にしている」(Ibid.: 42 強調は原文)。「一つの経験」とは、経験が対立や緊張を孕みつつも調和的な統一を維持し、それ自身の「完成」［fulfillment］ないし「完結」［consummation］に至る、連続的かつ発展的な一つの過程を意味している。「そのような経験は一つの全体をなし、それ自身の個性ある質と自足性を備えている」(Ibid.: 42) と言われるように、「一つの経験」はその経験に固有な質によって統一化されると同時に個性化されている。

「一つの経験」は、知的経験や実践的経験においても成立するが、美的経験として成立する場合には、質的感覚による経験の統一が最も完全な仕方で実現している。そして、芸術作品の製作においては、質的感覚を母胎に新たな意味を帯びた「一つの経験」が、具体的な形式と内容を備えた作品として共同世界に向けて差し出される。ここでは、作者の経験の根底をなす質的感覚が、音・色・形といった自然に共通の素材を媒体に作品として表現されるため、鑑賞者はその作品を介して製作者の経験を分有できる (Ibid.: 88, 112, 291)。

しかしながら、鑑賞者が製作者と同一の経験を反復するわけではない。作者の「一つの経験」を分有するためには、鑑賞者も製作者と同様、作品の鑑賞を「一つの経験」にまで練り上げなければならない。それゆえ、次のように言われる。

知覚するためには、鑑賞者は自分自身の経験を創造［*create*］しなければならない。そして、鑑賞者による創造は、元々の製作者が経験した諸関係と比較可能な諸関係を含まなければならない。……（中略）……再創造［recreation］の行為がなければ、対象は芸術作品として知覚されない。（Ibid.: 60 強調は原文）

作品に織り込まれた素材相互の諸関係に忠実に、しかしあくまで新たな創造的行為として鑑賞が行われないかぎり、経験は分有されない。デューイによれば、「芸術作品として美的に経験されるその度ごとに、芸術作品は再創造される」のである(Ibid :113)。

この意味で、美的経験に代表される「一つの経験」の分有において、一つの経験は単数の経験（an experience）であると同時に、複数の経験（experiences）だと言えるだろう[10]。「個性［individuality］とは歴史［history］ないし道程［career］の固有性である」（TI: 103）と言われるように、経験が「一つの経験」として「個性」を帯びるのは、その経験が自らに固有の時間を刻みつつ、自らに固有の道程を歩むからである。それゆえ、他者の経験を「一つの経験」として分有するために、他者の経験をそのまま反復するわけにはいかない。他者の「一つの経験」を受け取る側も、他者の経験に触発されつつ、自らに固有の道程に従って、「一つの経験」を紡がなければならないのである。

それゆえ、「一つの経験」を「単数にして複数の経験」として分有するコミュニケーションの空間は、固有にして多様な経験の道が交差する十字路に喩えられるかもしれない。その時、その場所で、その度ごとに、私たちは他者とすれちがいながら、相手の歩む道程と刻む時間の固有性に想いを馳せながら、敬意を孕んだ目配せを交わす。そのような仕方でコミュニケーションが交わされるとき、私たちは「いかなる形で現れるにせよ、個性を知ること、個性に敬意を払うことを学ぶ」(Ibid.: 114) のである。

各自に固有の経験は、厳密には反復することも占有することもできない。単数にして複数の経験の分有は、いわば反復しえないものを反復しようとする試みである。それゆえ、そのような経験の分有に歓びが感じられるのだとすれば、それは分かち合えないものを分かち合うことにおける歓びである。それは他者と同一化する快楽や、全体に合一化する享楽ではない。そうではなく、反復しえない経験を反復しようと試みる経験に歓びのセンスが宿るからこそ、経験の分有は「もう一度!」と繰り返し求められる。

そして、このような経験の分有に固有な質的センスを母胎として、単数にして複数の経験の分有が理念に高められたとき、デューイはそのような分有の共同性を「デモクラシー」と名付けたのではないだろうか。仮にそうだとすれば、「デモクラシー」とは、反復不可能な分有の歓びがこの世界に繰り返し到来しつづけることを祈ってなされる呼びかけに他ならない。

4 おわりに

本章は、デューイの経験論に対して目的合理性と合一的共同性の視点から疑問を投げかける二つの批判を俎上に載せ、両者への応答を試みるなかで、デューイ思想の全体論的構造の豊かな可能性と、その困難を辿ってきた。

本章の検討を通じて、とくに以下の三点が明らかになった。第一に、デューイの経験論は、個人主体の意図に排他的に準拠した狭義の目的合理性を越えて、目的―手段関係の存立契機である存在の直接的な質と、その質的なセンスの土台となっている諸意味の文化体系を参照しているため、個人の経験をより一層豊かな文脈に切り開いていくポテンシャルを備えていた。

第二に、デューイのコミュニケーション論は、共通の状況に参与することで経験を分有するという「参与＝分有」の機制を軸に展開されていた。しかし、状況の質的な全体性に準拠してコミュニケーションの充足的側面が「コミュニオン」として記述されるとき、「経験の分有」が前提とする個々の経験の固有性、複数性、有限性を合一的共同性に回収しかねない危うさが顕在化していた。

第三に、デューイの美的経験論では、各々の経験の固有性を「一つの経験」という概念によって把握していたため、経験の固有性と複数性のいずれをも尊重するような経験の分有の共同性が萌芽的に構想されていた。

デューイにとって、経験の分有とは、私たちが共同の世界に参与するために必要不可欠な契機であった。私たちは、各自の経験に宿る固有な意味（センス／ミーニング）を他者と分有することで、この世界を多種多様に刷新しつづける。このような経験の分有こそ、デューイにとって「デモクラシー」と「教育」双方の可能性の条件をなしている。

しかし、翻って、さまざまな教育上の困難に日々直面している現在の私たちは、コミュニケーションを通じた経験の分有の奇跡的な力を、デューイのように驚きをもって実感できているだろうか。私たちがすでに、デューイの哲学に固有のセンスから遠く隔てられてしまっているとするなら、私たちがデューイの哲学の経験を分有するためには、この間隔を丁寧に測り直す必要があるだろう。

残念ながら、本稿の考察はいまだ示唆の範囲に留まっている。とくに、「一つの経験」という概念に代表されるような経験の内的統一性や連続的時間性の構造を批判的に考察できていない。「一つの経験」それ自体の内部に複数性を見いだすような検討作業が必要だと思われる。また、「コミュニオンの共同性」という論点を掘り下げるにあたって、ナンシーの哲学を部分的に参照したが、「分有」をキーワードとしたナンシーの思想とデューイの思想を十分に突き合わせることはできなかった。異なる時代の複数の経験にまたがるこれらの考察は今後の課題としたい。

註

1　Alexander（1987）はデューイの経験論の全体論的特徴に関して次のように述べている。「経験は感情の地平［horizons of feeling］、センスの対象、意識の焦点を含んだ、場のなかの出来事［field-event］である」（Alexander 1987 : 174）。

2　田中智志はデューイの経験論に、狭義の「有用性」・「能力」・「個人主体」から区別され、それらを包み支えるような広義の「道具性」・「技量」・「情況内存在」を見いだしている（田中 2012 : 153-161）。

3　このような循環を踏まえるなら、「直接的」（immediate）と「間接的」（mediate）の二つの契機は、前者が後者を可能にするという基礎づけ関係では捉えられないことになる。この点について、アレグザンダーは以下のように指摘している。「直接的経験論は経験の間接的で関係的な側面を否定するのではなく肯定するものだとデューイは主張している。そのような経験の側面によって、人間は探究の過程を通じて、自然や知識との直接的な関係に置かれるのである」（Alexander 1987 : 63）。

4　センスを母胎としてミーニングが分節されることを、デューイは母親と胎児の比喩で描いている。「センスの質はミーニングを運ぶものである。それは荷物を運ぶ乗り物のようなものとしてではなく、赤ちゃんが自分の身体組織の一部になっているとき、赤ちゃんをお腹に抱えている母親のようなものとしてである」（AE : 122）。

5　ビースタはデューイの思想体系に「コミュニケーション論的転回」を認め、その契機を『民主主義と教育』に見いだしている（Biesta 2006）。

6　コミュニオンとコミュニケーションの関係を論じた田中智志のデューイ論を参照（田中 2015 : 43）。

7　デューイの個性論については、古屋恵太の議論を参照（古屋 2000）。加えて、デューイによる以下の指摘は重要である。「部分が属する全体を離れてそれ自体で意義を持った部分から構成されるのでなければ、いかなる全体も意義を持たない。すなわち、意義のある個人から構成されるのでなければ、意義のある共同体は存在しえないのである」（AE : 207-8）。

8　ホリスティック教育の立場から、全体論（ホーリズム）の立論の危うさを引き受けたうえで、ブーバーの「我と汝」の二者関係に全体論を刷新する可能性を見いだした吉田敦彦の議論は、全体論に対する内在的な批判として啓発的である（吉田 2007）。吉田はブーバーの思想に、フレーベルやデューイなど生の全体性に依拠した近代教育思想、さらには大正生命主義から「全体観の教育」論に至る日本の教育思想を批判的に乗り越える可能性を認めている（吉田 2007: 141-166）。

9　無意識になされる排除の機制を議論の俎上に載せている思想として精神分析の言説がある。加えて、感性的経験における包摂と排除の問題系を論じたものとして、ジュディス・バトラーの『戦争の枠組』とジャック・ランシエールの『感性的なもののパルタージュ』を参照。

10　以下の解釈は、ナンシーの「複数にして単数の存在」（être singulier pluriel）という概念を参照しているが、ナンシーとデューイの用語系がその意味において完全に一致するというわけではない（Nancy 2013）。むしろ、経験の分有をめぐる哲学をさらに深化させるためには、両者の差異をこそ探究する必要がある。

文献

井上環　2017「自然的出来事の終わりとしての質」『日本デューイ学会紀要』第58号, pp. 21-34.

今井康雄　1998『ヴァルター・ベンヤミンの教育思想』世織書房.

田中智志　2012「プロジェクト活動と存在」『プロジェクト活動』東京大学出版会, pp. 141-166.

田中智志　2015「デューイ教育思想の基礎」『大正新教育の思想』東信堂, pp. 34-61.

早川操　1994『デューイの探究教育哲学』名古屋大学出版会.

古屋恵太　2000「後期デューイ存在論における『個性』(individuality) 概念の考察」『教育哲学研究』第82号, pp. 65-80.

吉田敦彦　2007『ブーバー対話論とホリスティック教育』勁草書房.

＊

Alexander, Thomas M.　1987　*John Dewey's Theory of Art, Experience & Nature*, Albany: State University of New York Press.

Biesta, Gert J.J.　2006 "Of all affairs, communication is the most wonderful" : The Communicative Turn in Dewey's Democracy and Education," in David T. Hansen (ed.), *John Dewey and Our Educational Prospect*, Albany: State University of New York Press, pp. 23-37.

Dewey, John　1969-91　*The Collected Works of John Dewey, 1882-1953,* ed., Jo Ann Boydston. Carbondale and Edwardsville: Southern Illinois University Press. [The Early Works（EW）, The Middle Works（MW）, and The Later Works（LW）].

DE = *Democracy and Education*（MW. 9）.

RP = *Reconstruction in Philosophy*（MW. 12）.

EN = *Experience and Nature*（LW. 1）.

QT = "Qualitative Thought"（LW. 5）.

CT = "Context and Thought"（LW. 6）.

AE = *Art as Experience*（LW. 10）.

TI = "Time and Individuality"（LW. 14）.

Nancy, Jean-Luc　2004 [1986]　*La communauté désœuvrée*, Paris: Christian Bourgois. ＝　2001　西谷修／安原伸一郎［訳］『無為の共同体』以文社.

Nancy, Jean-Luc　2013 [1996]　*Être singulier pluriel*, Paris: Galilée. ＝ 2005　加藤恵介［訳］『複数にして単数の存在』松籟社.

第4章　文化的自然主義の教育思想

加賀裕郎

序　論

デューイの哲学、教育哲学における鍵概念は、自然哲学においては自然主義であり、社会哲学においては民主主義である。デューイの教育哲学において、民主主義が中心概念であることは言うまでもない。デューイはその生涯を通して、夥しい数の民主主義や民主的教育を主題とした論文を書いた。それに対して自然主義を、デューイの教育哲学と結びつける研究は、それほど多くはない[1]。先行研究では、主としてデューイの『経験と自然』が基本的テキストとされ、経験的自然主義（empirical naturalism）の教育哲学的含意が考察されている。それに対して本章では、一九三〇年代以降の自然主義に焦点を当てて、デューイの教育哲学を再解釈してみたい。

デューイ最晩年の自然主義は「文化的自然主義（cultural naturalism）」と呼ぶことができる。デューイ自身によるこの語句の使用例は少ないが、デューイ最晩年の自然主義哲学を展望したとき、経験的自然主義よりも文化的自然主義のほうが適切だと思われる。デューイ以後の自然主義哲学の展開を念頭に置いた場合も、文化的自然主義のほうが適切である[2]。この点について、以下で説明しよう。

デューイは最晩年、『経験と自然』の再版にあたり、新たな序論を書くことに着手した。その序論は「西洋人の歴史についての哲学的解釈」（LW 1: 329）を試みた大部なものであったが、一旦この草稿は破棄された。その後、一九五一年一月に、デューイは序論執筆作業に戻った。そのさい、『経験と自然』は『文化と自然』と改められた。この草稿の中でデューイは、「私は『経験』と言う語を放棄するだろう」（LW 1: 361）と述べた。「文化」は「無際限に多様なし方で経験される広範な諸事物を指示する。それは名前としての『経験』が失ってしまった、当の一団の実体的指示を名前として所有している」（LW 1: 362）と定義されている。デューイの立場は経験的自然主義から文化的自然主義に移行したのである。

デューイの経験概念は、一九二〇年前後以降、文化という概念に近づいていった。デューイは時として、古い哲学的概念を新しい意味で使ったが、経験概念にも同じことが言える。『経験と自然』のために書かれる予定であった新たな序論では、一九四八年八月段階でも「経験」という語句が使われているので、それ以後に、「経験」よりも「文化」のほうが相応しいと考えられるようになった。

デューイが『経験と自然』よりも『文化と自然』のほうが相応しいと考えたことは、デューイが最晩年に着手し、未完に終わった草稿からも窺うことができる。この著作は、デューイ哲学全体を総括した内容になる筈のものであり、一九四一年夏から一九四二年末にかけて、集中的に取り組まれたが、最終的に未完に終わっただけでなく、一九四七年夏にはデューイが紛失してしまい、長い間、行方が分からなかった[3]。しかし近年、南イリノイ大学図書館で、その草稿が発見され、Ph.ディーンの編集で『非近代哲学と近代哲学』[4]として刊行された。その内容について、ディーンは「哲学の文化史」と規定し、その哲学的枠組みを「文化的自然主義」とする[5]。ディーンが指摘するように、この未完の草稿は「哲学の文化史」あるいは「文化史の哲学」を主題としており、それが『文化と自然』に付されるはずであった「西洋人の歴史についての哲学的解釈」を主題とする序論と、内容的に重なることは明らかである。

本章の課題は、デューイ最晩年の自然主義を文化的自然主義と捉えた上で、その哲学的、教育学的意味を明らかにすることである。この課題を果たすために、先ず文化的自然主義の教育学と、ルソーを代表とする古典的な自然主義教育学との相違を検討し（第1節）、次いでデューイ自身における経験的自然主義へ の動態、及び経験的自然主義から文化的自然主義への動態とその意味について考察する（第2節と第3節）。最後に文化的自然主義の教育哲学的意味を、『民主主義と教育』前半の解釈を通して明らかにする（第4節）。

1　一八世紀の自然主義教育思想と文化的自然主義

『民主主義と教育』第七章で、デューイは教育の社会的意味に関わる、歴史上の教育哲学を三つの類型に区分する。三つの類型とはプラトン、一八世紀の個人主義、一九世紀のナショナリズムである。

古代世界における代表的類型はプラトンの教育哲学である。プラトンは人びとが各々の適性に応じて、社会のなかで活躍しているとき、全体としての社会は最も安定していると考えた。しかしプラトンは、ごく限られた人間の性質と社会の階層的秩序だけしか想定しなかったので、固定した少数の社会階層に、少数の人間的性質が適合している社会を理想的だと考えた。しかしデューイによれば、人間の性質と社会集団を特徴づける活動は多種多様である。プラトンは多様性や可変性を非存在の特徴と見なしたので、理想的社会を階層化された秩序から構成されるとし、人びとの性質や能力を、階層化された社会秩序に適合させようとしたのである。

プラトンの教育思想は、非存在の世界にある人間と社会から真に実在する人間と社会への移行の理論である。いっぽう一八世紀の個人主義思想を代表するルソーは、「自然」をプラトン的な実在の世界と同様に、現在の社会体制とは正反対のものだと見なしたが、ルソーにおける自然の声は「個人の才能の多様性と、多種多様な個性の自由な発達」(MW 9:97)を要求するものであり、個人の能力を少数に限定するプラトンの考え方とは異なっていた。したがってルソー的な「自然に従った教育(education in accord with nature)」(MW 9:98)は、個人の多種多様な本性や個性に従う教育であった。しかもルソーの「自然」は反社会的な含意をもっていたので、「自然に従った教育」においては、現在の政治・社会体制が個性の自由な発達を阻害する要因と見なされ、そうした阻害要因からの解放が要求された。

しかし反社会的に見える「自然に従った教育」は、その教育に適合する社会を前提していた。それは人類の多様な個性が無際限に発達し、完成されるような社会、「人間の無際限な完成可能性と、人類と同じだけ広い範囲をもつ社会組織」(MW 9:98)であった。しかし「自然に従った教育」は、組織的な教育のための制度を欠いていた。こうして一九世紀に入ると、組織的な教育を求める運動は、教育を保障する国民国家の発展と結びついて国家的教育に結実した。教育思想においても、「自然に従った教育」の個人主義はナショナリズムに屈し、国家が教育の目的と手段を供与するものとされた。ナショナリズムの教育過程は「個人の発達というよりも、むしろ規律訓練の過程」(MW 9:100)であった。ただし人格の完全な発達としての教養という教育理想は残ったので、この理想と規律訓練の過程という教育現実を調和させる、有機体論的な教育思想が形成された。すなわち孤立した個々の人びとは無に等しく、国家のうちに具現した理性に服従することを通して、人びとは理性的な存在になっていく。国家による規律訓練の過程が、個人の理性化の過程と同一だとされた。こうした有機体論的な教育思想は、フィヒテやヘーゲルで体系化された。

教育の社会的意味という観点から、デューイが、歴史上の教育哲学をプラトン主義、自然主義と世界市民主義、有機体論的哲学とナショナリズムに類型化したことは、概ね妥当だと考えられる。第四節で論じるように、デューイは自らの文化的自然主義と民主的教育の組み合わせを、歴史上の代表的な三つの類型に続く第四の類型と考えていた。

ここでの関心事は、第二の類型である自然主義とデューイのそれとの、教育哲学的に見た共通点と差異である。ルソーにとって教育は、「自然に従った発達の過程」である。周知のようにルソーは教育を自然の教育、人間の教育、事物の教育の三つに分け、これら三つの教育が一致して同じ目的に向かって進んでいるとき、人びとは真の目標に向かっていると主張した。それでは人びとの真の目標とは何であろうか。それは「自然（Nature）」という目的である。この場合の自然とは、習慣とか他人の影響によって変質していない、人間の生来の能力や性向である。ルソーは、このような自然の実現を、発達の目的や規範と見なしている。

ルソーの自然主義的な発達概念は、デューイのそれと大きく異なる。第一に、教育が自然の教育、人間の教育、事物の教育に区別できること、また自然の教育が、他の二つの教育とは無関係に成り立つということは、否定される。三つの教育が機能するためには、各々が協力し合うべきものであり、自然の教育が、他の二つの教育から独立に機能することはない。

第二に「自然に従った発達の過程」の捉え方が異なる。ルソーにとって、個体の自然な発達とは、発達過程に先立って、個体の内に存在する本質が発達の目的因となって、他者や事物からの影響によって歪められずに、自らの本質を実現することである。つまり発達とは、予め存在する発達を可能にする法則にしたがって、個体が運動する過程である。しかしデューイにとって、生まれつきの能力が発達の目的を形成するというのは間違いである。発達は個体が、多様な人的、物的相互作用を経験する過程で発生する。生来の能力は発達や成長の出発点であるが、発達の目的や規範ではない。デューイは次のように述べる。

発達は、一連の変化を貫いて制御する、内部に宿るある目的によるのだという観念が放棄されるとき、潜在可能性は他の諸事物との相互作用の結果によって考えられなければならない。したがって潜在可能性は、相互作用が生起してしまった後になるまで、知ることができない。一定の時に、個人のなかに顕在化していない潜在可能性があるのは、その個人が今までのところ相互作用していない他の諸事物が存在するからであり、また存在する限りにおいてである（LW 14: 109)。

生来の能力をもつ個人は、特定の人的、物的環境との相互作用を通じて、初めて成長する。そしてその成長の結果から翻って、その個人に特定の潜在可能性があったと推断するのである。ルソーの主張で正しいところは、教育においては生来の能力、身体の諸器官や諸機構を考慮し、これらを適切に行使しなければならないということである。しかしこれらの適切な行使を通して子どもの成長を可能にするのは、適切な人的、物的環境との相互作用である。ここにデューイの文化的自然主義の立場がある。

それでは何故、ルソーは「自然に即した発達の過程」が目的や規範を形成すると考えたのだろうか。それはルソーが、自然を神と同一視したからである（Cf. MW 9: 121）。自然は神的である以上、自然の過程に干渉することは、神の計画した自然の規範的秩序を歪めるものだと見なされたのである。しかし生来の衝動は善でも悪でもなく、それと文化的環境との相互作用の結果、善または悪になるのである。

ルソーの自然主義とデューイのそれとの相違は決定的である。この相違を潜勢力という概念の分析から説明してみよう。潜勢力とは個体に帰属される特性ではなく、関係の特性である。ある個体にXになる潜勢力があるとは、何らかの外的働きかけによって阻害されなければ、当の個体にはXになる因果的な力が隠れているということではない。デューイにとって存在の根本的事態は出来事であり、出来事には、複数の出来事の同時的発生、持続性、質的ユニークさという特性がある。したがって個体とは、つねに既に複数の出来事と相互作用しつつ変化している、一連の出来事群の時間的過程である。ある個体がXになる潜勢力をもつとは、ある出来事群Xは、他の出来事群Yと相互作用すると、Xという出来事群に変化する傾性をもつということである。潜勢力は、出来事群同士の相互作用ないし関係の特性なのである。

ルソーとデューイの自然主義の相違は、根本的には、進化論以前か以後かによって理解できる。デューイはダーウィンの進化論を、一七世紀の科学革命以降の頂点に位置づける。デューイが進化論から得たものは、進化論的形而上学ではなく、「ダーウィン的な発生的、実験的な論理学」（MW 4: 13）であった。この論理学にとって、知識の対象は、変化の背後にあり、変化を制御する不変のエイドスやスペキエスではなく変化の相関関係である。進化とは固定した本質、法則、目的に従った運動ではない。進化においては、起源、法則、目的もまた進化する。S・ラトナーが言うように、デューイは進化概念を「その論理的限界まで拡大した」[6]のである。

2　経験的自然主義への動態

前節ではデューイの文化的自然主義をルソーの自然主義と差別化した。本節と次節ではデューイ自身の自然主義の動態を、経験的自然主義の形成、および経験的自然主義から文化的自然主義への移行という二つの視座から考察する。

最初に『経験と自然』で定式化された経験的自然主義の背後にある、デューイの問題関心から考察してみよう。デューイの哲学は、ごく初期の頃から「経験の哲学」と呼べるものであった。たとえば一八九三年の、ある報告のなかで、デューイは哲学の価値をその方法にあるとし、方法としての哲学を「経験、あるいは我々が達することができる限りでの、すべての時代における人類の十全な生の解釈」(EW 4:365) と規定した。この定式化で注目すべきなのは、「経験」が「すべての時代における人類の十全な生」という包括的な意味で捉えられていることである。この意味を、デューイ最初期の有機体論的観念論の観点から解釈しよう。

デューイの最初期の哲学的企ては、一九世紀後半に形成された実験心理学と、イギリスの新ヘーゲル主義によって解釈されたヘーゲル哲学の総合であった。これら二つを総合するのが「心理学」だとされた。最初期のデューイは有機体論的観念論者であったから、すべての存在は自己意識の過程に還元されて説明された。自己意識の一形態は経験的自己意識である。これを解明するのが実験心理学である。自己意識のもう一つの形態は普遍的自己意識である。こちらはヘーゲル主義によって展開された。経験的自己意識は個別的であるが、普遍的自己意識は意識一般に関わる。最初期のデューイは、経験的自己意識と普遍的自己意識から構成される全体を「心理学」として説明しようとした。

経験的自己意識と普遍的自己意識の関係は、どのように捉えられるだろうか。経験的自己意識はそれ独自の生成過程をもつ。しかしデューイにとって、その過程は同時に普遍的自己意識が己を経験の内に開示する過程でもある。逆に経験的自己意識の過程は、己を普遍的自己意識の実現過程として自覚するとき、普遍的自己意識の観点をとっている。「過程として、実現しつつあるものとして見ると意識は個別的意識である。所産として、実現されたものとして、つまり自らの過程についての意識として見ると、意識は普遍的意識である」(EW 1: 142)。

デューイによる、経験的自己意識と普遍的自己意識の関係についての分析は、新ヘーゲル主義者のT・H・グリーンのように形而上学的なものではない。二つの意識は経験的主体の過程を構成する、二つの機能的要因として捉えられる。したがって二つの機能的要因の相互作用として進行する自己意識の力動的過程は、有限な人間的経験の過程であり、哲学はその過程を研究する、意識的経験の「現象学」(EW 1: 156) である。

デューイによれば、経験主義とカントの超越論的哲学は、ともにデューイ的な心理学ないし心理学的観点をもっていた。しかし経験主義は、物質実体、精神実体、単純観念や単純印象といった、意識的経験の過程から切り離された実体を導入してしまった。いっぽうカントは、生成しつつある意識過程の機能である普遍的自己意識を、その過程から孤立させて、意識過程のアプリオリな制約にしてしまった。ここで重要なのは、経験的自己意識と普遍的自己意識を機能的要因とする自己意識の力動的過程全体が、経験と捉えられているということである。

一八九〇年代以降、デューイは徐々に観念論的語法を放棄する。その代わりに、心理学的には機能心理学、論理学的には実験論理学の語法を使用するようになる。心理学の領域では、〈対象や観念による刺激―刺激に対する反応としての行動―行動の結果としての情動的興奮〉という行為のメカニズムにおける各々の項が、別個独立の単位としてではなく、「諸行為の調整 (co-ordination of acts)」(EW 4: 175) という包括的な調整システム、組織化された習慣の下で調整される諸機能として捉えられる。そのような調整システムは、刺激と反応という別個の単位から構成される「反射弧（the reflex arc）」ではなく、「調整」「回路（circuit）」あるいは「感覚運動回路（sensori-motor-circuit）」（EW 5: 96）として捉えられる。「諸行為の調整」とか「感覚運動回路」という概念を基軸とした行為の心理学的分析は、経験的自己意識と普遍的自己意識の動的相互作用としての心理学という観念論的分析が、自然主義的に換骨奪胎されたものである。

「調整」とか「回路」を鍵概念とする行為の心理学的分析は、二〇世紀初頭には論理学に拡張された。デューイは最初期から、アリストテレスの形式論理学、J・S・ミルやW・S・ジェヴォンズなどの経験主義的論理学を批判し、超越論的論理学に与してきた。やがてデューイは、それらすべてに対して批判的になり実験主義的論理学に向かった。この論理学によれば、「思考のすべての区別と項目――判断、概念、推断、判断の主語、述語、繫辞など――は、端的にまた完全に、疑念・探求過程の機能または分業として解釈される」（MW 1: 174）。

この時期のデューイにとって、経験とは進化論的に解釈された自然進化の一位相であり、その位相には美的、倫理的、認識的などの諸要因が含まれている。デューイにとって哲学とは、経験におけるこれら諸要因の機能を明らかにする「経験の論理学」（MW 2: 314）であり、狭義の論理学とは、認識過程に関する「知識の自然史」である。

一九〇五年の論文「直接的経験主義の要請」は、デューイが自らの経験概念を観念論から分離するための画期となった論文である。デューイの経験概念はドイツ観念論の系譜に属している。ブランダムが指摘するように、デューイを含むプラグマティズムの経験概念は、「感覚（Empfindung）」や「体験（Erlebnis）」としてではなく「経験（Erfahrung）」として捉えられるものである[7]。感覚や体験としての経験と、“Erfahrung”としての経験の違いは、前者が外界からの情報の入力であるのに対して、後者が入力した情報に基づいて何かを行うことである。プラグマティズムは概念内容を力によって、意味の理論を使用の理論によって理解した。ブランダムによれば、経験概念のプラグマティズム的転回の原点はカントであり、ヘーゲルが、それを発展させた。何故ならヘーゲルは、W・セラーズ的な「理由の論理空間」における概念化の過程が、社会的認識実践を通して形成されると見なしたからである。この形成過程は学習過程と同一であり、そのことが“Erfahrung”としての経験の意味することでもある。

デューイの経験概念は、このヘーゲル的な学習過程としての“Erfahrung”の発展形態である。ここでの「発展形態」とは、デューイの経験概念が、当初の観念論的規定から距離をとるようになったことを意味する。近世以降の経験概念は、主観と客観のインターフェイスとして捉えられた。外界からの情報は主観に入力され、主観への入力には意識が随伴していた。経験内容は、主観と意識という二重のヴェールによって世界から疎隔された。この主観主義的な経験概念の呪縛からの解放が、二〇世紀初頭におけるデューイ経験概念の目標であった。

デューイの直接的経験主義（immediate empiricism）は、W・ジェイムズの根本的経験主義（radical empiricism）と深い関係にある。ジェイムズは観念論的な経験概念を克服するために、「自然的実在論（natural realism）」[8]の立場を確立しようとした。カントは経験的実在論の立場に立っていたが、この立場を正当化するために超越論的観念論を必要とした。それは結局、経験には意識一般が必ず随伴しなければならないという考えに帰着した。ジェイムズの根本的経験論は、経験が成立するために必ず随伴しなければならないとされた、意識一般を消去すること、具体的にはそれを存在ではなく、機能とすることであった。もし意識が機能に過ぎないとすれば、我われの経験するものは、主観と意識というヴェールから解放された、主観と客観の区別に先立つ実在である。我われは実在を直接的に経験する。これがジェイムズの自然的実在論の骨子である。

デューイの「直接的経験主義」は、論証というよりも要請という形をとって、自然的実在論に近い立場を確立することを目指す。そのための基本的要請の一つは、事物とは、「〜として経験される」あるいは「〜であるとして経験される」あらゆるものだ、ということである。つまり「〜として経験される」ものは何であれ、無差別的にリアルである。これは主観と客観のインターフェイスとしての経験という考え方を、一挙に払拭する要請である。もう一つは「〜として経験される」ことと「〜として意識され、知られる」ことは別だという要請である。これは、実在が「〜として知られる」以外の多くの仕方で経験されるという要請である。

こうして二〇世紀初頭以降におけるデューイの経験概念は、主観と客観のインターフェイスではなく、「生物学的アプリオリと社会的アプリオリによって組織化され、主観と客観の区別がその埒内で可能になる、トランザクショナルでダイナミックな場」[9]と定式化できるようなものになる。経験的自然主義の教育学という観点から、教育とは、こうしたトランザクショナルでダイナミックな場を、理知的に、また自己目的として再組織化する過程である。

これまで我々は、デューイの最初期から『民主主義と教育』前後までの、デューイの「経験の哲学」の発展と、それと教育思想との繋がりを検討してきた。それ以降、『経験と自然』（一九二五年）までの重要な点を、二点に絞って検討しよう。

一つは、デューイの経験概念が文化人類学的に捉え直されるようになったということである。デューイの「経験の哲学」は有機体的観念論から出発し、自然主義や実在論の方向に向かったが[10]、観念論的語法から完全に自由になることは容易ではなかった。デューイは『実験論理学論集』（一九一六年）のなかで、「……諸論文［一九〇三年の *Studies in Logical Theory* 所収の論文のことを指す——引用者注］で使用された言語は時々、不必要に（当然ではあるが）、その言語が反対していた立場の主観主義に汚染されていた」（MW 10: 336）と述べる。主観主義的語法からの脱却のために、デューイは文化人類学に接近した。デューイの著作に文化人類学の成果が反映される初期の例は、『経験と自然』（一九二五年）である。この著作では、多くの人類学者への言及が見られる。一例を挙げると、デューイは「経験」は「歴史、生、文化」と等価であると述べた後に、タイラーによる「文化の定義」、「知識、信念、道徳、慣習、そして社会の一員として人間によって獲得された他のどんな能力も含む、複合的全体」（LW 1: 42）[11]を引用するとともに、その引用文をゴールデンヴァイザーからの引用文で補足する。すなわち「文化的現実は、決して完全には決定論的ではないが、さりとて完全に偶然的ではない、決して完全に心理学的ではないが、さりとて完全に客観的ではない、決して完全に昨日のものではないが、さりとて完全に今日のものでもない。これらすべてを、それが存在している現実のうちで結合している……再構成する総合が、分析的にばらばらにする過程で、必然的に失われた総合的統一を再度、確立する」（LW 1: 42）。以上のように、『経験と自然』における経験概念は、その概念に付随してきた主観主義的、心理主義的、認識論的意味を払拭し、「歴史、生、文化」と等価――いわばヘーゲルの客観的精神の文化人類学版――になる。経験概念の文化人類学的転回は、経験的自然主義から文化的自然主義への移行を予示するものである。

もう一つの重要な点は、デューイが「経験の哲学」では満足せずに、経験主義的な形而上学を構築しようとしたことである。その出発点は「形而上学的探求の題材」（一九一五年）である。デューイの経験主義的な形而上学は、世界の絶対的全体や絶対的起源の問題――カント的に言えば純粋理性の二律背反に陥るような問題――を回避する。空間的、時間的問題は経験科学が追求すべきものであって、形而上学の課題ではない。同様に「なぜ世界は存在するか」「なぜ世界は夢ではなく、リアルに存在するか」といった問いもまた、理知的探求の範囲外にある。世界の存在理由が謎だとしても、我々はその存在を根拠なく受け容れる他ない。

こうして経験主義的な形而上学の対象は、経験科学の対象と同範囲であり、世界内部的な空間、時間的存在と構造である。それでは経験科学と形而上学の相違は何処にあるのだろうか。それは経験科学が世界内の諸領域における個別的諸特徴を明らかにするのに対して、形而上学は「すべての種類の現実存在によって明示される種属的諸特徴」(LW 1: 308) を明らかにすることにある。

3　経験的自然主義から文化的自然主義へ

第二節では、デューイの「経験的哲学」が、有機体的観念論を出発点としつつも、次第に実在論的、自然主義的な方向に展開し、一九一五年以降は経験概念の人類学的転回、経験主義的な形而上学の確立が見られた。しかし経験的自然主義の形而上学は、多様な批判に晒されてきた。管見の限り、後年の批判として鋭いのは、R・バーンスタインの批判である。バーンスタインによれば、「経験と自然の連続性というデューイの主張にも関わらず、デューイは経験的トランザクションで機能している性質について語るときと、経験から独立した自然的現実存在について語るときでは、二つの言語を語っている」[12]。前者で使われる言語は現象学的、観念論的言語であり、後者で使われる言語は実在論的言語である。デューイは経験と自然の連続性という原理に基づいて、経験される性質が自然のうちにも実在すると主張するが、その推論には飛躍があるのではないか。バーンスタインによれば、デューイの哲学の題材は経験であり、したがってその形而上学は経験の形而上学であって、実在論的形而上学ではない。

デューイの形而上学が経験の形而上学であるのか、実在論的形而上学であるのかに関する論争、デューイの形而上学は単なる観念論的形而上学ではないかという批判は、繰り返し現れてきた。デューイの生前に現れた最後の批判は、S・J・カーンの批判である[13]。カーンの問題設定は、バーンスタインのそれと基本的に同一である。カーンもまた、デューイにおける経験と現実存在の関係を問題にする。二つの関係のあり方としては、経験と現実存在は同一であるか、経験と現実存在は異なる存在領域に属しているか、経験と現実存在は包含関係とか顕在的なものと潜在的なものの関係など、一定の関係をもつか、が考えられる。第一の考え方は観念論に、第二の考え方は表象的実在論になるが、これらはデューイ的ではない。そこでデューイの立場として考えられるのは第三の考え方である。第三の考え方にも複数の解釈がありうる。しかしカーンによれば、デューイの考え方に相応しいのは、現実存在を、経験を通して顕在化する可能性の領域と見なすことだという。ところがデューイは存在論的に可能性を認めないので、第三の考え方も成り立たない。

カーンの批判に対して、デューイは、自らの経験の理論が「経験の射程を超えた現実存在を何も含まない」(LW 16: 383) と答える。カーンとすれば、デューイの立場は「自然主義的形而上学」である以上、経験を超えた、あるいは経験の根底にある存在を認める必要がある。それに対してデューイは、自らの「経験の哲学」は「経験を超えた存在」を含んでおらず、自らが使用する「形而上学」という語も、「経験を超えた存在の学」という意味を含んでいないと言う。そこでデューイは、「形而上学」という語の使用自体を放棄した (LW 16: 338)。

最晩年のデューイは、「形而上学」だけでなく「経験」という語も放棄する。前節で述べたように、デューイにとって経験は、「歴史、生、文化」と等価であり、物質的位相と理想的位相を共に含む客観的事態である。しかし「経験」という語には、主観と意識という二重のヴェールによって客観から疎隔されたものという意味が付着して離れず、それがデューイの「経験の哲学」の理解を妨げている。こうしてデューイは、「経験」を「文化」に置き換えたのである。

しかし我々の考えでは、「経験」の「文化」への置き換えは、語句の問題に止まらず、一定の思想上の変化、少なくとも関心の変化を含んでいた。この変化の意味を、R・ローティのデューイ批判を手掛かりにして考えてみよう。ローティは、デューイの経験概念は不必要だと主張しつつ、次のように述べる。

デューイは哲学的二元論に反旗を翻す二つの方法を混同している。第一の方法は、二元論は特定の文化的理由で伝統によって強要されたが、今ではその有用性を失ってしまったと指摘することである。これはヘーゲル的方法――「経験主義の経験的概観」でデューイが採用する方法である。第二の方法は、「低次の過程と高次の過程の連続性」を強調する非二元論的方法で、諸現象を記述することである。これはロックの方法――すべての心的作用を生の感じに同化し、こうしてヒュームの懐疑主義への道を敷き詰めるようにロックを導く方法である[14]。

『経験と自然』は経験と自然の連続性を論証する形而上学として構想されている。その構想は、経験が主観と意識という二重のヴェールによって客観から疎隔されているというデカルト以来の枠組みを、経験と自然の融和を目指す形而上学によって乗り越えようとする企図である。その方法はロックの方法である。しかしデューイ最晩年に企図された『文化と自然』や『非近代哲学と近代哲学』等は、ヘーゲル的ないし歴史的方法に近づいている。たとえば『非近代哲学と近代哲学』は、近代哲学における様ざまな問題、たとえば事物と人物、心と身体、実践的と理論的、物質的と理想的、自然と人間本性についての問題は、近代の多様な文化的要因を、古代以来の哲学的、神学的理論に基づいて解釈したことから生じたと解釈する。そして近代以降の哲学で生じた諸問題は、古代以来の理論による解釈から解放されることによって解決ないし解消されると見なす。

晩年のデューイは、哲学的な諸問題を歴史的状況のなかで解釈、調整することによって解決（解消）するというヘーゲル的歴史主義の方向に近づいた。この方向はローティが推奨する方向でもある。しかしデューイとローティは、「文化」と「自然主義」の関係の捉え方において異なる。ローティは自らを「心からの自然主義者」だと言う。ローティは物理的世界の存在を自明視するが、物理的世界と文化ないし言語的世界の間には、因果関係だけが成り立つと主張する。したがって言語的世界（A）と非言語的世界（B）の間には、「BはAを真にする」とか「AとBは対応する」という関係が存在しない。そこからは言語的世界の非言語的世界からの独立、引いては一種の言語的観念論やロマン主義的プラグマティズムが帰結する[15]。ローティは反理論の立場に立つので、AとBを媒介する理論の構築を認めなかったのである。

それに対してデューイにおいて、「文化」と「自然」の関係は、「創造的緊張（a creative tension）」のうちにあった[16]。すなわち文化は自然史の一部にすぎないが、文化を通して初めて自然にアプローチすることが可能である。自然科学は文化や歴史の一部にすぎないが、同時に自然にアプローチするための最も優れた方法である。『経験と自然』は、主観と客観、心と物、経験と自然の対立というデカルト以来の枠組みの内部における問題設定から出発し、それらの対立を媒介する理論を構築しようとした。しかし晩年の文化的自然主義は、それ自体客観的事態である文化と自然の関係を、「創造的緊張」のなかで媒介しようとする。

文化と自然の創造的緊張の意味を、明らかにする手掛かりの一つは、論文集『哲学と文明』所収の「包括的な哲学的観念」に見出すことができる。この論文の目的は、「社会的なもの（the social）」（LW 3: 44）を哲学的カテゴリーとして確立することである。デューイにとって存在の基礎的単位は出来事であり、出来事はつねに他の出来事と同時発生し、他の多くの出来事との相互作用を通して、自らの潜在的可能性を現実化する。諸事物を最もよく知るためには、それらを最も豊かな関係のうちに位置づける必要がある。すべての存在は相互作用を通して「結合（association）」するが、多種多様な結合のなかでも、人間における結合つまり社会的結合のうちにある時、諸事物の意味は最も豊かに開示される。

デューイの主張は、二つの基本命題から明らかにできる[17]。第一は、社会的存在は自然的存在の一位相だということである。この命題は、認識論的問題の迷路に入り込まずに、進化生物学、社会生物学、文化人類学などの知見に基づいて受け入れ可能である。第二の基本命題は、社会的存在の根底に自然的存在があるのではなく、自然的存在はつねに既に社会的存在に組み込まれているということである。この命題は説明を必要とするだろう。この命題は、自然科学は社会的存在から独立した自然的存在自体の本質を開示するという主張を退ける。何故なら自然科学は「社会的文化の一定の位相から派生したものであって、その位相から諸科学は物理的、知的道具を引き出し、その位相によって諸科学の問題と目的が設定される」（LW 3: 46）からである。つまり科学は「（その最も広い意味での）人類学的基礎」（Ibid）をもつ営みである。この主張は、デューイが社会的構築主義者であることを意味するわけではない。前述した、「諸事物の意味を最もよく知るためには、それらを最も豊かな関係のうちに位置づける」必要があるという主張を想起しよう。「最も豊かな関係」とは「社会的な関係」である。すると自然存在の意味は、それがつねに既に組み込まれている社会関係のうちに定位され、理解され解釈されることを通して、最も豊かに明らかになる。

これまで述べた哲学的カテゴリーとしての「社会的なもの」を「文化的なもの」に置き換えてみよう。両者は同一ではないが、同一事態の相互作用的側面に重点を置いたのが「社会的なもの」、相互作用の内容的側面に重点を置いたのが「文化的なもの」だと言える。

4　文化的自然主義の教育哲学――習慣・成長・民主主義を中心に

それではデューイの教育哲学を文化的自然主義という視座から捉えなおすときに、どのような知見が得られるのだろうか。本論では『民主主義と教育』の前半、特に第四章と第七章の中心概念、およびそれら二つの章の関わりに焦点を当てて論じてみたい。

『民主主義と教育』前半の中心的な章が、第四章「成長としての教育」と第七章「教育における民主的な考え方」であることには、それほど異論がないだろう。第四章と第七章の間には、歴史上の代表的な教育学説を批判的に検討した二つの章が挟まれている。第四章では経験の可塑性に関わる論述の後に、成長の表れとしての習慣、成長としての教育、自己目的としての教育について論じられる。これらの論述はよく知られているが、その割には、習慣と、教育や成長との関係、自己目的としての成長の意味など、論じられる機会が少ないか、一致した解釈に達していないことが多い。次に第七章であるが、何故第四章に続いて――歴史的な教育学説を批判的に検討した二つの章を間に挟んで――民主教育を論じた第七章が続くのか、習慣や成長と民主主義にはどのような関係があるのかは、必ずしも明らかではない。こうした問題に対して、文化的自然主義という視座から、一定の見通しを与えよう。

生来の身体的な諸器官や諸機構は教育の初期条件ではあっても、教育の規範や目的を形成するわけではない。生来の身体的な諸器官や諸機構が成長に結びつくには、それらがどのような環境と相互作用するかに依存する。主体と環境の関係は外的な関係でなく、主体が環境に組み込まれていると同時に、環境が主体に組み込まれているという、共属的関係である。しかし当の共属的関係はつねに「調整」されているわけではない。ここで「調整」とは「目的を達成するために手段が制御されていること」（MW 9:51）を意味する。主体と環境との間の共属的関係が、調整された共属的関係様式になっていることが習慣である。習慣とは「行為器官の制御を通じて環境を能動的に制御すること」（MW 9:51）である。習慣の要点は、第一に主体と環境の相互作用が一定の目的の実現に向けて相互調整されていること、第二に習慣は主体と環境の個々の調整ではなく、調整様式だということである。「心理学における反射弧概念」の術語を使うならば、習慣は「回路」や「感覚運動回路」に相当する。

習慣とは、可塑的な人間性と環境との間の調整の過程を経て形成された、目的と手段の相互調整の様式である。デューイにとっての習慣は当初調整されていなかった、主体と環境の共属関係が目的の実現に向けて調整された結果、環境を制御する力が獲得されたことを意味する。

しかし近代哲学において習慣は積極的な意味をもつものとして論じられることは少なかった。パースやデューイといったプラグマティストが習慣に積極的な意味を与えた数少ない人びとである。教育学においても習慣は周辺的位置を与えられる場合が多かった。このことには十分な理由がある。何故なら習慣は行為の機械的反復とか、既存の秩序や慣習への無批判な従属として理解される場合が多いからである。それにも関わらず、文化的自然主義の教育哲学において、習慣は基礎的概念だと考えられる。その理由を考えていこう。

文化的自然主義において、身体的諸器官や諸機構は教育の初期条件ではあっても、教育の目的や規範ではない。自然的な初期条件は環境的諸条件との相互作用を通して、初めて成長に至る。成長の具体的表れが習慣である。稲垣良典が指摘するように、デューイの習慣概念は、経験概念とほぼ同義に使われている[18]。実際、第二節で筆者は、デューイの経験概念を「生物学的アプリオリと社会的アプリオリによって組織され、主観と客観の区別がその拉致内で可能になる、トランザクショナルでダイナミックな場」と規定したが、この規定はデューイの習慣概念と大きく異なるものではない。

とはいえ、前述のように教育的に見て、習慣には否定的に評価され易い面があることは否定できない。そこでデューイの習慣概念を、もう少し精確に見ていくことにしよう。先ず習慣に対する否定的評価の理由の一つは、それが行為の機械的反復に過ぎないということである。しかしデューイによれば、習慣は単なる行為の制御ではなく、行為の制御を通した環境の制御である。その点で習慣の獲得は力の獲得である。また習慣は伝統、慣習への隷属を強いるとも批判される。これは習慣が知性の欠如した状態と等価と見なされるからである。しかし知性的習慣というものが存在するのであり、そのような習慣は既存の習慣に知性の光を当てて、その習慣を柔軟に再組織化することができる。デューイが重視したのは、知性が組み込まれた習慣、知性的習慣である。知性的習慣という習慣理解は、古典的習慣論では奇異なものではない。ある人が幾何学者であるためには、日常の経験的認識を行う能力だけでなく、長い年月にわたる幾何学と学習の研究を通して獲得された能力や技能が必要である。稲垣良典によれば、古典的習慣論では、この獲得された能力や技能が習慣と呼ばれたという。つまり習慣（habitus）は学知（scientia）と等価だったのである[19]。習慣が知性的習慣であり、また知性的習慣によって既存の習慣が再組織化されることが成長に他ならない。

習慣は重層的である。習慣形成における「目的を達成するための手段の制御」という能動的な面が介在しない、既存の環境への適応としての受動的な習慣がある。これは慣れとか馴化と呼ばれるものに相当する。これは知性的習慣の背景あるいは地平を構成する。我々はすべての習慣を一挙に変えることができない。当面は受容しておく習慣が背景ないし地平となって、知性的習慣が作動するのである。

習慣には、もう一つのタイプの重層性がある。我われはそれを、『論理学――探求の理論』の第二及び第三章の表題「探求の生物学的基盤」と「探求の文化的基盤」をヒントにして、「習慣の生物学的基盤」と「習慣の文化的基盤」と呼ぼう。「習慣の生物学的基盤」は動物と人間に共通であり、「慣れ」「馴化」「習性」などと呼ばれる。いっぽう「習慣の文化的基盤」は、主体と文化的環境との相互作用を通して形成されるものである。人間の場合、「習慣の生物学的基盤」は「習慣の文化的基盤」につねに既に組み込まれている。

それでは「習慣の生物学的基盤」から「習慣の文化的基盤」への飛躍は、如何にして可能であろうか。デューイは、言語の発達が「習慣の生物学的基盤」から「習慣の文化的基盤」への飛躍の鍵だと考える。つまり最も広い意味での言語によって構成された意味空間が「習慣の文化的基盤」である。

以上で我われは習慣の基本的な意味を素描した。そこで改めて文化的自然主義の哲学と教育学にとっての習慣の重要性について考えよう。機械論的自然主義は、自然科学、特に物理学の対象だけを実在と認め、心、様相、志向性、規範などは自然科学に書き換えられるか、社会的便宜に過ぎないと考える。それに対して文化的自然主義は、心、様相、志向性、規範などに関する非還元主義の立場に立ち、自然科学だけでなく、人文科学や社会科学の方法も受容するが[20]、心、様相、志向性、規範などを説明するために非／超自然的なものを導入することを否定する。つまり文化的自然主義は機械論的自然主義と非／超自然主義の中道(via media)の立場である。習慣――特に知性的な習慣、文化的な習慣――が中道の立場に相応しいものであることは言うまでもない。何故ならそれは、主体と客体との間の関係様式――つまり普遍的性格をもつもの――であるとともに、生物的、文化的基盤からの発展形態だからである。教育学的に見ても知性的な習慣、文化的な習慣を重視する文化的自然主義は、機械論的自然主義の教育版である行動主義的教育学と理想主義的教育学の中道として、位置づけることができる。

次に我われは習慣と成長、及び自己目的としての教育という概念について検討しよう。知性的習慣による、主体と客体の共属関係の再組織化が成長である。この再組織化は、つねに目的の実現に照らして遂行される。それではその目的は何処で形成されるのか。それはつねに、既存の知性的習慣の埒内においてである。目的は既存の習慣の埒内で発生し、目的―手段の連続性の原理に基づいて、知性的習慣によって明瞭化され、既存の習慣の再組織化が行われる。既存の習慣の再組織化の過程は、つねに自己組織化の過程であり、この意味で教育は自己目的なのである。

それではデューイの習慣の連続的な自己組織化としての成長という概念の思想的ルーツは何処にあるのだろうか。この点で示唆的なのは、D・C・フィリップスの指摘である[21]。フィリップスによれば、デューイの成長概念のルーツはカント、ヘーゲルの〝Bildung〟概念にある。その語に対応する英語は〝self-development〟、〝self-formation〟である。フィリップスは、さらに同概念についてのH・G・．ガダマーの説明に言及する。その説明とは、次の通りである。

Bildung の結果は技術的構築という仕方で達成されるのではなく、形成と陶冶という内的過程から成長し、それゆえ連続的な Bildung の状態に絶えずとどまる。この点で Bildung がギリシア語のピュシス (physis) に似ているのは偶然ではない。自然 (nature) のように、Bildung は自らの外部に目標をもたない[22]。

デューイの成長概念は、遠くギリシアのピュシスを源流とし、近代ドイツの Bildung に先行形態をもち、それを進化論的生物学を通して自然主義化したものだと考えられる。

これまで我われは、文化的自然主義という視座から、『民主主義と教育』前半の中心的な章である第四章におけ る習慣と成長について検討してきた。次の問題は、第四章が、もう一つの中心的な章である第七章にどのように関わるかである。文化的自然主義によれば、生来の身体的諸器官や諸機構は、成長や発達の初期条件ではあるが、それが成長に至るためには、文化的な環境との相互作用が必須条件である。それでは、どのような文化的環境が望ましいのであろうか。

われわれは第二節で、成長を現出させる文化的環境ないし「社会的なもの」としてプラトン主義、ルソー的自然主義、ヘーゲル的ナショナリズムの類型を考察した。プラトン主義は、人間性と社会秩序に対応関係を認めたが、各々に少数のものしか認めなかったし、その秩序は階層的であった。ルソー的自然主義は自然的なものを目的や規範としたために、自然的なものを成長や発達に繋げる社会関係を十分に構想できなかった。ヘーゲル的ナショナリズムは、ルソー的自然主義の欠陥を補い、教育の制度的保障に目配りしたが、逆に個人を国家や制度に具現されている理性に従属させてしまった。しかし「すべての人間相互の、より十全で、より自由な、より実り多い交際と交流に関しては、国家主権は副次的で暫定的な性格のものであることは、実際に役立つ心構えとして、浸透させなければならない」(MW 9:105)。ここで「より十全で、より自由な、より実り多い交際と交流」とは、デューイにとって民主主義に他ならない。何故ならデューイにおける民主主義の基本的意味は、集団間及び集団内でのコミュニケーションが、自由で豊かに行われているような「私的な生活様式」だからである。こうして第四章における習慣形成と成長の議論は、プラトン、ルソー、ヘーゲルが提示する社会類型に対して、第四の社会類型としての民主主義と民主教育に結びつくのである。

結論

本論では、文化的自然主義という視座からデューイの教育哲学を捉え直そうとした。そのために先ずルソー的自然主義とデューイの自然主義を比較検討し、次にデューイにおける経験的自然主義と文化的自然主義への動態と、その意味を考察した。最後に文化的自然主義という視座から、『民主主義と教育』前半における中心的な二つの章、成長について論じた章と民主的教育について論じた章各々の分析と、二つの章の関係を明らかにした。文化的自然主義という視座からの『民主主義と教育』の体系的読み直しからも、新しい知見が得られるはずである。これは今後の課題として、改めて論じたい。

註

1　主な先行研究は次の通りである。杉浦宏『デューイの自然主義と教育思想』、明治図書、1983／對馬登『デューイの経験的自然主義と教育思想』、風間書房、2005年。

2　デューイの自然主義哲学を、デューイ以後の自然主義の展開のうちに定位した考察としては、次の拙著、拙論を参照。加賀裕郎「自然主義的プラグマティズムの展開」『理想』669号、2002年／同「自然主義的実在論と現代プラグマティズム」『日本デューイ学会紀要』第46号、2005年／同『デューイ自然主義の生成と構造』、晃洋書房、2009年、第四部第二章第三節／同「存在論——自然主義を中心に——」『プラグマティズムを学ぶ人のために』（加賀裕郎・高頭直樹・新茂之編）、世界思想社、2017年。

3　Corliss Lamont (ed.), *Dialogue on John Dewey*, Horizon Press, 1959／Steven Fesmire, *Dewey*, Routledge, 2015.

4　John Dewey, *Unmodern Philosophy and Modern Philosophy*, ed. by Philip Deen, Southern Illinois University Press, 2011.

5　Ibid., p. XⅧ.

6　Sidney Ratner, "The Development of Dewey's Evolutionary Naturalism", *Social Reseach: An International Quarterly of the Social Sciences*, Vol. 20, 1953, p. 133. なお拙著『デューイ自然主義の生成と構造』、234-235頁を参照。

7　Robert B. Brandom, *Perspective on Pragmatism, Classical, Recent, & Contemporary*, Harvard University Press, 2011. なお詳細は拙論「

"Empfindung"と"Erfahrung"の間――文化的自然主義のほうへ」『日本デューイ学会紀要』第56号、2015年を参照。

8 William James, *Essays in Radical Empiricism,* Harvard University Press, 1976.

9 拙著『デューイ自然主義の生成と構造』、117頁参照。

10 David Hildebrand, *Beyond Realism and Anti-Realism: John Dewey and the Neo-Pragmatists*, Vanderbilt University Press, 2003／拙著『デューイ自然主義の生成と構造』129-140頁参照。

11 ちなみに、ここで引用されたゴールデンヴァイザー、タイラーの著作は次の通りである。Alexander Goldenweiser, *Early Civilization*, Crofts and Co., 1922／Edward B. Taylor, *Primitive Culture*, 3rd ed., Vol. 1, John Murray, 1891.

12 Richard Bernstein, "John Dewey's Metaphysics of Experience", *Journal of Philosophy*, Vol. 58, 1961, p. 13.

13 Scholm J. Kahn, "Experience and Existence in Dewey's Naturalistic Metaphysics", *Philosophy and Phenomenological Research*, Vol. Ⅸ, 1949.

14 Richard Rorty, *Consequences of Pragmatism,* University of Minnesota Press, 1982, p. 82.

15 詳細は拙論「自然主義的プラグマティズムの展開」を参照。

16 Randall Auxier, "The Decline of Evolutionary Naturalism in Later Pragmatism", *Pragmatism: From Progressivism to Postmodernism*, ed. by R. Hollinger and D. Depew, Praeger, 1995, p.184.

17 詳細は、拙著『デューイ自然主義の生成と構造』、339-343頁を参照。

18 稲垣良典『習慣の哲学』、創文社、1981年、43頁。

19 同書、32頁。

20 詳しくは拙論「存在論――自然主義を中心に」『プラグマティズムを学ぶ人のために』、第11章を参照。

21 Cf. D. C. Phillips, *A Companion to John Dewey's Democracy and Education*, 2016, University of Chicago Press, pp. 45-48.

22 Hans Georg Gadamer, *Truth and Method,* 2nd. ed., Sheed & Ward, 1993, pp. 10-11.

第5章　「成長」の教育思想を支える経験と自然の一元的多元性

――デューイ自然主義における質概念への着目から

井上　環

1　はじめに

本章の目的は、デューイ哲学の基礎を成している自然主義思想、とりわけその中でも質（quality）概念に関わる議論の検討を通じて、彼の「成長」の教育思想における一つの要諦を敷衍し、それを彼の哲学に再帰的な仕方でもう一度語り直すことである。

デューイの哲学は分かりにくい。質実でときに難渋な語り口で述べられる数多の洞察は、いまだ充全に汲み尽くされず、したがって彼自身が望んだようにそれらが現実の改善に対して用いられることも叶わず、紙上に眠っているように思われる。そのことは、最も膾炙したと言うべき彼の教育理論においても同様であると言えるのではないか。教育とは何か、教育の究極的な目的とは何か。この問いに対して、デューイは「成長しつつあること」であると応答し、安易な価値基準の措定を拒んだのであった。こうした彼の教育哲学は、ややもすれば狭隘なものとなりかねない現代の教育をめぐる観念に、より広い視座を与える可能性を有している。今日の教育哲学者ガート・ビースタが論じるように、教育の営みは「社会化（socialisation）」や「有能化（qualification）」――社会的秩序・規範への個々人の適応的な埋め込み、有用なスキル・知識の賦与――といった機能を超えたものを含み込むだろう（Biesta 2010＝ビースタ 2016）。つまり、教育は世代間における共同社会の継承的存続に資する一手段にただ留まるものではない。端的に言えばそれは、一人ひとりの生の有り様に深く関わるはずのものである。けれどもそのことは、たとえば測定可能な教育成果の追求という今日において瀰漫する社会的趨向に伴い、容易に周縁化されてしまう。教育と生との関係をめぐる前提的な思考は、たとえば外在的で固定的な学力目標達成のための技術的問いへと還元され等閑に付される。こうした状況には、ある種のニヒリズムや諦観が息を潜めているようにさえ思われる。このような教育観念の貧困化に対する抵抗として、絶えざる成長としての教育を説き、生との関係から考え抜いたデューイの思索を参照する一つの意義がある。

しかしながら、そこには同時に躓きの石が存在する。目的合理性への志向に浸潤しきったわれわれには、先のデューイの結論は一種の戸惑いを持って受け入れられる。それでは「何のための成長か」、と。ここに、彼の「成長」の教育思想をその自然主義的基底を経由して語り直す理由が存している。彼が固定的な目的を据えず、あくまでも動態的なプロセスとして教育を語ったことの意味は、以下で示していくように、彼自身の自然主義を補助線とすることで立体的に現れる。

こうした狙いを据えつつ、本論は次のように進展する。はじめに、『デモクラシーと教育』（Democracy and Education）に依拠しながら、デューイ教育思想の要諦として、その時々における経験の固有性に対する肯定があることを確認する（第2節）。次に、このような固有的経験の本性がいかなるものとして定位されているかをめぐって、『経験と自然』（Experience and Nature）で展開される自然主義の議論を検討する。ここでは、経験の多元的な固有性が、主客未分離の様態にある質的感受のうちに存する点、ならびに、固有的経験としての質的感受が、展開しつつある自然が有する歴史性・持続性の帰結的な顕現（終わり）として理論化されている点を述べる（第3節）。最後に、こうした多元的な自然主義において、経験の特異性は他の経験を媒介とし結びつきあうことで深まり拡張されていくことを見る（第4節）。これらを通じて本稿では、「成長」の教育における核心部を敷衍すると同時に、それを支えている一元的であり同時に多元的であるような彼の自然観を描く。

2　「成長」の教育思想における一つの要諦

デューイは、「成長」の教育思想を唱えた。この点についてまず確認しよう。彼は『デモクラシーと教育』において、次の有名なテーゼを示している。

「われわれの最終的な結論は、生（生活・生命 life）とは発展（development）であり、発展していくこと、成長していくことが生である、ということである。これが教育的な同等物に言い換えられるとき、それが意味するのは、（ⅰ）この教育的な過程はそれ自身を超えるいかなる目的も持たない、つまりこの過程はそれ自身が目的であるということ、そして（ⅱ）この教育的な過程とは、連続的な再組織化、再構築、変容の過程である、ということである」（DE: 54）。

「成長」という生の過程それ自体が目的であるとは、どういうことだろうか1。これだけを読む限りでは、この表現が闡明しようとするところは見えてこない。そこで、この「成長」の教育思想が何でないのか、いかなる考えを斥けるものであるのかを確認することで、その大要がどこにあるかについて触れておこう。

上述の「成長」の教育観は、教育を未来のための準備や、人の内に胚胎された理念を顕現させる営みと捉える見方からは区別される。というのも、これら後者の教育観は、他ならぬいま現在におけるその人――定義上、それは当然ながら子どもだけでなくすべての大人を含む――とその環境とが相互作用によってともに更新されていくという事実を、結果として副次的なものとして軽んじるためである。

たとえば、未来のための準備として教育を見るとき、人々の未成熟性は、成長を可能にする積極的かつ不可欠な条件の一つではなく、むしろ補填されるべき否定的な欠損として把握されることとなる。そのとき教育は、人々に社会的な規範を身につけさせ、有為な人材としての能力を賦与するための手段として前景化するだろう。しかしながら、教育が将来のための用意となることや、それにより人々の社会的な順応が可能になることそれ自体がここで問題とされているわけではない。デューイが問題視するのは、そのような見方が、いまここで生じつつある成長に対し「消極的で欠如的な特徴」(DE: 59) をあてがうということである。人々の瞬間瞬間の生を、たとえば「一人前」の人間という何らかの完成形からの距離においてのみはじめて把握されるような、単なる経過地点・過渡期へと縮減してしまう点である。

同様の問題点は、人間の内に予め伏在する何らかの完成型へと接近していくことを教育と見なす考えにも含まれる。この考えの具体例としてデューイが批判の俎上に載せるのは、フレーベルとヘーゲルである。「論理的にこれらの学説は準備理論の一つの変形でしかない」と述べられるように (DE: 61)、彼らの思想から帰結する教育観に向けられる批判原理も、先のものと基本的に相違はない。デューイに依れば、たとえばフレーベルが主として数学的である象徴体系を教育的に重視する根拠は、そうした体系が子どもの中に潜在する完全性と対応し、その実現を促進させるという想定の内にある。子どもは、そうした範型を示すその程度によって測られ、子どもの現在の活動は、彼・彼女らに内在するはずの全体性を顕現させるためのものとなる。

それでは、ヘーゲルに対するデューイの批判はどのようなものか。デューイに言わせるならば、ヘーゲルは、絶対精神の自己実現的過程の諸段階として、具体的な歴史的制度を発展的に配列することの中で、個々人を制度そのものに同化すること――総体たる理性・制度の精神を諸個人において従順に体現させること――を結果として要請した。換言すれば、本来であれば社会における諸制度の更新を担う主体であるところの個々人は、ヘーゲルが描いた図式においては、予め定められた諸制度を構成するためのものとして、それぞれの自由な活動の余地が実質的に剥奪された地位に置かれたのであった。したがって、「ヘーゲルの理論は、抽象的には個人をあがめながらも、発展の完全で全包括的な目的という観念の中に、具体的な諸個人を飲み込んでしまった」(DE: 65)。そうであるとき、教育の目的はやはり制度に宿された精神を個々人の手で実現させることとなり、個人の発達とは外的な枠組み・命令に従うことに終始することを意味する。

これらの批判の方向性が示している通り、デューイは総じて、言わば「本来的なもの」へと到達する過程としての「成長」という見方を斥けている。このように一貫する批判的視点が、次のような叙述を要請することとなる。「生とは成長を意味するのであるから、生き物は、いずれの段階においても等しく、同じ固有の充溢 (intrinsic fullness) と絶対的な権利 (absolute claims) とを携え、真に、また積極的に生きるのである」(DE: 56)。この言明は、先に触れてきた従属的で消極的な生を前提とする教育観からの差異において初めて、真正に把握される。「本来的なもの」が仮にあるとすれば、それはいままさに進展しつつある経験そのものだろう。そして次のように述べられることは、こうした文脈において解釈されるのである。「生きることはそれ自身に固有の質（quality）を有し、教育の任務とはその質に関わるものである」（DE: 56）。

つまるところ、この「成長」の教育思想の要諦にあるのは、経験が呈するその時々における固有性に対しての絶対的な肯定である。デューイ自身の言葉を幾分超えて敷衍するならば、このように言うことができるだろう。すなわち、この思想においては、たとえどのような年齢・職業・地位・状況にある人であろうとも、その生の瞬間瞬間で感得され実感として受け取られるところの経験それぞれは、それ自体として、その時々においてつねに新しく代えがたい。それらの経験は、何か他のものやそれを包含する全体との関係性、もしくはその道具的価値に還元・縮減されてしまうことがないという意味において、その人にとってまさしく固有で充全なものとして肯定される。したがって、いつか未来において実現される何ものかに教育や生きることは従属されてはならないのであって、その都度抱かれた目標に導かれることで更新され刻々と露わになっていく経験の地平それ自体こそが、閑却されてはならないこと、われわれが真に気遣い確認すべきことである。

3　質の感受をめぐる自然主義

先の節でわれわれは、本稿が焦点化しようとするデューイ教育思想の要点の一つを確認した。すなわち、彼の「成長」の教育思想は、いままさに更新されつつある経験を、他のいかなるもの——たとえば、予め全てを方向付けている既成の「全体性」――に従属させることなく捉えようとする企図をその核として含み込むという点である。それは、その時々における経験の固有性・多元性を、正当に拾い上げ認めようとする思想的な態度の表れと言えよう。ここからは、そうした経験の固有性への肯定という態度を、デューイの自然主義思想を経由することによってさらに掘り下げてみたい。それにより、この態度に含まれていたものが、いまここにおいて創出されつつある経験が呈する、自然全体の或る特異な顕現としての質感に向けられた眼差しであることが理解される。

したがってこの節からは、デューイが自身の教育思想において強調し擁護しようとした経験の固有性について、それが果たしてどのように固有であるかについて、もう少し根本的な位相から検討することになる。そのためにわれわれは、デューイ後期における哲学的・形而上学的思索を代表する主著『経験と自然』(Experience and Nature)を参照し、自然が呈する質をめぐる諸論点について探査する。

この節の大枠を提示しておこう。まず、(1)固有的で多元的な経験が、事物や状況の質の感受としてあるという点を確認し、(2)そうした質の経験が、主客未分離の様態にある一次経験の具体的実相として位置付けられることを示す。その後、(3)質の出来という事実について、それを自然の出来事の「終わり」として定位するデューイの理論ならびにその含意を概覧する。質の経験をめぐるこれらの論点は、複数性を有しながらも同時に連続的一体性としてあるような彼の自然観が「成長」の教育思想を支えていることを導出する。

固有的経験としての質の感受

経験の固有性はどのようなものとして現れているのか。デューイの自然主義は、それが経験の質的な様相としてあることを示している。このことは『経験と自然』における次のような言明に確かめることができる。

「[…]あらゆる出来事の中には、何かしら頑なで、自足的で、まったくもって直接的であり、ある関係的全体における一つの関係性でもなければ要素でもなく、終局的で排他的なものが存在する。ここでは[…]、唯物論者も観念論者も根底にある次の形而上学に同意してしまっている。すなわち、関係性や関係的なシステムを優先するあまり、ある事物が在るために、また、それが関係性の主体や言説のテーマとなることができるために持たなければならないような、これらの還元不可能で、無限に多元的で、定義不可能で、言語化不可能な質を無視してしまうような形而上学である。存在の直接性[＝質]は、言語に絶している。しかし、そのような筆舌のしがたさには、何も神秘的なものは無い。それは、自分そのものについて何かを語ることが無駄なことであり、他人について何かを語ることが不可能であるという、直接的な存在についての事実を表明しているのである」(EN: 74)(強調デューイ)。

いま引用した箇所については、註釈すべき点が多々含まれているだろう。とは言え、ひとまずここではデューイが質的な感受のうちに経験の固有性・多元性を認めているという点を押さえておきたい。彼は質の経験という事実が看過されることのない形而上学の必要性を説いたのであった。

それでは、改めてこの質(quality)とは何であるか。デューイの議論においては、概念の定義が端的に示されないことがままある。今回の場合もわれわれは散在する彼の記述を総合するほかないが、彼の自然主義における質とは、感官的・情動的に受け取られる存在の全体的な「感じ」のことであり、たとえば「赤い・熱い・麗しい」などとして形容され指し示されている事物や状況のそれであると言うことができる。「経験的に言えば、事物は、痛切なものであり、悲劇的であり、美しく、［……］恐ろしいものである」（EN: 82）。このデューイの語り口は、身体実感として持たれる質が同時に、審美的・道徳的とも言い表せるような、一層微妙で複雑な拡がりを含んでいることを意味している。冷たい水に手を浸したときのそれ、優しく微笑みを投げかけられたときのそれ、困難な仕事を前に手を拱いているときのそれ。そうした一つひとつの質感は、ある人の固有の生、その具体的な状況において、特異で多元的なものとして現れる。

固有的経験を示すものとしての質に関して、ここでそのいくつかの側面を示そう。先の引用にもあったように、質は「言語に絶している」。つまり、それ自体としての言語化や定義が不可能であり、言葉や記号ではただ指し示すことができるのみである。あるときふと目の当たりにした夕陽に行き渡っている質感は、なるほど語りうるかもしれないが、しかし語られたところの言葉が感受された質そのものであるわけではない。また、そこで感じられた「赤さ」を、たとえば光の波長数との関係から、数式やスペクトルを用いて物理科学的により厳密に表したとしても、やはりそれは直接に感受された質とは別物である。質はそれ自体としてあくまで名状しがたい直接性としてあり、事物の関係性によって定義・説明はできない。関係とは、何かと何かとの関係でしかありえない以上、質はむしろそうした関係を存立可能とするような自足的で終局的な項としてあると言える。

事物の質がこのように直接性としてあるという点を理解するにあたって、それと対比されるところの、道具的で対他的にのみ規定される事物の様態と対照することが有用である。デューイは、質として享受される事物を「それがわれわれに直接的に為すもの（what it directly does for us）」と表現し、それに対比される道具的な事物を「それが他の事物にいずれ為すもの（what it will do to other things）」と表現している（EN: 73）。後者は、事物どうしの繋がりにおける存在の様態であり、媒介的（mediate）なものである。事物の媒介性は同時に、それが道具性（instrumentality）としてある事態へと通じている。マッチの火を引火させようとしたとき、石よりも、紙のほうがそれに適している。このとき、石や紙は「それが他の事物にいずれ為すもの」、すなわち媒介的・道具的存在としてある。これらは予期された何らかの出来事の終着――すなわちここでは「火が点く」という出来事――に向けて進む、変遷の過程上に置かれた事物として位置付けられる。他方で、このような媒介的・道具的事物とは別に、われわれは石や紙をそれ自体として、すなわちその直接性において味わうことができる。その触り心地や重み・色合い・印象は、何か他の事物との参照的な関係において、対他的に規定されるわけではない。質的な感受は、このように自足性を持つ直接的経験である。

一次経験の実相としての質

今しがたわれわれは、質的に経験される事物の本性を了解するために、道具的・関係的に経験される事物との距離からそれを捉えた。同様のことは、デューイが自身の哲学的方法を説明する際に用いる「一次経験（原初的経験 primary experience）」と「二次経験（派生的経験 secondary experience）」という区別を用いてもおこなうことができる[2]。なぜならば、質の経験はこの一次経験、すなわち自然の前分節状態にある経験に相当すると考えられるためである。

そのことを示す前に、まずこの経験の二類型について触れておきたい。一次／二次経験として弁別された経験の二類型は、デューイ自身が哲学に用いる経験的方法（empirical method）を説明するために設けられている[3]。デューイは、哲学が採るべき経験的方法がすなわち、「表示的方法（denotative method）」であることを説明する文脈において、一次経験と二次経験を弁別している。

この「表示的方法」の内実は、デューイの議論を約言すれば次のようになるだろう。哲学は、自然科学がそうであるのと同様に、生《なま》の経験を洗練することにより得られたものであり、そうした元々の経験の有り様を別のかたちで表示し直し変容させるものとしてある。前出の一次経験とは、このような理論の出発点でありかつ終着点であるところの生の経験のことであり、二次経験とはこれに検証・吟味を重ね洗練させたものである。この二次経験は、隔てられた複数の一次経験を結び付けて再表示する媒介として機能する——本稿では後に、二次経験の実相を、「意味（meaning）」の地位の中に見出すことになる。デューイの言葉に即せば、前者は「粗雑で、巨視的で、生のまま」であり「最低限の偶然的な反省の結果として経験されたもの」としてあって、後者は、「精錬され、反省の対象から導き出され」、「継続的で統制された反省的探究の帰結において経験されたもの」である（EN: 15）。

われわれは先述のとおり、こうした一次経験の具体的実相として質の感受を位置付けることができる。そのことはデューイ自身が必ずしも明示しているわけではないが、注意深く読むならば議論の道筋はたしかにそれを示している。たとえばデューイは一次経験を「混交性および充全性（heterogeneity and fullness）」と等置して記述する（EN: 39）。ここでの混交性や充全性とは、記号・言語によってなされる一意的な分析・分節化から逃れ横溢していく現実の特性を指していると考えることができるだろう。こうした一次経験をめぐる記述は、本節の冒頭で見てきた縮減不可能で多元的な質の特性の記述に符合している。

さらに傍証を加えておく。同様のことは、一次経験を、理知的に構築されたものである二次経験との対比において、その情動的で非理知的な性質、経験の前‐認知的位相として説明する仕方からも推察可能である。この文脈の中でデューイは、そうした感情や感覚、あるいは芸術、幻想や無知・過ちといったもの——言い換えれば、われわれの日常経験の内に質的な実感として現れる事柄——が、「真なる実在」の単なる見せかけ（現れ appearance）としてこれまで哲学的に貶められてきたことを批判する（EN: 27）。本節でも後述するが、「主観的なもの」に過ぎないと貶められてきた経験の領域に、実在（reality）としての正当な地位を与えようとするデューイの論証の筋は、一次経験および質をめぐる二つの議論とで軌を一にしている。これらのことは、デューイが一次経験として質の感受を位置付けていたことを説明するものである。

　ここまで、経験の固有性が事物・状況・世界が呈する質的な感受の内にあること、また、そうした質が経験の始原的なかたち、すなわち一次経験として位置付けられていることを確認してきた。そうであるとき、一次経験の特性を確認することが固有的な経験としての質の感受に関する理解を深める。生《なま》の経験にあたるこの一次経験の特性として重要であるのは、その未分節性であり、主客の統合性である。この経験の原初的様態においては、われわれが通常「主観的／客観的」として立てている区分を維持することができない。

　このことに関わってデューイは、経験を構成している何（what）といかに（how）という側面に注目しながら、次のように説明する。経験とは、ウィリアム・ジェイムズがそれを二重樽詰めの語として呼んだように、「人間が何を為し、何を被ったか」だけでなく、「どのように人間が働きかけ、働きかけられたのか［……］すなわち、経験することの過程」を含んでいる（EN: 18）（強調デューイ）。「経験が「二重」であるのは、それが経験の一次的な統合性において、行為と材料、主体と客体との間のいかなる区別も認めず、それら両者を未分析の統一体の内に含んでいるためである」（EN: 18）。デューイは、経験されたところの客観的事物や、経験主体の主観的な行為といったどちらか一方に経験を還元することを棄却する。この統一体としての経験は、「人生」や「歴史」といった言葉で語られるものと類推的なものだとも述べられる——一次経験の時間的連続性に関するこうした指摘は、後に見る出来事の「終わり」としての質という議論に通じている。

　原初的で未分節の様態において経験とは、経験する主体と経験される対象である自然との相互に不可分な浸潤である。経験においてそれらの主・客は統一としてあるのであって、どちらか一方を抜きにしてその経験はあり得ず、そもそもそのようなものとしてある主‐客の存在さえも成り立たない。先に出した例を再び持ち出せば、わたしがある夕陽を眺めるという経験、あるいはそのようにして経験された夕陽は、眺めるわたしと、そのわたしに眺められる夕陽とによって実現された相互浸透的な出来事である、と言うことができる。存在の特異性を踏まえる限り、どちらかがどちらかに先立って存在するということはない。

この経験の統一性という論点の前提とされているのは、自然という一元的で連続的な全体性である。これに関わって確認されるべきであるのが、次の二点である。第一に、デューイが注意を促しているように、経験されているものは「経験」ではなく「自然 (nature)」である。彼の経験論的自然主義 (empirical naturalism) もしくは自然主義的経験論 (naturalistic empiricism) において、経験とはつねに、自然の内における (in nature) 自然の (of nature) 経験である (EN: 12) (強調デューイ)。したがって、経験は主観的で私的なものとして閉鎖的に完結する過程ではなく、客観的で公共的にアクセス可能な世界の内における、それらの接触としてある点が看過されてはならない[4]。

第二に、経験されるものが自然であるように、経験する側——たとえば道具や言語を使用する人間——もまた同様に、高度に組織化された自然の一様態であるとされる。デューイの自然主義において、人間の精神活動は、物理科学が探究対象とするところの自然から隔絶され無関係なものではない。経験とは「ある特定のあり方で相互作用している事物」だと述べられるとき (EN: 12)、ここにはそうしたより包括的な自然観が含意されている。デューイは自然の相互作用の様式をめぐり、それを自然科学が定義付ける物理的なもの (the physical)、生命現象に特有の精神‐物理的なもの (the psycho-physical)、意味世界を有する人間の心的なもの (the mental) に類別したが、それらはあくまでも自然的基礎を共有した連続的なものである。しかし、デューイの自然主義においてこれらが連続的であることは、一方が他方に還元されうるということを意味するのではない。経験されたものとは、それまで潜在的であったものが一層複雑な相互作用の機構――たとえば、協同する諸器官すなわち組織（生体 organism）を有する有機体――およびそれらを取り巻く環境の内に入り込むことで新しく実現されることとなったそれ自身真正な実在である。したがって、人間的な精神世界を自然との連続性において捉えながらも、同時にそれぞれの位相における多元性を認めるデューイの自然主義は、精神的なものとされる経験の領野を自然科学的な言語に置き換え可能とする還元論的自然主義からは区別されるのである。

こうした一元的自然は、質的経験の前分節性と不可分の関係にあることになる。質的経験が主客の統合状態、すなわち自然の相互作用の一様式とするこうした見方は、したがって、主観的に把持されるように思われる個々人の「感じ」を、一人ひとりの閉鎖的な内的世界に隠匿させない。めいめいに異なる帰結へと進む経験の筋道は、相互の根源的な他性（多元性）にもかかわらず、自然というある共通の根を分有する経路を持ち、それが自然であるがゆえに、自身もまた自然へと開かれている。自然の特異な顕現としての質的な感受は、他方では客観的で公共的な世界との接触を不可避的に持つ。そうでなければ、経験は科学という共同的な探究を可能にする縁《よすが》たりえず、また、時代を超えてさまざまな人々に親しまれ享受される「普遍的」な芸術は成立しえないだろう。

「終わり」としての質

前節で言及したとおり、「成長」の教育思想における教育の任務は、生によって刻一刻と顕される固有の質と根本的に関わっている。生きる中で世界が質感として享受されるとき、その経験は自然の前分節的な相互浸潤としてある。デューイの自然主義をさらに探査していくと、この質の出来がユニークな仕方で把捉されていることが明らかになる。すなわち、経験論的自然主義において質は、展開しつつある自然的出来事（natural event）の終わり（終局・

目的 end)を示すものとして定位されているのである[5]。この論点を踏まえるとき、質が呈するその多元性と特異性は、出来事としての自然が持つ歴史性・持続性という観点から把握されることとなる。どういうことか。

こうした議論の基礎となっているのは、「存在（existence）」を変遷し続ける出来事（event）として捉える発想である。デューイは、不変なる実体を存在の背後に想定することに与しない。経験科学が裏付けているように、自然の内には反作用なき作用はなく、「条件付ける力のもっぱら一方的な行使はない」ゆえに「他の事物の変化に影響を与えるものは何であれ、それ自体が変化する」（EN: 65）。絶え間ない変遷の過程にあるものとして、「あらゆる存在は一つの出来事である」（EN: 63）。

このような見方は、デューイの自然観を根底的に定めている。自然は、その内に始まりと終わりを無数に含んだ連続体として規定されるためである。デューイは以下のように述べる。「[……]自然を、絶え間なく続く［複数の］始まりと終わり（incessant beginnings and endings）の一つの場面であると認めることは、それ自体が哲学的啓蒙の源泉として現れる」（EN: 83）。「自然とは[複数の]事柄という一つの事柄（an affair of affairs）である[……]」（EN: 83）（強調デューイ）。ここで触れられている「事柄（affair）」とは、出来事（event）や歴史（history）と同義の言葉――持続性・連続性の下にある一連の相互作用――として用いられていると考えてよいだろう。デューイによる自然とは、無数の始まりと終わりとを持って変遷し続ける、いくつもの出来事から成る一つのアンサンブルとしての出来事である。

そうした自然において、変化し続ける出来事としての存在は、その始まりと終わりによって初めて特異なものとして区切られることになる。デューイは、一元的な自然の多元的な分節化をもたらしているこの境界線、つまり出来事の終局を示すものとして、質の出来という事態を捉えた。しかし、なぜそうした発想が必要となったのか。この理論をより把握するためには、後景にあるデューイの狙いを押さえることが有効だろう。デューイは質の出来という経験的事実を「自然的出来事の終わり」と見なすことによって、（ⅰ）近代科学の勃興以後、その説明不可能性ゆえに神秘的で不可解な「非実在」とされてきた経験の質的側面について、その実在性を擁護し、哲学におけるその特有の地位を指摘すること、および（ⅱ）自然科学的探究の対象の地位を、そうした経験の質的位相との関係から示すことを目指そうとした。換言すればデューイは、自然科学が担っている探究という事実を等閑に付すことなく、個々人において把持される現象的な経験世界を積極的に肯定し位置付けるための理論構成をおこなったのである。

もう少し敷衍しよう。自然には終わり（目的 end）があるというデューイのこの形而上学的な提起は、ギリシア哲学の批判的摂取の帰結として見ることができる。すなわちデューイは、アリストテレスの動態的なコスモロジーに代表される古代ギリシア思想を参照しながら、自身の経験的方法を用いてその批判・洗練をおこなった。樹木が木材へ、木材が建築物へと変化していくその場面を思い浮かべれば、あらゆる自然的存在はたしかに絶え間ない変遷の過程にあるように思える。しかしデューイによれば、こうした存在の変遷は、ギリシア哲学で想定されたような、潜勢的なものから現勢的なものへと向かう、ある固定的で究極的な目的へと予め方向付けられた運動などではない。近代以降の自然科学の発展は、そうした自然の目的論を否定し、そこから袂を分かつ方向へと哲学を推し進めた――この道は同時に、自然と精神とを断絶させるような二元論に向かうものでもあった。

けれどもデューイは、近代科学が想定するように、いかなる目的も無い機械的で必然的な無限の連続過程として自然を見なすこともできないとした。質的に事物が享受されることは、日常経験における否定しがたい事実であるためである。デューイはこれら互いに緊張関係にある二者の自然観をいわば止揚するかたちで、質を終わりとする理論を見出すことになったと言えるだろう。彼は、ギリシア哲学の中に残存し取り上げられるべき洞察の一つとして、「自然の内には何らかの終局的なものが存在する」という論点を再び掘り起こしたのである。デューイはこの洞察を出発点としながら、かつてギリシア思想で想定されてきたような単一・不動で既定の目的＝終わりではなく、つねに新しく創発されつつある複数的・多元的、動態的な目的＝終わりの存在が自然に存在すると結論付けた。

　こうして再建された自然の目的論は、質の時間的性質を捉えている。感受された痛みも歓びも、時間と共に変化しいずれは消え去っていくように、すべての質感は束の間に到来しては消えていく時間的な特質を持つ。デューイの自然主義には、こうした束の間のものとしてしかあり得ない存在の儚さに向けられた自覚、一種の無常観が通底している。けれども、デューイにとってこの「儚さ」は、さまざまな宗教や哲学がそう前提してきたように、それが「仮象」であることを示しているわけではない。むしろその反対の事態を提示すること、すなわち時間的存在の積極的肯定こそが、彼の自然の目的論構築の大きな狙いであった。質の一時性は、それが自然の動態的な終わりであることと理論的に対応しているのである。

　さらに、動態的に捉えられた出来事の質は、その推移的な性質を認識されることとなる。すなわち、自然的出来事の終わりは、存在の相互作用による連続的変化の区切りとなる束の間の休止点であり、それゆえに次の変遷の始まりでもある。「ある一つの歴史における終わりは、つねに別のものの始まりなのであって、こうした可能性において、問われている事物は変移的でありかつ動的なものでもある」（EN: 85）。この意味で、この自然における目的＝終わりとは一種の停止（arrest）である。

　質を終わりと見なすこの理論に孕まれているもう一つの重要な点は、実在が歴史的連続性をその特質として持つということの提起である。「実在とは成長‐過程それ自体である」というデューイの述定は、このことと根本的に関わっている（EN: 210）（強調デューイ）。ここで向き合われるのは、われわれが「終わり」と呼ぶもののその本性は何かという問いである。何かが終わりとして呼ばれるとき、必ずそこには先行する一連のプロセスが含まれている。

デューイに依れば、終わりとは何らかの一連の歴史を締めくくるものであり、そこに収斂する出来事の変化の筋道(course)全体を包括するものだとされる。換言すれば、終わりは、それに先行する出来事の成り行きを自身に含んだ、累積的で積分的なものとしてある。「山がその終わりであるところの頂上のために存在」しているわけでもなければ、ある終止を持つ音楽のフレーズにおいて、「そのフレーズの最初の部分は、あたかもそのフレーズが終結したときには捨て去られるべきものであるように、その終止の部分のためにある何ものかであるわけではない」(EN: 84)。この説明に含意されているのは、ベルクソンによって示された純粋持続(durée pure)の存在論に通ずる、終わり一般がその本性として持っている歴史性であり持続性である——現にベルクソンは、純粋持続を「質的多性(multiplicité qualitative)」という性質から規定したことが知られている(山根 2016: 73)。質の出来そのものはたしかに瞬間的・刹那的であるけれども、そのすべては以前に生じてきた相互作用の複雑な連続の帰結である。その連続性は、いかなる部分も切り取って分離することはできない。

こうして持続性・歴史性を有する自然的出来事の目的=終わり《エンド》としての質は、それゆえに原理的にはいまここを逃せば最後、二度としてそれとまったく同じものが繰り返されることはない。われわれがいまこうして感受している存在の質は、経験論的自然主義において、つねに刻々と完結している自然的出来事の終わり——それも厳密に言えばこれまでかつて一度もなかったようなそれ——なのである。質的な感受がその瞬間においてその都度固有的であることは、質の出来を自然的出来事の終わりとして、その歴史性において把捉する彼の自然主義の内に表現されている。

4　媒介を通じた質の変容

本稿では、冒頭で『デモクラシーと教育』におけるデューイの重要な結論の内の一つについて触れた。すなわち、「(i)この教育的な過程［＝成長］はそれ自身を超えるいかなる目的も持たない、つまりこの過程はそれ自身が目的であるということ」という言明である。先の節で経てきた自然主義思想の探査により、いまやわれわれはこの表現の含意について、より深い射程から理解することができる。成長がそれ自身を超えるいかなる目的も持たないのは、いまここの生において実感として持たれている経験・現実こそが、動態的に展開しつつある特異な歴史性を持つ「目的＝終わり」として、それ自身の充溢性・完結性を有するためである。そうした「終わり」は、知ることとは区別される、持たれたところの情感的・審美的・倫理的な現実の質的実感であり、ここで示されているのは主客の境界線が峻別される以前の原初的な経験の様相である。

しかし、いま再掲したデューイの命題は次のように続いていたのであった。「そして(ii)この教育的な過程とは、連続的な再組織化、再構築、変容の過程である」。本節は、この後段の議論に関わっている。以下では、知識や意味をめぐって示されているデューイのアナロジーを手掛かりとしながら、こうした「経験の変容」の過程を自然主義の観点から原理的に示し直してみたい。ここで確認しておきたいのは、直接的に感受される質の固有的経験が、そうした「現れ」の背後に連綿と隠伏的に広がる連続性・連関性への認識、および意味の媒介によって変容・再創造されるという点である。

現れとしての質

まず、質的に経験される事物が、背後に隠れた全体的な連関の限定的・部分的な「現れ」としてあることを見ていこう。この点については、知識・手段の自然主義的地位をめぐる議論の中で次のように示されている。

「その直接性において、いかなる質も二重の意味で現れ（appearance）である。第一に、それは現れているものである。つまり、明白で、はっきり見えて、目立ったものである。それは、すでに用いた言葉を繰り返せば、持たれている。そのとき事物は、暗い部屋の中にある明るい物体が浮かび上がっているような意味で現れるのであり、他方で別の事物はよく見えず、隠されている。この出来事は、視覚や聴覚といった物理的・生理学的な限界の一つである。われわれは、島を見るとき、それをあたかも海に浮かんでいるかのように見る。われわれがそれらを島と呼ぶのは、それが、島を直接に囲っているその媒介［すなわちここでは海面下の地面］との連続性を欠いて見えるからである。しかし、そうした島々は、われわれが歩く大地の突出した部分に他ならない。その接触しあう繋がりは、普通は現れない。そうした繋がりはそこにあるけれども、持たれていないのである」（EN: 111-2）（強調デューイ）。

引用の後半では、海面上に現れて見える島に質が準えられている。この考察には、存在 existence という語の原義――ラテン語 existere/existere（前方に―立ち現れる）――が前提として踏まえられていると推測できるが、質的に出来し歴史の終局として境界線を賦与されることで自然的出来事は存在となるというデューイの理路を踏まえるならば、ここでのアナロジーは平仄が合う。この叙述で表明されているのは、多元的・固有的な存在（経験）が、連関し合う拡がりを持つ潜在的な全体性の中に埋め込まれているという様態である。質的経験それ自体はたしかに、自足的・自己完結的な動点として持たれる。けれども、これらは同時に他の現れとの接触の内にあり、他の現れに対する無数の経路をその可能性において持っている。この「現れていないもの」は、「海面下」にあって覚知されない「存在以前」と形容するほかないような全体的地平――生命体の知覚における物理的・生理学的な閾値下にある繋がり――の無限の拡がりである。

そうした「海面下」にある自然的連関の対象化・分節化を、その最も洗練され組織立った形で果たすのが、物理科学を筆頭とする科学的探究である。もちろん科学は、それが分析的な営みである以上、先に言及したような「存在以前」の全体的地平を取り出して見せることはできない。けれども、科学はそうした地平が含んでいる関係的秩序の一つを分節化することで、現実の認識を変容することができる。これにより、隔絶されていると思われた複数の現れは、一連の秩序の内にある連続的なものとして認識され（知られ known）、捉え直される。落下するリンゴと月のそれぞれの運動は、運動方程式が媒介的に導入されることにより、一つの数的な関係、同一の秩序の内に結び合わされ得るようになる。科学が暴くのは事物それ自体の本性ではなく、それらの関係的な秩序である。このことは、デューイが説いた「道具主義（instrumentalism）」の形而上学的な力点の一つとなっている。デューイ自然主義における事物の本性はあくまでも、コンテクスト上に特異なものとして出来する時間性を有した質的存在である。他方で、科学的対象とは、そうした終局性として持たれる事物ではなく、この時間的存在を条件付けている恒常的・不変的・無時間的な秩序・関係である。それゆえに理知的な共同的探究としての科学は、直接性として存在する事物に対する媒介的・道具的事物の体系的再編に関わっている。

ところで、先に見た海面上の島のメタファーは「現れているもの」と「現れていないもの」の関係についての共時的な図式を示していた。他方で、デューイの自然主義においてこれらの関係は、通時的にも特有の仕方で把握される。そのことは、「現れているもの」＝質的出来事の終局性として、その時間性において理解されていることの内にすでに含意されている。ある自然的出来事は、事物間の繋がりをめぐる認識が媒介的に出来事――社会的・文化的な位相を含む人間経験という自然的出来事――の経路に入り込むことによって、そのような認識がなかったときとは別様の歴史的終局を迎えることとなる。換言するならば、繋がりを有しながらも、いまここに「現れていないもの」（＝持たれていないもの）は、われわれの知性や想像力を介しながら現前する事物・状況にビジョンを与え、そのことによって終局性それ自体の変容を可能にする。この点に関連して、再び先ほどの言明の続きを参照しよう。

「見ることや聞くことといったような、有機的な出来事のこの結末は、束の間の、あるいは直接的な、あらゆる自然的出来事が持つその歴史の結末（endings）である。出来事のより長い成り行きやより包括的な状態の内に、［複数の］歴史が持っているある繋がりを再建するということには、掘り下げて調べ、精査し、技巧を凝らし、その現れている部分を超えて拡張していくことが求められる。直接的にかつ現れて持たれた諸事物を、直接的には現れていないものを手段（中間項 means）として繋げること、したがって新しい始まりと終わりとを持つ新たな歴史の連なりを創ることは、科学それ自体の適切な対象を成している数学‐機械的な諸体系という体系に今度は依っているのである」（EN:112）。

推論を通じて把握された事物間の関係・秩序それ自体は、直接的・質的経験から無関係に存在しているわけではない。この「現れていないもの」は、媒介性・道具性として他の終局的事物を参照し結び付けながら、歴史的終局へ向かう中間部分へとそれ自身がなることで新たな歴史を創造し、「現れているもの」の中へ一体的に出来する。

質と意味

このような経験の変容過程は、質と意味(meaning)の関係をめぐる記述においても同様に示されている。

> 「出来事は、ひとたび名付けられたとき、独立した二重の生を送る。それら元々の存在に加えて、出来事は理念的な実験にさらされる。つまり、出来事の意味は、想像力の中で無限に組み合わされ再編され、またこの内的な実験——すなわち思考——の結果が、ありのままの、あるいは生《なま》の出来事との相互作用の内に現れる。出来事の急激で荒れ狂う流れから、穏やかで行き来のできる運河に逸らされることとなった意味は、再びその本流へと加わって、その道筋を彩り、和らげ、構成するのである」(EN: 33)。

先の島のメタファーが、質的存在と媒介的連関の共時的な表現だとすれば、この急流と運河はその通時的な様相を描出していると言えるだろう。デューイは、ここで時間的特質を有する質について、束の間に過ぎ去り行く急流に喩えている。それに対して意味は、質の急流から出でて無時間的な領野に置かれることで、相互に結びつきながら再び質の経験へと回帰しそれを変容させるものとして描かれている。

デューイの自然主義において意味は、直接性としての現実にその可能性の次元を挿入する。現実の可能性、すなわち、いまここにはないがいずれ享受され得ると予期された別の帰結は、いまここの質的経験と分離不可能なかたちで結び付く。具体的に考えよう。たとえばある物音は、祈るような気持ちで何かを心待ちにする者にとって、待ち侘びたものの到来を意味する。そうした物音の直接的な質感・印象それ自体は、本来であれば――つまりその意味を帯びていなければ――そこにいる者の鼓動を速め、息を飲ませる程のものではなかったかもしれない。けれども意味の次元において、それは後に来るべき帰結のサインや代理者として、その終局的な質感として現前する。そこでは、物音それ自体がもはや到来である。つまり、来るべきものの到来という出来事は、その物音を聴取することにおいてはまだ実現していないにもかかわらず、持たれた質の中にそのような意味が直接性として浸透している。意味によって、出来事は先のデューイが言うところの「二重の生」の分かちがたい混合として、媒介的・拡張的に経験されるのである。

デューイはこのような事態について、直接性と効用性の同時的存在という言い方を用いて次のようにも表現している。「意味や理解が生じる状況の形態や図式を考えるとき、直接性と効用性 (efficiency)、明らかな顕現性 (actuality) と可能性、完成的なものと道具的なものとの、関わり合う同時的な存在や相互的な参照に気づく」(EN:143)。デューイに依れば、物理的な出来事の直接的なあり方と、それが為しうること、それらの関係性は、区別されまたそれぞれの多元性ゆえに共役不可能なものでありながら、ある出来事が意味を持つとき、その潜在的な帰結はそれが参照するところの現実との統合的で蓄積された特徴となる。このようにデューイの意味の議論は、現実と可能性との結節、それによる経験自体の変容という要素を持っているのである6。

本節では、固有的経験としての質という自然主義の論点を引き受けながら、「成長」の教育思想における二つ目の要点、すなわち「経験の変容」という事態の自然主義的観点からの敷衍を試みた。直接性として持たれる質は自然的出来事の終局を示すものであったが、この質の感受は、自然という全体的連関の内に埋め込まれたある限定的な「現れ」であった。この「現れ」は有機体の知覚の閾に携わる物理的・生理学的境界線によって劃定されているが、そうした境界線を超えて潜在的なものとして拡がる自然の連続性は、諸項の関係性に関与するところの知性を介することで、知識や意味といった形で分節化されて把握され共有される。これらは、前節で触れたところの二次経験――一次経験を精錬することで作られ、再び一次経験へと再帰してその姿を表示し直すような経験――の実相として理解されよう。こうした二次経験としての知識や意味は、質的終局性どうしをその顕現態と可能態において繋ぐ関係性の認識なのであって、この認識それ自体が一つの自然出来事として眼前の質感的現実を変容している。「成長」の条件である経験の再構成的な拡張・深化は、自然主義的にはこのような事態として理解されるだろう[7]。

5　おわりに

本章では、デューイによる「成長」の教育思想を独創的なものにしているある一つの根本的な発想について、彼自身の経験論的自然主義という基底的な議論を精査し折り返すことによって、その由来と含意の再照射を試みてきた。ただし厳密に捉えれば、この「由来」という言葉遣いは不適切であろう。『経験と自然』の出版は、『デモクラシーと教育』から九年の月日を待たねばならなかったためである。二つの著作の間に完全な思想史的断絶があるとは決して言えないにせよ、両者の議論を無条件に地続きのものとして接ぎ木しようとしているこの論は、デューイ自身の思想に対し、内在的に徹頭徹尾即した解説だと考えられるべきではない。むしろこれは思想の一つの再構築として理解される必要がある。

最後に本論全体の概括を示しておこう。この論攷では、デューイの「成長」の教育思想が、その都度の経験が持つ固有性に対する肯定的態度に彩られていることを指摘した。教育やそこでの経験がもはや、遍く何かの手段でしかないこと、何らかのゴールに対する途中経過に過ぎないことを信じて疑わないわれわれの強固な通念に対して、彼の議論は疑義を呈している。では「目的」はどこにあるのか、と。デューイの自然主義は、この教育の目的、すなわち経験の固有性が、いまここの瞬間に束の間に現れては消える、感官的な実感としての現実の質にあることを表明していた。そうした特異性としての質感は、経験するものと経験されるものとを不可分で一体的に含み持つ主客未分離の様相の下にあり、それは言語や理知的な分析を超えている。彼の自然主義的形而上学において、この質の出来は、自然という動態的で創発的な出来事の終わりを証すものであり、多元的な自然の諸目的として定位される。質を「終わり＝目的」とするこの理論的図式は、質の持つ特異性がその時間的(temporary)性質と表裏一体であること、すなわちその推移性や儚さ、歴史的持続性を説明する。その都度における経験の特異性・多元性に対する擁護は、このように彼の教育哲学から彼の自然主義へと横断する通奏低音的なものとして認めることができる。

経験の特異性をめぐるデューイのこうした哲学は、一元的で全体的な自然という舞台と切り離すことができない。その意味で、彼の自然主義は一元的多元性の哲学である。つまり、存在が連続的・関係的であること(一性)と、互いが他であり特異であること(多性)の二つが、矛盾としてではなく、自然の名の下に、相互に成立させる調和的な条件としてあるような事態を丹念に記した哲学である。この自然の連続的全体はあくまでも隠伏的なものとしてわれわれに暗示されるに過ぎないが、この自然の連続性は理知的に分節化され意味や知識といった媒介となることによって、経験の変容に寄与する。

われわれは、デューイのこうした自然主義の議論を通過したあと、動的な点として消え去ってしまうようなすべての瞬間的で感受的な経験の背後に、遥か遠くから連綿と連なっている無数の自然的繋がりを看取する視座を得ることとなる。いまこの瞬間の特異性・かけがえなさは、それが自然の顕現であるということのために、暗黙裡にすべての存在と地続きのものであった。「成長」とは、言うなればこうした繋がりの創造的再建であり、見えざる全体性への志向に特徴付けられている。

註

1　デューイの成長概念に向けられた古今の批判については、齋藤（2009）による整理が精しい。

2　術語の括弧内に示した訳出法は、田中（2017: 262）を参考にした。

3　こうした経験の区別は、先験的・実体的なものとして措定されてはいない。この類別そのものが、理知的に構成された二次経験に相当するものであり、後に見るように、ここで二項対立的に図案化された経験の類型は、結局のところ進展しつつある往還的・循環的な一つの経験された自然を構成している。

4　この議論は、経験が第一義的には「内的生（inner life）」を有する個人の内に秘匿的に「所有」されるようなものではない、という論点――そしてこのことは、「主体（subject）」をめぐる自然主義思想と密接に関わっている――に接続するものであるが、これについての検討は別稿に譲りたい。

5　この点をめぐる本論3節の記述は、『日本デューイ学会紀要』掲載の論文「自然的出来事の終わりとしての質――経験論的自然主義におけるエンドとは何か」（井上 2017）を改稿したものである。

6　なお、意味と質の関係をめぐるデューイのこうした議論は、ジェイムズによる徹底的経験論（radical empiricism）の中に源流を認めることができるだろう。徹底的経験論においてジェイムズは、経験と経験の関係それ自体もまた、直接的に経験されるものと同様に経験の要素として認めるべきであると主張する（James 1976:22）。ジェイムズの経験論は、「しずく」や有限な「芽」といった比喩に示されるような経験の発展しつつある諸単位・項（離接的経験 disjunctive experience）と、それらの諸項を結びつける関係性（連接的経験 conjunctive experience）から成る、経験における非連続性と連続性の共存関係を前提とする多元論として展開される（山根 2016: 71）。これの詳細な検討は本稿の範囲を逸するため可能性を示唆するに留めるが、一つひとつの経験の独立性を認めながらも、それらの項が相互に結ばれる関係性それ自体を経験の内に含めようとするこのジェイムズの経験論は、デューイ自然主義における歴史的完結性としての質とそれらの媒介を担う意味という議論と相似的である。デューイがジェイムズの思想からの影響を強く受けていることを踏まえれば、こうした質と意味に見られる関係はジェイムズの経験論における発想の具体的な明確化・精緻化の帰結だと見ることができると言える。

7

こうした議論で重要であるのは、知性を介した持続的実在（質感）の分節化それ自体が、媒介として現実経験の一部を構成するということである。したがって、知性・意味・言語といったものによって切り取られ断片化した経験は、デューイの自然主義において言えば、たとえばベルクソンが純粋持続として定位した時間的実在に対する劣化物として扱われるべきでない。換言すれば、その出来において二次経験はいまや一次経験と一体であるから、この二者に形而上学的な優劣関係を見出すこと、つまりたとえば肯定的にであれ批判的にであれ、非認識的経験の認識的経験に対する優位をデューイの哲学に看取し、それを賞賛したり非難したりすることは、デューイの意図からは外れることになる。

＊

文献

井上　環　2017　「自然的出来事の終わりとしての質――経験論的自然主義におけるエンドとは何か」『日本デューイ学会紀要』第五七号、二一‐三四頁

齋藤直子　2009　『〈内なる光〉と教育――プラグマティズムの再構築』法政大学出版局

山根秀介　2016　「ウィリアム・ジェイムズの多元的存在論とベルクソンの持続の存在論」『宗教哲学研究』第三三巻、〇号、六九‐八一頁

田中智志　2017　『共存在の教育学――愛を黙示するハイデガー』東京大学出版会

Biesta, Gert　2010　*Good Education in an Age of Measurement: Ethics, Politics, Democracy*, Boulder: Paradigm Publishers＝ガート・ビースタ（藤井啓之・玉木博章訳）2016『よい教育とはなにか――倫理・政治・民主主義』白澤社

Dewey, John　2008　*The collected Works of John Dewey, 1882-1953*. ed., Jo Ann Boydston. Carbondale, IL: Southern Illinois University Press（Middle

Works = mw / Later Works = lw）.
DE = *Democracy and Education*（1916 mw.9）= デューイ（松野安男訳） 2014 『民主主義と教育』（上・下）岩波書店
EN = *Experience and Nature*（1925 lw.1）
James, William 1976 *Essays in Radical Empiricism in The Works of William James*. Cambridge, Mass. : Harvard University Press.

第6章　デューイの芸術論にみる、一でありかつ多であること

―ベルクソンとジェイムズへの言及をてがかりに

西本健吾

1　はじめに――本章の課題

生命の躍動と作品形成の緊張関係――デューイのマティス評価から

フランスの画家マティス（Henri Matisse 1869-1954）が一九〇五年から一九〇六年にかけて制作した作品に、《生きる喜び》（*La Joie de vivre*）という絵画がある。伝統的な遠近法的空間が崩され、鮮烈な色彩が平面的に並べられたこの絵画には平原で戯れる複数の人物が描かれており、中央・奥には後年の作品《ダンス》を思わせる、手を繋いで輪になった人々が描かれている。ばらばらに並置された人物と色彩はしかし、この絵画に開放的なイメージを与えている。

実業家バーンズ（Albert C. Barnes 1872-1951）を介してマティスと出会ったデューイ（John Dewey 1899-1952）は1、一九三四年の芸術と美についての著作『経験としての芸術』（*Art as Experience*）でマティスを高く評価し、《生きる喜び》について以下のように述べている。

《生きる喜び》——明日を憂ない奔放、織物がもつ豪華さ、草花の華美、果物のよく熟れた豊かさ——は、もろもろの感覚的性質が総力をあげて躍動することから直接に湧きでる装飾的な質［decorative quality］によって表現される［expressed］のである［AE: 132=153 強調原文］。

デューイのこの指摘は、マティス自身の言葉と響きあう。一九〇八年の「画家のノート」でマティスは「構図［composition］は画家が自分の感情を表現するために配置するさまざまの要素を装飾的な［décorative］仕方で整えるわざ［art］である」と述べる［Matisse 1972: 42=1978: 41］。マティスの言葉を用いて補うならば、デューイはマティスの《生きる喜び》を、生命の奔放な躍動が「装飾的な質」として、すなわち色彩や要素の「構図」としてまとめあげられ、表現されている点を評価している。

しかしながら、生命の奔放な躍動という「運動」を重視する議論と、それを一つの「構図」へとまとめ上げることと、すなわち固定された作品へと仕上げ表現するという議論は容易には両立しない。この問題は、アレグザンダー［Alexander 1987］がまとめているように、デューイの哲学において知的に把握することのできない「感じ feeling」や「質 quality」と名指される側面と、科学的知性による探求の側面が対立しているのではないかという指摘と重なり合うだろう。本章では、この指摘を、生命の奔放な躍動という知的には把握することのできないダイナミズムを作品へとまとめ上げることが、生命のダイナミズムを損なうことになるのではないか、という問題として引き受けたい。

デューイの思想に内在する「質」と科学的知性の対立について、アレグザンダーは生命の運動や「質」の側面を強調することによって、この問題を克服しようとする。アレグザンダーの指摘は従来の科学的知性偏重のデューイ解釈を相対化する点で意義のあるものであるが、それゆえに、知性の使用や作品の制作は二次的な位置に置かれることになってしまう。それに対して、早川操［1989］はアレグザンダーを批判して、質的な感受をデューイの思想の基盤としながらも、知的探求の側面との連続性を主張する。しかしその連続性の主張が「質」の豊かさを減ずるのではないかという論点には踏み込んでいない2。

以上から、本章は従来の研究で問題となっていた質的な感覚と知的な探求の対立を、生命の運動とそれを作品へとまとめ上げることの緊張関係に置き換えつつ、両者の統合を考察する。

「一と多」という視座

生命の奔放な躍動を一つの作品へとまとめ上げることの困難を考えるにあたって、本論は「一と多」の並存を切り口としたい。デューイは芸術における「多様性のなかの統一 unity in variety」という言葉を持ち出しながら、以下のように述べる。

> 統一が存在しうるのは、拮抗が緊張を生み、その緊張が対立しあうエネルギーの協力的な相互作用によって解消されるときだけである。この定義［「多様性のなかの統一」］でいわれる「一 one」とは、諸部分が、相互作用することによって、それぞれのエネルギーを実現することを意味する。また「多 many」とは、対立しあうエネルギーが、ついにバランスを確保し、そのことによって明確に個別化されることを意味する［AE: =196-197］。

デューイによれば、まとめ上げられた絵画における「多」とは、一つの絵画の中でさまざまな要素が個別にエネルギーを実現し、かつ、それぞれが相互作用しているさまであり、「多」がバランスを確保することによってのみ「一」としての作品の個別化は実現されるという。他方で、平倉圭がマティスの絵画を、「一つ」であると同時に「ばらばら」であると指摘したように [平倉 2008: 219]、マティスの絵画もまた「一」でありかつ「多」であることを体現しているとされる。

このことから、デューイの思想における「一と多」の併存という観点を参照することは、上述の生命の躍動と作品の形成の両立という問題に応答するための視角となることが期待できる。

同時代性の観点から——ベルクソンとジェイムズ

「一と多」の問題は、デューイの思想に限定された主題ではなく、哲学史上の問いとして、またデューイと同時代的な主題としても論じられており、現在もなお議論の対象である[3]。「一と多」がデューイと同時代的な問いであり、かつ彼自身の関心事でもあることを示しているのが、一九二〇年の北京での連続講演「三人の同時代的哲学者」(“Three Contemporary Philosophers”) である[4]。この連続講演でデューイは、ジェイムズ (William James 1842-1910)、ベルクソン (Henri Bergson 1859-1941)、ラッセル (Bertrand Russell 1872-1970) を取り上げ、「多元主義 pluralism」について論じる[5]。本章が特に注目したいのは、同時代の哲学者としてそのつながりが指摘されており、「一と多」の観点から比較研究もなされている、ジェイムズとベルクソンについてのデューイの評価である[6]。

本講演でデューイは、両者が生命の動的な流れに注目した点を評価する。しかしデューイは、ベルクソンの哲学がそれを「一つの首尾一貫した体系」へとまとめ上げようとする一元論の哲学であると批判したうえで [TCP: 220]、ジェイムズの多元論を評価する。デューイはベルクソンとジェイムズについて、生命の創造的な力に着目した点においては両者と共鳴しつつも、ベルクソンを一元論者、ジェイムズを多元論者と弁別した上で、ジェイムズの思想を評価しているのである。

デューイのこの分類はあまりにも雑駁であると言わざるを得ないだろうが——後述するようにベルクソンの思想は決して安易に一元論に回収できるものではない——本章はこのデューイの指摘を手掛かりにしつつ、ベルクソンとジェイムズを参照項とすることで、デューイの思想における「一と多」の位置付けを探る。というのも、のちにみるように、ベルクソンとジェイムズを参照項とすることで、「一と多」の併存を論じることの困難や論点が見出されるからである。

以上を踏まえ、以下に続く本章の議論を予示しておこう。まず、デューイの「一と多」についての思想を、ベルクソンとジェイムズとの思想史的なつながりから明らかにする。その際、「反省」概念が論点となる。次に、「反省」が生命の動的な運動と緊張関係にあることを踏まえつつ、デューイの議論に流れにはなお、生命をそのままに捉えようとする視座が存在することを確認する。最後に、反省を通じて生命の流れを捉えることで生み出される「形」が、作品として実現した際に、「一」であるがゆえに「多」でありうるという、「一と多」の併存が生じることを明らかにする。

2 「一と多」からみるデューイの思想史的位置づけ

本節では、ベルクソンとジェイムズを参照することで、「一と多」の思想圏におけるデューイの位置を探る。そのために、ベルクソンが述べるような「直観」によって生命の流れを把握することと、ジェイムズやデューイが重視するような生命の流れを反省的に捉えることのあいだに、緊張関係が伏在していることを確認する。

ベルクソンとジェイムズの差異から浮かび上がるデューイの「反省」概念

まずは「一と多」についてのベルクソンとジェイムズ両者の思想の類似性と差異を確認したい。

ベルクソンとジェイムズは互いに互いの思想に言及しており、生の感覚や経験という「揺れ動く実在 réalité mouvant」に注目することで［PM: 1446=339］、従来の体系的な哲学を乗り越えようとする点で共鳴する[7]。そして両者は「一と多」についてもそれぞれの見解を論じている。

一九一二年にまとめられた『根本的経験論』（*Essays in Radical Empiricism*, 1912）でジェイムズは、「純粋経験 pure experience」という「それ」としか名指すことのできない、主客未分離の経験が存在することを指摘する。そして、純粋経験は他の経験と連接することによって、事後的な回顧を可能にし、それによって「一つの」まとまりを獲得する。「根本的経験論 radical empiricism」はこの連接を扱うのであり、それは「全体的合流」という「一」なる全体性とは区別される。

> かかる紛れもなくさまざまなふうのつながりかたは、連鎖状の［concatenated］統合と呼んで、一元論的体系が、諸事物をその絶対的実在の内に含ませるときに行われると考えている「おのおのが全体のなかに、そして全体がおのおののなかに［each in all and all in each］」（全体的合流［total conflux］の統合と呼んでもいいだろう）という、例の「隅から隅まで」型の統合と区別するのがよいだろう［James 1912: 221=1998: 55 強調原文］。

ジェイムズの根本的経験論において、一つの純粋経験はいかなる連接をも可能にする点で多元的であり、経験の連鎖はいくつものまとまりある筋を描くが、それらは一つの全体には統合されない。

また、一九〇七年に出版された『プラグマティズム』(*Pragmatism*)のなかの「一と多 The one and many」と題された章にてジェイムズは「一と多」を「全ての哲学的問題のなかでも最も中心的な問題」であると述べている[James 1907: 129=1957: 132]。その上でジェイムズは、哲学における「絶対的一元論も絶対的多元論も等しく放棄」し[James 1907: 156=1957: 159]、「事物が一部は結合され[joined]一部は分離されている[disjoined]常識の世界に留まらねばならないと結論づける[James 1907: 161=195: 165]。ジェイムズが論じる物事の連鎖には必ず分離の側面が併存する。それゆえに、ジェイムズは「一と多」が共に、同時に、存在するような「全体性 *totality*」としての宇宙を主張することを可能にしている[James 1907: 130=1957: 133 強調原文]。他方でベルクソンもまた決して「多」を否定するわけではない。むしろ、「一でも多でもなく、どんな枠組みにも入らない連続性」こそが内的持続であるとされる[PM: 1256=13]。あるいは、彼の初期著作である『意識に直接与えられたものについての試論』(*Essai les données immédiates de conscience*, 1898)においては以下のようにも述べられている。

> われわれの内部の持続とは何か。数とは類似しない質的多様性[multiplicité qualitative]である。有機的展開ではあるが、増大していく量ではない。純粋な異質性であるが、その只中には、互いに区別された複数の質が存在しているのではない。要するに、内的持続の諸瞬間は互いに外在的[extérieurs]ではないのである。[DI: 148=249]

ベルクソンの議論は連続性を一つのまとまりとして捉えつつ、「多」を潜在的な仕方でそのうちに認める。しかし、生命の連続性を事後的な仕方でまとめ上げることには批判的である。なぜならベルクソンにとって、事後的な把握の操作は流れがもつ質的な多様性を、数的な量へと分節化することを意味するからである。

以上に見られるように、両者は生命や経験を流れとして理解し、そこに「一と多」の両立を見ていた。しかし、両者の記述には差異も見受けられる。

ベルクソンの議論は、「一」なる「全体」[tout]を認めつつ、あらかじめ「多」を「一」に潜在するものとして扱っている[8]。デューイがベルクソンを一元論者として批判する理由もここにある。それに対して、ジェイムズの議論は「諸部分[parts]から出発し、全体[whole]を第二次的な存在とみなす」[James 1912: 41=1998: 46]。ジェイムズの全体性は緒部分の連鎖が事後的に捉えられたものであり、複数の連鎖はひとつの全体性へと回収されるわけではない[9]。山根秀介[2016]が指摘するように、両者の議論は「全体」をめぐって対照的な議論を展開しているのである。

デューイがジェイムズの立場を引き継ぐのであれば、デューイにおける「一と多」の関係もまた、一つの経験の連鎖が事後的に一つの全体性を獲得しつつ、それは異なる連鎖にもなりうるという可能性を秘めながら、他の連鎖と共存可能であるという意味で「多」的な状態を構築することになるだろう。

事後的な経験の把握に関してデューイは、一九二五年に執筆され一九二九年に改訂された『経験と自然』（*Experience and Nature*）にて、ジェイムズの純粋経験の議論を引き継ぎながら、「一次経験」[primary experience]と「二次経験」[secondary experience]という概念を提示している。デューイによれば、一次経験においては、「行動と材料、主体と客体の間の区別はなく、未分析の総体[totality]のなかにその二つを含む」とされ、ジェイムスの「純粋経験」を言い換えたものであることがわかる[EN: 18=27-28]。それに対して、二次経験は、一次経験に対する「反省的探求[reflective inquiry」の結果として」経験される経験である［EN: 15=23］。ここに見られるようにデューイにおける事後的な把握は、「反省」と表現される。

したがって、デューイの芸術論・美的経験論における「一と多」の論点もまた、事後的な把握としての「反省」と深く関わるのではないだろうか[10]。

デューイのベルクソン批判にみる「反省」の位置

デューイの反省への着目はベルクソンへの言及がまとめられている一九一二年の論考「知覚と有機的活動」（"Perception and Organic Action"）にもあらわれている[11]。

ここでデューイが対峙するのは、主にベルクソンの一八九六年の著作『物質と記憶』（*Matièr et Mémoire*）第1章における「純粋知覚 perception pure」の理論であり、デューイはベルクソンの記憶論をほぼ全面的に切り落としたかたちで、ベルクソンの知覚論を議論の俎上にあげる。

純粋知覚とは、主観的な側面を排除した知覚、あるいは反省なき知覚であり、「生物の行動する力能、集められた振動に後続する運動あるいは行動の不確定性［indétermination］を表し、その尺度となる」［MM: 212=79］。ベルクソンが重視するのはそのような反省なき純粋知覚に対して働く「記憶」の機能である。ベルクソンによれば、記憶力は純粋知覚が抜き出す不確定性を定めるために、無限の瞬間を含む記憶を要約して現在の知覚へと重ねことで、知覚の対象を「直観 intuition」として感じ取る［MM: 222=95］。このような一連の機能によって、無限の記憶の凝縮が生み出す「進化・進展 évolution」が「各瞬間に何か新しいものを創造する」のである［MM: 356=317］。

ベルクソンが述べるように、純粋知覚は可能な活動の尺度を提示する。そこにはベルクソンの言葉では「不確定性の領域 zone d' indétermination」が［MM: 183=31］、デューイの言葉では「宙吊り suspense」の瞬間が存在する［POA: 23］。デューイによれば、ベルクソンの記憶論はこの不確定性を「知覚と記憶、空間と時間、物質と精神の間で前もって成立されたハーモニー」によって埋め合わせてしまっている［POA: 22］。それに対して、デューイはこの不確定性を通じた時間的な選択の行為のプロセスを重視する。

> 私たちが知覚する何か［*what*］は、私たちがそこで行うかもしれない［*may*］素材であるだけではない。それは、私たちの活動の帰結をさまざまな仕方で反射し返す素材［material］である。知覚の行為［*act*］に関する限り、私たちは、既成の選択を行為する代わりに、選択することとの行為へといたる。知覚とは、その真の影響を抑圧することで領域を切り出す即時的な行為ではなく、また潜在的なもの［virtual ones］が証し立てられることを許可する行為でもなく、不確定さ［indeterminate］を決定する［determining］プロセスである［POA: 13 強調原文］。

デューイによれば、「可能なこと（それは暗示し、要求する）が選択の行為に先行する」のであり、選択の行為は「切り出すこと以上のものであり、のちに続く活動を用意するために、操作の対象である素材に質を与える」［POA: 15］。「客観的な効果を見る」ための躊躇をもたらす不確定性の領域において［POA: 13］、知覚は素材に働きかけられながら素材に働きかける相互作用の連続的な営みを展開するのである。

ここに、デューイの議論がどのように反省を位置づけているのかを確認することができるだろう。すなわち、対象と生命が互いに働きかけあう際に生まれる不確定性とそこでの「選択」の行為は、その行為がのちの活動と連鎖することを予期すべく、事後的な検証としての反省を必要とするのである。

デューイとジェイムズの相違点――身体的行為の強調

ジェイムズの純粋経験とベルクソンの純粋知覚はちかしい概念である[12]。つまり、主客が未だ分かたれない、未だ意味を持たない状態を両者は純粋経験・純粋知覚として表現する。両者の差異はその後の純粋経験・純粋知覚の扱いに現れる。ベルクソンにおいては、純粋知覚が切り開く不確定性を、反省的な思考ではなく、記憶の凝縮という持続の層において埋め合わせる。それに触れることができるのは、ベルクソンにおいては「直観」であるとされる。それに対して、ジェイムズとデューイは純粋経験が他の経験と連鎖するという流れを事後的に捉える。そしてデューイは、この事後的な把捉を「反省」と言い換える。この「反省」がデューイの議論において「一と多」に関わることが予想される。

しかし、デューイとジェイムズの立場にも差異が存在する。デューイは、自身の思想の展開を回顧する一九三〇年の論考「絶対主義から実験主義へ」(“From Absolutism to Experimentalism”)にて、ジェイムズの一八九〇年の著作『心理学原理』(*The Principles of Psychology*)に多大な影響を受けたことを認めつつも、ジェイムズが『心理学原理』で論じる「流れ」があくまでも「意識」を重視している点を批判する[FAE: 157]。それに対して、デューイは、ジェイムズが「活動する生命 life in action」という用語で、固定的なものを打ち破ろうと試みていた側面を評価する[FAE: 158][13]。つまり、デューイはジェイムズの「行動そのものを、経験そのものを、かつて〈意識〉や〈心〉と呼ばれたものに置き換える立場」を重点的に引き継いだのである[栗田 1993: 70][14]。また、「知覚と有機的活動」で示されていたように、デューイは反省的な「選択」もまた「行為」として引き受けていた。

この身体的活動・行為への着目は、芸術作品の制作という領域を切り拓くことになる。デューイによれば、表現とはすべからく身体的な活動の現れであり、それが作品という事物へと展開されることになる［AE: 88 =95］。しかし、冒頭で示したデューイの芸術論・美的経験論にはらまれている生命の動的運動と作品へとまとめ上げることの緊張関係とも関わって、この議論には問題点も指摘されうる。それは、あまりにもデューイが反省を強調するがゆえに、生命の本来の創造性を切り崩してしまうのではないか、という問題である。ベルクソンが反省を介入させないのは、まさしくこの点に関わる。ベルクソンにとって、生命の創造性は流れとしての「質」であり、直観がその流れを流れそれ自体として捉えるのに対して、反省という一見知的な作業はその流れを無理に分節化し、「量」的なものへと貶めてしまう。行為としての作品制作を考えるにあたり、反省が持つ役割と問題点を考察しなくてはならない。

3　デューイ思想における動的な統一への希求

イマジネーションを通じた統一――宗教論に着目して

「質」としての流れを「一」なるものとして統一的に感じ取るという「直観」についての議論と、それを反省的に捉え返すことで「多」なる可能性を導き出そうとする議論の緊張関係を検討するために、デューイの統一に関する議論にも、流れを「一」なるものとしてそのままに捉えようとする視点が存在することを確認する。そのために、『経験としての芸術』と同年に出版されたパンフレット『共通の信仰』(*A Common Faith*) の議論を参照する[15]。

『共通の信仰』の中で、デューイは流れをそのままに捉える統一について以下のように述べる。

自我の統一［unification of the self］は、みずからなし、苦悩し、達成する、という絶えざる流れのなかでなされるが、こうした自我の行為だけでは達成できない。［なぜなら］自我は、つねに自身を超えた何ものかに対峙しているのだから。したがって、自我それ自身の統一は、世界の次々と移り変わる現実場面が、イマジネーションによって捉えられた全体［imaginative totality］に、すなわちわれわれが「宇宙」と呼ぶものに、統合されているという前提なしには、ありえない［CF: 14=30］。

デューイによれば、生成流転する自我と世界の両者はイマジネーションによって捉えられ、一つの全体、宇宙へと統合される。ここには、デューイが一なるものへと向かうことへの関心を有していたことが読み取れる。このような統一の達成は、自我を超えたものへと向かい、かつそれを「源泉」とすることになる［CF: 14=29］。また、デューイによれば、統一の経験を通じて、イマジネーションは理想［ideal］を描き出すともされる。言い換えれば、統一は理想としてしか感受することができない。「理想そのものはその根を自然の条件［natural condition］のなかにもって」おり、「理想は、イマジネーションが、思考と行為とに提示された可能性を捉え、実在［existence］を理想化［idealize］するとき、現れるのである」［CF: 33=73］。ただし理想はすでに存在するものとして、アプリオリなものとして、人びとに働きかけるのではない。理想は既存の理想像によって代替されることなく、それ自体として把握される。そして、「すべての可能性［*all* possibilities］はイマジネーションをとおしてわたしたちに届く」のである［FC: 30=66 強調原文］。以上のような経験を、デューイは「宗教的経験」と呼ぶ。

流れとしての自我と変転する世界を予感・理想として統合するイマジネーションを論じることによって、デューイは動的な運動をそのままに統一するための回路を導出する。そのような統合においては、すべての可能性は潜在的な仕方ではらまれることになる。このような議論は、いわば「一」なる統一のなかに「多」なる可能性を潜在させるものであり、ベルクソンの持続の議論とちかしいものであるようにも映る。

宗教的経験とひとつの経験の差異

『共通の信仰』において「一」なる統一へと向かう力として重視されているイマジネーション概念は、同年の著作『経験としての芸術』においても重要な役割を果たす。たとえばデューイは以下のように述べている。

あらゆる経験の根は生き物と環境との相互作用にあるが、その経験は先行する経験から引き出された意味がそこに入り込んだ時にのみ、意識的な、知覚の対象としての経験となる。イマジネーションはそのような意味が現在の相互作用に入り込む唯一の門である。あるいは、たった今見たように、古いものと新しいものとの意識的な調整こそイマジネーションなのである［AE: 276=339］。

『経験としての芸術』においても、デューイはイマジネーションを経験の統一のための力能として位置付けている。しかし、同年に刊行されたこれら二つの著作で用いられるイマジネーションは、単純に同じ用いられ方をしているとは解釈できないとする指摘がある。

前述のアレグザンダーは、デューイの議論には「現実性 actuality」と「可能性 possibility」の二つの側面があるとし、宗教的経験においては「現実性」ではなく「可能性」が前景化していると指摘する［Alexander 2013: 356］。この可能性の側面にとどまることこそが宗教的経験の核心であり、それは一つの「態度 attitude」である。このような想定のもと、アレグザンダーは、これまで同型の議論として扱われることの多かった、『経験としての芸術』で取り上げられる「一つの経験 an experience」と宗教的経験を区別する［Alexander 2013: 362］。デューイによれば、「ひとつの経験」とは有機体と環境の相互作用、能動と受動の一致において事後的に持たれる、ある固有の「質」を有したまとまりある経験である［AE: 42-63=39-64］。それは言語を超えた感覚的なものであるが、経験をまとめるという事後性を重視する。アレグザンダーは一つの経験における統一の「行為」と宗教的経験における統一へと向かう「態度」を区別するのである。

本章は、アレグザンダーが述べるような、理想を感受することで理想へと向かう態度、すなわち可能性に留まり続ける態度と、ある可能性の実現や質としてまとめ上げること、すなわち経験の連鎖をまとめ上げる行為の差異を踏まえながら、後者に力点を置くことで、作品制作の議論を考察したい。その際、「構想力」とも翻訳される「イマジネーション」［imagination, Einbildungskraft］が、概念史上関わるとされてきた「形」［form］の実現についての議論に注目することで[16]、「反省」がイマジネーションといかなる仕方で関わり、「一と多」を併存させているかを明らかにする。

4　生命の運動と作品形成の両立——知性とイマジネーションが協働するものとしての反省を手掛かりに

デューイの「形」論

「形」においても、直観的な統一と反省的な統一の緊張関係が見出される。たとえば、ベルクソンは、イデアの哲学を引き合いに出して「形」を表層的なものにすぎないと批判している。

> 生成に身を置く人にとって、持続は諸事物の生命そのものとして、そして根本的な実在として現れる。その場合、精神が切り離し、概念に蓄積するもろもろの〈形相（形式）〉[Les Formes] は、変化する実在から取り出した眺めに過ぎない [EC: 763=401]。

ベルクソンによれば、「形」は生命の持続に対して、表象的なものにすぎない。対してデューイは、哲学史上の、流転し続ける非合理な「質料」（物質・内容）[matter] と不動の「形相」（形式）[form] の二文法を批判し、両者は切り離すことができないものであると論じる [AE: 120=139]。その上で彼は以下のように述べる。

> 形は、一つの経験ならいずれの経験ももつ特質なのである。とくに芸術と呼ぶものは、この統一を生む条件をいっそう意図的に、またいっそう完全に守り、実行する。形とは、出来事 [event]・事物 [object]・場面 [scene]・状況 [situation] といったものの経験を、それ自身の統合された完成にまで届ける力の働きである、と定義す

ることができよう［AE: 142=166 強調原文］。

デューイは「形」について、それを静的な「外形」［shape］や「形態」［figure］と区別して［AE: 119=136］、動的な「関係」［relation］を通じた［AE: 139=162］、「一つの経験」へとまとめ上げる力であり、統合そのものであるとする。

関係は有機体と環境の相互作用の進行を意味し、そこには「連続・累積・保存・緊張・期待」といった特性が宿る［AE: 143=167］。その際に重要となるのは、一つの経験に向かう過程に存在する「抵抗」［residence］という要因である。なぜなら、「内的緊張」［internal tension］がなければ、われわれは目のまえの目標にむかって激流のように突き進むだけで、そこには発展とか完成［fulfilment］とか呼べるものはいっさい存在しないことになるのだから」［AE: 143=167］。加えて、デューイは述べる。「抵抗の存在は、芸術作品の創造［production of an object of fine art］において知性がどういう位置を占め、どういう役割をはたすかを示している」［AE: 143=167］。抵抗が斥けるところの、素朴な自己の内面の発露や激流は「盲目的な反復となってしまった習慣」のような「直接的な発散」となってしまう［AE: 161=191］。知性は内面の発散、すなわち「自己―表現 *self*-expression」へと芸術作品の創造を還元することを退け［AE: 112=128 強調原文］、一つの経験へとまとめ上げるための跳躍台としての抵抗を見出す。

また、一つの経験へ至る道程には「リズム」があるとされる。「リズムは実存［existence］の普遍的仕組み［universal scheme］であり、変化のうちに秩序を実現するさいつねにその基礎」となる［AE: 154=182］。リズムにおいて変化と秩序は共存するのである[17]。では、このリズムを通じて、作品の「完成」はどのように達成されるのか。デューイは以下のように述べる。

価値の前進的増加、つまり結果の積み重ねなくしては、経験が完成にむかって進展することはありえない。この価値の累積は、過去あったことの意味を保存することなくしては存在しない。さらにまた、この連続性を確保するためには、累積する経験は宙吊り［suspense］とその解決の期待を与えるものを創り出すようなものでなければならない。累積することは、同時にまた備えることである［・・・］。これまでずっと続けてきたものだけが、やがては達成される。もしそうでなければ、停止し中断してしまう。したがって、達成［consummation］は相対的［relative］である。つまり、完成はある時点で一挙におこなわれるのではなく、繰り返しおこるのである。最終的な終わり［final end］は、リズムをもっておこる休息のあとにくるものとして期待される。ただし、その最終的な終わりは外見上のものでしかない。［AE: 142=166-167］

デューイにおいて「完成」とは抵抗を介在させた累積であり、リズムを伴って繰り返される。そこでは経験は繰り返し統合されながら変容することになる。美的経験における経験の継続は新たなものを創造し続ける点において「実験的 experimental」なのである［AE: 149=175］。

前述したように、デューイにおいて経験の連続性をまとめ上げるのは、イマジネーションであった。したがって、一つの経験は知性が見出す緊張状態を通じてイマジネーションがまとめ上げるものであり、知性とイマジネーションが協働することで事後的な統一、反省はなされるのである。加えて、イマジネーションは統合の際に「多」なる可能性を潜在させるのであった。したがって、形とは「多」を内在させた統合そのものであるとも言えるだろう。

ところで、ベルクソンは知性に制作の役割を付与しつつも、それを批判する。

したがってもし知性が制作［fabriquer］を目指すのであれば、知性は、実在における流動的なものを部分的に取り逃がし、生物における生命的なものを完全に取り逃がすことになる、と予想することができる。自然の手から生まれたわれわれの知性の主要な対象は、無機的な個体である［EC: 625=197 強調原文］。

ベルクソンが知性を制作との関わりにおいて論じ、それを流れとしての実在を取り逃がすものとしてネガティヴに語るのに対して、デューイは、イマジネーションと結びついて働く知性を論じることで生命の動的な運動を取り逃がすことを回避しようと試みるのである[18]。

作品に内包される「一と多」——再びデューイのマティス評価から

最後に、「一」なる統一としての流れを切り崩すとされる知性や「形」を論じながら、それが流れを分節化することを回避する回路として、「一」であると同時に「多」であるという状態としての作品の実現を、デューイが論じていることを確認する。

美的な経験の統合には知性とイマジネーションが反省として関わる。そのとき、知性は「連続・累積・保存・緊張・期待」といった特性を抵抗の瞬間に見出す。デューイはその際、「対象」や「客観的条件」が論点となるという。「私が言いたいのは、美的経験は対象［*object*］をはなれては存在しえないということ、そしてこの対象が美的鑑賞の内容でありうるためには、客観的［*objective*］な条件——それなくしては、蓄積・保存・強化・より完全なものへの移行が不可能である——をみたさねばならない、ということである」［AE: 151=179 強調原文］。

美的経験には対象が、あるいは客観的な条件が必要になる。それはたとえば作品を制作する際の素材、あるいはキャンパスの上の色彩を意味するだろう。統合としての形の議論は、素材や色彩といった対象についての議論と関わることで、作品の実現をその射程に含むことになる。

以上を踏まえて、改めて、デューイによるマティスの評価に立ち戻りたい。デューイはマティスの絵画について、「最初、彼［＝マティス］の絵は観る人にショックを与えることがある。その理由としては、それ自体としてはけばけばしい色の並置［juxtaposition］があり、また最初に見たときは空白［physical blanks］の部分が美しく見えないからだ」と述べる［AE: 134=156］。この点に関わるマティスの言葉を引こう。

> 私にとって、表現とは顔に溢れる情熱とか、激しい動きによって現される情熱などのなかにあるのではない。それは私のタブローの配置の仕方全体のうちにある――人体が占めている場所、それらを取り巻く余白の空間、釣り合いなど、そこでは一切が役割をもっている［Matisse 1972: 42=1978: 41］。

マティスは、配置や空白、色などによって生み出される「構図」を強調する。また、デューイはここで言われるような構成要素に挟み込まれる空白と類似した概念として合間［intervals］という言葉を使用している。「それ［＝合間］は中断［breaks］ではない。なぜなら、それ［＝合間］は個別化された区切り［individualized delimitation］と、均整のとれた配分との両方を可能にするのだから」［AE: 162=192］。空白や合間は個別の要素を浮き立たせつつ、それらを統制する。このことは、絵画そのものに「中断と補強」のリズムによる累積と緊張が存在することを端的に示している［AE: 161=190］。

合間がつくる個別性が絵画に抵抗を含んだリズムを与える。それは統一に向かう弾みとなる。リズムを述べる際にデューイは、「全体の中の部分 a part within the whole」である各拍子［beat］は「宙吊り」を創り出すと述べ、各拍子における変動は「全体に浸透し全体を一つに統合する性質をもった基体［substratum］」そのものの「変調［modulation］」であると述べる［AE: 159=188］。抵抗、あるいは緊張・緊迫の状態をクローズアップすることは、全体の中の部分に注目させ、かつ、それによって統合の全体そのものを変容させる。マティスの絵画においては、このような緊張を孕むリズムが、それぞれの色の塊をそれぞれに個別化しつつ、全体を統一することで――すなわち「一」の中に「多」を織り込むことで――「一」そのものを変容させるのである。

以上のようなデューイの絵画論、あるいはマティス論は、近年のマティス研究における指摘とも重なる。たとえば、天野知香は「絵画を、社会や現実、欲望や身体といったものから切り離された、超時間的な視覚性という聖域にとどめおく枠組みとして長らく機能してきた」二〇世紀のモダニズムを批判しつつ［天野 2004: 8］、マティスの絵画における画面が提起する問題として「一義的な完成／未完成の概念や、唯一の確定されたフォルムやイメージを前提にした見方の対極にある、身体的／心理的な行為／出来事としての時間性をはらんだ制作のあり方そのものと結びつく地平を示唆している」とする［天野 2004: 9］。

マティスの絵画に理想化されるデューイの芸術論において、作品という留められた対象は、それ自体がひとつのまとまりを有しながらもそこから溢れ出る余剰を有しており、揺らぎを内包させている。またそこにはリズムとしての時間が、動的な運動が、内在しているのである。

以上から、デューイは作品という「一」なる統一を知性とイマジネーションの協働による反省を介して達成することを論じることで、そこに「多」を織り込み、かつそれによって「一」を変容させていることがわかる。リズムを伴うことで可能となる「多」は、生命の運動を静的なものへと減ずることなく、つねに余剰と変容の可能性を伴った「一」を構成することになるのである。議論を敷衍すれば、作品という「一」へとまとめ上げることによって、「多」は可能となると考えられる。そこでの経験はこれまでの経験をまとめあげながら、さらなる可能性へと開かれる点で、豊穣なものとなる。

5 おわりに

以上の検討から、本章は、ベルクソンとジェイムズとの思想史的な結びつきを手掛かりに浮かび上がったデューイの反省概念をてがかりとして、「多」でありかつ「一」であるものとしての作品形成を論じた。それによって、生命の運動という流れそのものを作品というまとまりへと昇華していることを明らかにした。このような経験の統一は、統一を介することで経験を豊穣化し、新たな可能性を開くことになる。

本章は、デューイの芸術論・美的経験論に限定して議論を展開してきた。しかしここで示された「一と多」の思想は、デューイの他の思想とも結びつく。最後に、本章の議論が持ちうる射程を示唆して論を閉じたい。

デューイは、「一と多」を共存させる芸術作品が、鑑賞者という受け手を介し、「それを創り語った人以外の人たちの経験のなかで作用するときに、はじめて完全なもの[complete]となる」と述べている[AE: 111=126]。ここに、コミュニケーション論への接続可能性を読み取ることができる。デューイは『経験としての芸術』にて、芸術作品は「人と人とが妨げられることのないコミュニケーションを可能にする唯一のメディアであると言える」という[AE: 110=125]。

ジェイムズは、一つの純粋経験は複数の経験の連鎖を交錯させると述べていたが、デューイは、その論点を引き継ぎつつも、芸術作品を媒介として他者の経験との連鎖を議論の射程に組み込むのである。その際、鑑賞者の経験もまた美的経験であり、創造的行為となりうる。「もしその人［鑑賞者］が美的に知覚するときには、まったく新しい本質的主題ないし本体をもつひとつの経験を、創りだすだろう」［AE: 113=129］。本章での議論を踏まえるならば、「一」であり「多」である作品は幾重にも交わる他者の経験をコミュニケーションを介して生じさせ続けることになる。個人の経験が豊かになることと、経験の交錯がそれを促進するという考えは、デューイの教育思想やデモクラシーの思想の根幹に位置する。本章にて展開した議論は、その背景に「一と多」の併存というヴィジョンを見出す。以上の点を踏まえ、デューイの教育思想を捉えなおすとともに、芸術と教育の関係を問い直すことを今後の課題としていきたい。

註

1 この事実については上野正道［2010: 287］に依拠した。

2 この問題構成は今なお議論の対象である［c.f. Hohr 2010］。

3 たとえば、後述するベルクソンとジェイムズの思想的影響を受け、「一と多」をその課題とした哲学者として西田幾多郎の名前をあげることができるだろう。西田は論考「絶対矛盾的自己同一」の中で、現在という時間を一であり多であるという矛盾した状態、「一即多」として理解すべきであると論じる［西田 2003］。

4 加賀裕郎の区分に従うならば、この時期のデューイの思想は一九二五年の『経験と自然』において結実する「道具主義的、実験主義的自然主義」の「形而上学的転回」への過渡期に位置付けられる。また、芸術論が位置する一九三〇年代は形而上学的転回を文化・社会へと拡張する時期であるとされる［加賀 2009: 9-10］。

5 デューイ自身が指摘するように、ラッセルはジェイムズともベルクソンとも一見結びつかない人物ではあるが、デューイは唯一ジェイムズとの類似点として、彼を「多元主義」の哲学者として解釈する［TCP: 235-236］。

6　ジェイムズとベルクソンを「一と多」の観点から研究しているものとして山根秀介［2016］によるものがある。また、近年のジェイムズとベルクソンの比較研究として、より詳細に個別の概念に着目した論集 *Bergson et James.* が二〇一一年にフランスで発刊されている。その中でも宇宙［universe］概念に着目したマラッティによる議論を参考にした［Marrati 2011］。そのほかに、ベルクソンとジェイムズを個別と全体の観点から検討する清水高志［2017］の議論を参照した。

7　たとえばベルクソンは、一九〇三年三月二五日にジェイムズに宛てた手紙で、ジェイムズの講義原稿について、「概念や単純な論理学、すなわちすべてのものの統一性を前提とするあまりにも体系的な哲学の手法」を超える必要性を学びとったことを告げている［M: 589=72］。あるいはジェイムズは『多元的宇宙』の第七講を、ベルクソンが「実在のより完全な知識をえたいとのぞむなら、感覚的な生の方をむけ」と呼びかけていると紹介することから始めている［James 1916: 277=1961: 210］。

8　ベルクソンの哲学を変容し続ける全体性についての議論として読解するものとして、ジャンケレヴィッチによる解釈が代表的である［Jankélévitch 1959=1988］。

9　ジェイムズの議論における統一の原理について、伊藤邦武は、「ある種の絶対者あるいは統一力を認めるといっても、その絶対性は文字通りの意味ではやはり絶対的ではない」とし［伊藤 2009: 161］、「世界は多元的であり、多様であり、異種的であり、予見不可能であり、あらゆる意味で新しさに開かれている」と留保する［伊藤 2009: 162］。

10　デューイの美的経験論が反省を重視している点については今井康雄の議論を参照した［今井 2004: 256-260］。

11　デューイとベルクソンの交流として、「知覚と有機的活動」に対する返答が記されたベルクソンからデューイへの書簡が残されている［C: 492-493=445-446］。しかし、両者の関係を扱った研究は寡少である。その中でも両者の連関を指摘する研究として、たとえば、近年盛んなデューイとドゥルーズの比較検討における言及がある［Semetsky 2010］。また、一九六〇年代のフランスでのデューイ研究にて、デューイのベルクソン批判を取りあげ、デューイの経験概念の重要性を示すものもある［Deledalle 1966］。あるいは、日本の教育学史の文脈では橋下美保が、大正新教育期を象徴する及川平治の教育思想の読解を通じて「「生活」「生命」をめぐり、デューイとベルクソンが思想史的に連関しているという可能性」を示唆している［橋下 2013: 221］。

12　純粋経験と純粋知覚のちかさについて、ベルクソンがジェイムズに宛てた書簡が参考になる。ベルクソンはそのなかで、ジェイムズの純粋経験論は、自らのイマージュ概念に相当すると述べる［M: 660=116］。イマージュとは観念と実在のあいだにある、知覚されずとも存在しながら知覚されることによって開かれる世界そのものを意味する。純粋知覚は、このイマージュを「瞬間的な諸ヴィジョン」として切り出す［MM:212 =80］。そして、想起と記憶がそれら諸ヴィジョンを結びつける。したがって、ジェイムズが純粋経験を経験の連鎖としての流れをもたらすものと位置付けたように、純粋知覚とそれが抜き出すイマージュを論じることでベルクソンは、持続の直感的把握を可能にしている。

13 ここに、デューイの生物学的な思考への関心を読み解くことができる。それは、従来の目的論に対して、ある方向へと向かう力を生命それ自体が有しているという主張を導く。たとえば森田尚人は、「デューイがジェイムズとともに、生物有機体の説明には目的観が不可欠であるというアリストテレスの立場を継承しながら、同時に生物学の進歩＝進化論の達成によって、かえって生物の形相としてのプシュケーは、生物学の概念そのものを用いて十分に説明しうる、という確信を抱くにいたった」と推測する［森田 1986: 101］。

14 ジェイムズは決して「活動」を無視していたわけではない。たとえば前述した『根本的経験論』では、身体が感受する「感じ feeling」が論じられ、「活動」も重要なトピックとしてあげられている。ただし、その際、ジェムズは活動を中核に論じる立場を「デューイ主義 Deweyism」と形容する［James 1912:156= 1998: 133］。

15 デューイの議論における宗教的側面、とりわけキリスト教的なスタンスから「生」を捉えなおす研究として田中智志によるものが挙げられる［田中 2009: 239-315］。

16 イマジネーションと「形」あるいはイマジネーションと物質的な実現の関わりについて、三木清の議論が参考になる。三木は『構想力の論理』と論考「充足的経験論」にて、ベルクソンとデューイを共に構想力（イマジネーション）の思想家として引き取る。三木はデューイを未来へと向かう構想力と経験論の思想家であると解釈し［三木 1967b: 275］、ベルクソンについては、「彼［ベルクソン］の直観の哲学は根本において観想的に止まって」おり「物を作る運動ではなかった」と批判している［三木 1967a: 319］。それに対して、三木は、生命の創造性としての精神を物質へと転化させ、「形成的創造」をなすものとして構想力を位置付けるとともに［三木 1967a: 318］、その際にはベルクソンが有用性にのみ関わると位置付けた知性を有用性から開放する仕方で用いること、そして「物質的実現」を果たす「行為」が必要であると述べる［三木 1967a: 316］。

17 ベルクソン研究者の杉山直樹は「秩序」や「図式」といった、一見「生成や内在とは異質に見えるものたちがどう理解されるのか」を探り、ベルクソンの議論における秩序の形成を生成の一派生態とみなす［杉山 2006: 235］。以上のような関心によって立つ杉山はベルクソンの議論に、「質料であるような形式、形式としての質料」という論点が存在することも指摘している［杉山 2006: 215］。このような近年のベルクソン研究を踏まえるならば、デューイとベルクソンが「形」の議論において共鳴する地点を見出す試みもなされうるだろう。

18 ベルクソンの芸術哲学について論じている篠原資明［1979］は、ベルクソンが芸術作品を論じている以上、そこには知性の創造的な働きがなくてはならないと指摘する。

文献

＊デューイ著作

ジョン・デューイの引用・参照は、以下の全集を使用する。また、文献を示す際には、略号を用いる。

1969-1991 *The Collected Works of John Dewey*, 1882-1953, edited by Jo Ann Boydston, Southern Illinois University Press.（*The Middle Works* =MW, *The Later Works* =LW）.

POA = "Perception and Organic Action"（MW7）

TCP = "Three Contemporary Philosophers"（MW12）

EN = *Experience and Nature*（LW1）=1997 河村望訳『経験と自然』人間の科学社.

FAE = "From Absolutism to Experimentalism"（LW5）

CF = *A Common Faith*（LW 9）=2011 栗田修訳『人類共通の信仰』晃洋書房.

AE = *Art as Experience*（LW10）=2010 栗田修訳『経験としての芸術』晃洋書房.

＊ベルクソン著作

アンリ・ベルクソンの引用・参照は、以下の『著作集』・『雑録集』・『書簡集』を使用する。また、文献を示す際には、略号を用いる。

『著作集』（1959, Œvres, PUF.）

DI = *Essai les données immédiates de conscience*=2002 合田正人・平井靖史訳『意識に直接与えられたものについての試論』筑摩書房.

MM =*Matièr et Mémoire*=2007 合田正人・松本力訳『物質と記憶』筑摩書房.

EC =*L'evolution créatrice*=2010 合田正人・松井久訳『創造的進化』筑摩書房.

PM =*La Pensée et le mouvant*=2013 原章二訳『思考と動き』平凡社.

『雑録集』（1972, *Mélanges*, PUF.）略号 M。

『書簡集』（2002, *Correspondances*, PUF.）略号 C。

『雑録集』および『書簡集』から引用した書簡の邦訳は以下の文献を利用する。

アンリ・ベルクソン　2012　『ベルクソン書簡集Ⅰ』合田正人監修、ボアグリオ治子訳、法政大学出版局.

＊その他の文献

Alexander, T. M. 1987 *John Dewey's Theory of Art, Experience & Nature: The Horizons of Feeling*, State University of New York Press.

Alexander, T. M. 2013 *The Human Eros: Eco-Ontology and The Aesthetics of Existence*, Fordham University Press.

天野知香　2004「過程にある絵画」『マティス展』カタログ, pp. 8-24.

Deledalle, G. 1966 *L'idée d'expérience dans laphilosophie de John Dewey*, PUF.

橋本美保　2013「カリキュラム——及川平治教育思想の生命概念」『教育思想史で読む現代教育』勁草書房, pp. 202-224.

早川操 1989「アメリカにおけるデューイ哲学再評価の動向（Ⅱ）——「脈絡主義」と「経験の美的質」を中心に」『名古屋大学教育学部紀要』(36), 91-105.

平倉圭 2008「マティスの布置——見えないものを描く」『ディスポジション——配置としての世界』現代企画室, pp. 217-234.

Hohr, H. 2010 " 'Aesthetic emotion' : an ambiguous concept in John Dewey's aesthetics" , *Ethics and Education*, 5 (3) , pp. 247-261.

今井康雄　2004『メディアの教育学——「教育」の再定義のために』東京大学出版会.

伊藤邦武　2009『ジェイムズの多元的宇宙論』岩波書店.

James, W. 1907 *Pragratiism: A New Name for same Old Ways of Thinking,* Longmans, Green.= 1957 桝田 啓三郎訳『プラグマティズム』岩波書店.

James, W. 1912 *Essays in Radical Empiricism*, Longmans, Green. =1998 桝田啓三郎, 加藤茂訳『根本的経験論』白水社.

James, W. 1916 *A Pluralistic Universe*, Longmans, Green. =1961 吉田夏彦訳『多元的宇宙』日本教文社.

Jankélévitch, V. 1959 *Henri Bergson*, PUF. =1988 阿部一智, 桑田禮彰訳『アンリ・ベルクソン』新評論.

加賀裕郎　2009『デューイ自然主義の生成と構造』晃洋書房.

栗田 修 1993「ジェイムズとデューイ」『日本デューイ学会紀要』(34), pp. 67-73.

Marrati, P. 2011 "James, Bergson et un univers en devenir," in Stéphane Madelrieux (publiés par) , *Bergson et James, cent ans après*, PUF.

Matisse, H. 1972 «Notes d' un peintre», *Écrits et propos sur l'art*, Hermann, pp. 40-53. =1978 二見史郎訳「画家のノート」『画家のノート』みすず書房 , pp. 40-56.
三木清 1967*a*『三木清全集第5巻』岩波書店 .
三木清 1967b『三木清全集第8巻』岩波書店 .
森田尚人 1986『デューイ教育思想の形成』新曜社 .
西田幾多郎 2003「絶対矛盾的自己同一」『西田幾多郎全集8巻』岩波書店 , pp. 367-425.
Semetsky, I. 2010 "Eagerness for Experience: Dewey and Deleuze on the Problematic of Thinking and Learning", *John Dewey & Continental Philosophy*, edited by Paul Fairfield, Southern Illinois University Press, pp. 233-265.
篠原資明 1979「記憶と芸術――ベルクソン美学への接近」『美學』30 (3) , pp.1-11.
清水高志 2017『実在への殺到』水声社 .
杉山直樹 2006『ベルクソン――聴診する経験論』創文社 .
田中智志 2009『社会性概念の構築――アメリカ進歩主義教育の概念史』東信堂 .
上野正道 2010『学校の公共性と民主主義――デューイの美的経験論へ』東京大学出版会 .
山根秀介 2016「ウィリアム・ジェイムスの多元的存在論とベルクソンの持続の存在論」『宗教哲学研究』(33) , pp. 69-81.

第7章　デューイとアダムズにおける「劇化」の教育思想

古屋　恵太

1　はじめに

一般に、デューイの教育思想と言えば、「仕事」(occupation) の活動に典型的に表れているような「経験」に基づく教育、「反省的思考」の機能による「問題解決」、「胎芽的な社会」としての学校作りなどが特徴として思い浮かぶことだろう。こうした理解そのものには筆者も異論はない。しかし、従来のデューイ像の描き直しを目指す本書のねらいに従い、本章では、こうした理解に基づくデューイ像に別の輪郭線を描き込み、これまでとは異なる色合いがデューイの教育思想全体に感じられるような細工を施したい。その輪郭線に当たるものは、「劇化」(dramatization) である。より詳細に言えば、科学的・実験的側面から描き出されることの多いデューイの「経験」を、それと不可分の美的側面から、しかも、美術館での芸術作品の経験ではなく、あくまで教育の経験として描くことを試みたい。つまり、美的経験としての「劇化」に焦点を合わせてデューイの教育思想を再解釈することが本章の目的である。管見の限りでは、デューイの「劇化」について論じた研究はないように思われる。だが、デューイはその教育学的主著とされる中期の『学校と社会』(*The School and Society*, 1899) でも『デモクラシーと教育』(*Democracy and Education*, 1916) でも、

「劇化」という言葉を用いて、彼自身の教育思想を表現していた。

デューイの教育思想を「劇化」に注目して論じることに妥当性を与えてくれる論拠の一つとなり、同時に、「劇化」の教育思想の柱となる観点を示唆してくれる同時代の思想家、活動家としてジェーン・アダムズ（Jane Addams, 1860-1935）がいる。ハルハウス（一八八九年開設）、とりわけその「労働博物館」（Labor Museum）でのアダムズのセツルメントの実践も「劇化」という言葉で表現されていた。美術に限定されたハルハウスの実践ではなく、あえて「博物館」の実践を取り上げることは、経験の美的側面を論じるはずが、自律的芸術と美術館に限定された実践の一例へとデューイの美的経験の議論が回収されてしまうことを防いでくれる。これにより、労働博物館の実践と連続性を有するものとして、シカゴ大学附属小学校（一八九六年開校、以下、実験室学校）でのデューイの実践を美的経験の観点から捉え直すことも可能となる。また、アダムズを介在させることで、『経験としての芸術』（*Art as Experience*, 1934）のような後期デューイの芸術論を教育思想として読み解く観点も得られる。それが「誠実」（sincerity）という観点として本章では中心的に論じられることになる。

本章ではまず、デューイの教育思想において「劇化」がどのように論じられているかを確認する。続けてアダムズの労働博物館における実践を考察し、それが「劇化」として説明されていることを明らかにする。最後に、以上の考察をもとに後期デューイの芸術論を「劇化」の教育思想として再解釈する試みを行う。

2　デューイの教育思想における「劇化」

今日では「専心的な活動」（早川 1996: 109）とも訳されている「仕事」の活動が、社会の典型的な営みを学校で再現・表象することを意図したものであることは疑いようもない（Dewey 1899=1915: 92）。典型的であることは何かを探り出すために、デューイは前近代の共同体型の社会にまで遡り、その答えを「仕事」に凝縮したのであった。こうして実験室学校の子どもたちは、衣食住を中心として生命を繋ぐ「協働」（cooperation）を「仕事」として実演する存在となったのである。その限りでは、子どもたちは社会生活を「主題」として、学校という小さな社会で、実際の社会から見れば小さく人工的な舞台で、その主題を活き活きと演じたのだと言える。

しかし、「劇化」がデューイ教育思想全体を貫く鍵概念だと言えば、異議が唱えられるかもしれない。なぜなら、事実、『学校と社会』でデューイは、教育における「劇化」を限定した意味で使用しているからである。デューイは子どもの成長段階に合わせた環境（舞台）設定を提案し、初等教育段階にある子どもの成長段階を四歳から八歳までの第一段階、八歳から一一、一二歳までの第二段階、中等教育との境界にある第三段階という三つに分けた。そして、第一段階を、「学ばれる社会生活に子どもが個人的かつ劇的に同一化する」（Dewey 1899=1915: 75）時期とした。この時期は、問題状況に子どもが自分自身の身を置き、目的‐手段関係を思考して、人類の問題解決を再現、再創造することで、知的にも典型的な社会生活と同一化する第二段階以降とは区別される。たとえば、第一段階の子どもに期待されたのは、原始的な暮らしをしていた人びとの思考を科学的・実験的な探求による問題解決を行うことで経験的に知ることよりも、原始的な暮らしを、物語をときに媒介としながら想像し、その環境を描いたり工作したりして、その環境を劇の形で生きてみることであった[1]。

六歳から八歳までとされた歴史学習の第一段階についても、最初の二年間については、具体的・個別的な民族や人物を取り上げず、社会の典型的な「仕事」を学ぶことを出発点として、「一般化され、単純化された歴史」が学ばれるべきであると述べられている。それは多様な社会的活動への洞察や共感を子どもが持つことができるようにするためなのである。そして、子どもが個人として持っている経験を歴史と重ね合わせ、そうした洞察や共感を得ることを可能にしてくれるのが「劇化」なのであった。「個人的要因を持ち込めるような幅広い視野が劇化を通して与えられる」(Dewey 1899=1915: 108) とデューイは言う。「劇化」とは、「経験」の美的側面、特に想像力を用いた共感的同一化を実現する手法であり、科学的・実験的側面に先行するものとして位置付けられていたことが分かる。

しかし、デューイが真・善・美(科学・道徳・芸術)の実体的区分を否定していたことを念頭に置くならば、このデューイの議論を、成長とともに美的側面が科学的・実験的側面に道を譲って後景に退くことを意味すると理解してはならないだろう。「劇化」は特定の年齢の子どもの教育のための手法の一つではあるが、教育的経験を構成する要因として、それを美的側面から説明する概念として、その後も残り続けるのである。その例証を『デモクラシーと教育』に見ることができる。

「感得」(realization) あるいは「実感」(appreciation) が教育的価値を有することを論じた章(第一八章)で、「教授が記号という媒体を通して事実や観念を伝えることに安心して着手できるようになるためには、個人として参加することで、素材や素材が伝える問題の意味を切実に感じるような真の状況を学校教育は与えなければならない」(Dewey 1916: 242) とデューイは主張する。「真の状況」とは社会生活の典型的な活動であり、そのような活動に参加するときにこそ、想像力の本来の働きが機能して、子どもはその活動を自分自身にとって切実な問題と取り組んでいると「実感をもって感得すること」になる。科学的・実験的探求を始めるようになると、美的探求がなくなるのではない。

逆に、美的探求やそれに伴う「実感を、文学や絵画や音楽のようなものに限定されるものとして理解することは重大な誤りである。その視野は教育という営みそのものと同じくらいに包括的な広さを持っているのである」（Dewey 1916: 244）。芸術の領域における経験に限定されがちな想像力の働きや実感を得ることは、教育的経験すべてに伴うものだとデューイは説く。そして、「真の状況」での教育的経験とは「劇化」と同義だとデューイは言うのである。

「手工活動や実験室での作業が持っている教育的価値も、遊びと同様のものであり、今起こっていることの意味を感じ取れるようにすることに、どの程度それらが助けとなるかによって決まるのである。たとえ劇化という名前で呼ばれることはないとしても、それらは事実上、劇化なのである」（Dewey 1916: 245）。

このような反転は、デューイの博物館概念にも表れている。デューイの理想の学校が博物館を含むものとして『学校と社会』で構想されていることはよく知られる。同書では、デューイの理想の学校モデルが有名な三つの図で示されている。最初の図では、学校と学校外の社会の連携の必要性が示されている。学校外の社会には図書館とともに博物館が含まれている。次の図でデューイは、理想の学校の一階を描いている。織物作業室、調理室、食堂、工作室というように衣食住の「仕事」とそれを実現する探求を統合した各部屋の中心には図書室が置かれている。博物館はこの学校の建物の外に位置付けられたままである。最後の図では、理想の学校の二階が描かれている。生物学実験室、音楽室、美術室、物理・化学実験室を周囲に配した中心には博物室が置かれている。

この三つの図は、次のことを示唆している。第一に、学校が学校外の社会と連続するという横の拡がりは、学校外の社会が学校内にも存在し、学校そのものが生きた社会となることを意味しているということである。このため、博物館は学校外にも学校内にも存在する。第二に、一階と二階の縦の関係が、科学的探求の必要性を示しているということである。「さまざまな問い、たとえば、調理室や工作室で生じる化学的、物理的問題は、その解決のために実験室に持ち込まれる」(Dewey 1899=1915: 52)。慣習や常識にとどまらず、「反省的思考」を用いた科学的探求が、社会を胎芽的段階から再現する学校には求められている。第三に、日常生活の衣食住の活動を行う一階ではなく、二階に芸術が置かれていることから、「真の芸術は職人の仕事から生まれたものである」(Dewey 1899=1915: 53) ことが示唆されていることである。美的探求は日常生活に存在し、それが洗練され強化されたときに芸術となると理解されている。最後に第四に、科学的・美的探求を専門的に行う二階の中心に博物室があり、経験の高度に抽象的な側面を、人類の問題解決の歴史、すなわち、人類が行った協働の「実感」が共有される歴史につなぎとめていることである。理想の学校には「完全な産業博物館」が必要とされるのである (Dewey 1899=1915: 53)。ある特定の年齢の子どもの教育手法として限定的に定義されていながらも、教育的経験すべてを表現する概念としても「劇化」が位置付けられていたのと同じように、博物館も、子どもの興味を呼び起こすために学校が連携すべき学校外の教育資源とされる一方で、教科に分岐する専門的なレベルの科学的・美的探求すべての根源であり、その集約である集合的記憶としても位置付けられていたのである。デューイの実験室学校とアダムズの労働博物館とが重なりあう姿をここに見ることができる。

3　アダムズの「労働博物館」における「劇化」

一八九一年にハルハウスに敷設された「バトラー・アートギャラリー」の展示室の一角に、労働博物館が開かれたのは、一九〇〇年である。同博物館は、一九〇二年に体育館の一階に移転した。この博物館の目的は、アダムズによれば、「（a）産業の過程それ自体がもっと絵のような美しさを持ったものとなり、普段はひどく不毛な商売生活か、さもなければレクリエーションにだけ与えられているような内容と魅力が、産業の過程それ自体に与えられるようにすること、（b）商店や工場で生活の糧を得ている年少者たちが、自分がいつも扱っている素材について何らかの観念を獲得する機会を与えるようにし、やがては自分の仕事がどのように社会とつながっているかを意識できるようにすること、（c）不当に高く評価されすぎているような、ある皮相な素養を欠いているために、日常的には不利な状態に置かれている年長者が、少なくとも当面は、自らの過去の生活や訓練によって与えられていた共同体内での地位を主張できる機会を与えるようにし、何らかの歴史的背景とともに年長者が評価されるようにすること」（Addams 1902: 1-3）であった。

すでに労働者である年少者たちに、自らの労働の社会的意義を理解できるような場を提供すること、産業化・都市化された社会に置き去りにされた年長者、とくに年長世代の移民の人びとに、自らが生まれた歴史的共同体の一員である誇りを取り戻させ、年長者よりもアメリカに適応している年少者たちが、年長者を歴史的背景のもとで見ることができるようにすること、そして、年長者、年少者を問わず、仕事それ自体の喜びを享受できるものとすること、これらが、アダムズが目的としたことであった。人類の問題解決の歴史を踏まえて、労働の過程やその社会的意義を科学的に探求する過程と、労働の美的探求とその労働の成就によって得られる「実感」、つまり、経験の科学的・実験的側面と美的側面というこの両者なしには、これらの目的の実現が困難であると想定されていることも容易に想像できる。このことは労働博物館の具体的実践によっても確かめることができる。

開設当初、労働博物館は、衣食住を支える五つの部門から、翌年以降は、1. 木工、2. 製本・装丁、3. 織物、4. 調理の授業へと通じる穀物、5. 小さな窯と炉を使用する冶金、6. 製陶という六つの部門から成り立っていた。それぞれの部門では、原材料となる素材や加工のために用いられる道具の見本の展示とともに、それらを実際に生産工程に参与させた現実の労働が参観可能な形式で行われた。たとえば、織物部門で展示・実演された糸紡ぎでは、繊維を縫い糸として巻き取る最も初期の道具と方法が提示された。しかもそれらは、二つの円盤を使用した南イタリアの巻き棒、金属製のリングを使用したナポリの巻き棒、小さな木製の円盤を先端につけたシリアの巻き棒、固定された枠に亜麻をセットして椅子に座って糸を紡ぐ器械の四つの種類があり、それぞれの糸紡ぎがそれぞれの民族の女性によって実演された。それは、文化ごとの差異と人類の営みの普遍性の両方を示唆した。

同時にその特定の労働が人類の努力が行われた時間と空間のどこに位置付くものであるかを理解できるようにするための地図、図表の掲示も行われた。そのうちの一つは、蒸気を利用した織物産業の時代が人類史では極めて短い期間しか占めておらず、糸車ですら一六世紀にならないとヨーロッパには導入されなかったこと、つまり、人類史の一〇分の九の期間の織物を支えてきたのは、目の前であたかも骨董のように実演されている手仕事に他ならないことを視覚的に示した（Addams 1902: 9）。それらに加え、季節ごとに産業史の講義が用意されたり、文学やその他の芸術の観点からの産業理解が提示されたりして多くの出席者を集めた。また、ハルハウス音楽学校では労働博物館の実践と連動して、さまざまな民俗の労働歌が学ばれ、実演された（Addams 1900, 1902, Luther 1902）。

デューイが『学校と社会』のなかで、織物作業室を例に、「未来の学校」、あるいは、「理想の学校」として叙述した内容をほぼなぞるような内容をアダムズの労働博物館が備えていたことが以上の概観から分かる。デューイは、そうした学校を「完全な産業博物館」と呼び、製造業のさまざまな段階の原材料サンプル、単純なものから複雑なものまでを揃えた道具、原材料が得られた場所や製造場所やその風景が一目でわかる写真や絵、各国の完成された織物、織物の理解を深める文学や音楽、そして何より、「縫物、糸紡ぎ、織物を実際にやってみること」をその条件として挙げていたからである (Dewey 1899=1915: 53-54)。結局のところ、作業者と素材、道具、それらの文化的・歴史的環境に関する情報が「そのようにして集められたものであればこそ、芸術と科学と産業が総合された活き活きとした、時間的に連続する課業となるのである」(Dewey 1899=1915: 54)。労働博物館は実験室学校と全く同じ教育の場所であったのである (Mayhew and Edwards 1936=1965: 195)。

労働博物館で生じたと考えられる経験の美的側面について考察するために、具体的に二つの例を挙げることにする。一つは製陶部門から、もう一つは織物部門から、その作業の様子を叙述した資料を用いよう。製陶部門に関しては、カールトン・ウルジー・ウォシュバーン (Carleton Wolsey Washburne) の母であり、当時、著述家として労働博物館を見学したマリオン・フォスター・ウォシュバーン (Marion Foster Washburne) が、一九〇四年に発表した論考が示唆的である。彼女は労働博物館の各部門を見学して、それが金銭を目当てとしたものというよりは、作業者がその活動自体の意義を知ることや、その活動を行いたいという意欲を持つことに寄与するものであることを理解する。そして次に彼女は、「この労働博物館を一つの博物館にしているものは何であるのか」、つまり、「たくさん並置された手工訓練のための店舗以上のものに労働博物館をしているものは何であるのか」(Washburne 1904: 571) という問いを抱く。

キュレーターとして労働博物館について話してくれたジェシー・ルーサー (Jessie Luther) の説明にウォシュバーン

は手がかりを見出す。ルーサーは博物館を名乗ることによって、「見せることが持つ魅惑」を労働博物館が示しているると述べる（Washburne 1904: 573）。これは、アダムズ自身が「学校」ではなく「博物館」という名称を意図的に用いる理由に関して行っていた説明とそのまま一致する（Addams 1900: 3）。これによって、参観者は「引き込まれるような興味」（absorbed interest）を持つことになるのであった。事実、ウォシュバーンは、製陶部門で花瓶を作っている子どもの一挙手一投足に釘づけになる。子どもと素材、道具が連動して、「まるで有機的自然の神秘であるかのように、粘土は立ち上がり、曲がり、そして、花瓶になるのである」（Washburne 1904: 574）。子どもは「この粘土が変わっていくのを見てよ」と歓声を上げ、「見て、見て」と年長の陶工に出来上がった花瓶を手渡す。デューイの美的経験の議論を先取りすれば、ここに描かれているのは、子どもと素材、道具を巻き込んだ「主題」が展開し、「一つの経験」が完成の高揚、「実感」を得るときを迎えた場面だと言えるだろう。では、参観者としてそれを鑑賞したウォシュバーンは何を経験したのか。彼女は次のようにまとめている。

「この少年を見ていて、不思議な思いがした。私の心は痛んだ。彼のような陶工に作られた、私の家にある植木鉢が新しい意義を帯びた。植木鉢はもはや地面にしっかりと立って、私が植えた植物の根を守るだけのものではなかった。植木鉢の粗く、赤茶けた表面全体にわたって、人間が積み重ねた忍耐、人間と自然との協働、人間の希望と恐れが記録として刻み込まれているのである」（Washburne 1904: 574）。

陶工部門で実際に一心不乱に作業する少年を見ることで、ウォシュバーンはその過程に引き込まれた。その結果、日々の生活では「反省的思考」の対象にならず、意識の対象として上ることもない日常生活品が、少年が行っているような作業、あるいは、少年が巻き込まれている自然との協働や「主題」の展開の最終的な産物であることに気付かされた。しかも、彼女はこの少年の向こう側に人類の歴史的労苦をも見て取ったのであった。すでに高名な芸術作品としても定評のある工芸品を物理的に単に配置することとも、花瓶をその文化的由来を説明する言葉を添えて展示することとも異なる直接的経験が、つまり、ある種の美的経験がここには生じていたと考えることができるだろう。それは、デューイの言うように、人類の問題解決を支えた科学的探求とも、その歴史的成果である産業とも総合された経験だったのである。

次の織物部門の事例は、アダムズが労働博物館を設立するきっかけとなった出来事と結び付いたものである。ある日、アダムズは「年老いたイタリア人の女性が、ホームシックに陥った自分の顔色に抵抗するかのように辛抱強く、南ヨーロッパのどこでも見られたような単純な糸巻き棒を使って縫い糸を紡いでいる」(Addams 1909: 137) のを目にする。この姿は「ヨーロッパとアメリカの経験との間に橋を架け、両者をより意味のあるものとするとともに、お互いが関係しているのだという感覚を与えるような、思慮のある教育的な試みをハルハウスは作り出すべきではないか」(Addams 1909: 137) という思いをアダムズに抱かせることとなる。産業化・都市化の進む革新主義期のアメリカを代表するシカゴのような都市で自らの労働の意義を見出せず、社会の一員であることを感じることができない年長者と、アメリカに順応して、そうした年長者を軽蔑すらする年少者が存在するというのが、当時の状況であった。それは世代間の教育に亀裂をもたらす教育問題であった。このことにはデューイも論及しており、ニューヨークとシカゴの観察者の記録に基づきながら、「アメリカ化とは言いたくないが、子どもたちはある点ではあまりに急速に脱国籍化し過ぎている。子どもたちは、自分自身の生まれ故郷の伝統、すなわち、音楽、芸術、文学が持つ積極的・保守的価値を見失っている」(Dewey 1902: 85) と述べていた。年少者が容易に既存のアメリカの社会構造に同化するということは、既存の社会構造が階級区分やそれと結びついた人種・民族的課題を抱えているという意識を年少者が持ち得ないという意味でも問題であった。

こうして労働博物館の織物部門では、イタリアはもちろん、さまざまな民族の糸紡ぎが伝統的な道具をを用いて実演されることになった。実演の行為主体は年長者である。このことは、年長者には自らの仕事が故郷で意味を持ち、アメリカでもその意味を産業社会につながるものとして主張できるという意識と居場所を与えた。また、年少者は「自分自身と自分の親との間に真の興味」を抱くことになった。「子どもたちは自分の親を違う角度で見るようになった」（Addams 1912: 412）のである。アダムズの「古い生活と新しい生活を一つにしようとする試み」（Addams 1909: 137）は年長者と年少者の関係を再構築するものであった。年少者は普段軽蔑していた年長者の文化的・歴史的文脈のもとに自分自身がいることを、さらにより大きな人類の営みのうちにあることを身をもって知る。道具に注目して敷衍してみよう。年長者にとって糸巻き棒はもはや常識の水準にあり、「反省的思考」を呼び起こす必要がないほどに自己と一体である。年長者はその道具に媒介されており、自在にその道具を駆使することができる。一方で、糸巻き棒に媒介された年長者の姿は、後の時代の工場機械との関連に位置付けられたとき、年少者には全く新しい問題として立ち現れる。それは見知らぬ他者の姿だと言えるかもしれない。今や年少者は、年長者という他者に対峙して年長者との新たな相互作用の様式を編み直す必要、問題解決の必要に迫られている。見せるということ、実演は、その道具が内包していた文化・歴史的文脈をよみがえらせ、そのもとにある年長者と、そのもとにおらず、別の道具、工場機械に媒介されている年少者とを出会わせ、人類と年長者の経験を年少者の経験として再創造する効果を有したのだと考えられる。

それは、年少者だけでなく、見学に来る参観者、すなわち、鑑賞者に関しても同じであったと言うべきだろう。

異なる文化・歴史的環境に生まれた人たちは、労働博物館で人類としての共通性と人種、民族の差異を学ぶことができた。アダムズはさまざまな移民が故郷で有していた文化の保存と維持の必要性を明言していたから、彼女を一方的に同化主義者とするのは極論と言わざるを得ない。彼女は「移民の人びとが教師の立場となる」(Addams 1909: 139)ことを労働博物館の特徴に挙げていた。リーとロペスによれば、「ハルハウスの居住者たちは、移民である近隣住民たちと有意義な関係を形成するために、伝統的な階級区分をひっくり返した。これによって、ハルハウスの労働博物館は、移民たちが自分たちの知識や文化資本を、より幅広い共同体の利益のために分かち合う空間となったのである」(Lee and Lopez 2014: 165)。その空間は実演者(作業者)と鑑賞者(参観者)がともに、デューイが言い、アダムズが原理としたように、経験を連続的に再構成する場であったと言えるだろう。

アダムズは「現代の状況が要請しているのは、ある個人が『全体とつながっていて、全体と協働している』と自分自身のことを理解することができるときにもたらされるような参加と幸福の意識である。集合的労働に内在する集合的芸術が持つ慰安の力が必要とされているのである」(Addams 1907: 96)と述べていた。それは一方では、移民たちの故郷の伝統を生きた形で保持することであったが、他方では、生命の継続のための共通した営みを異なる人種、民族間で共感的に理解し合うことでもあった。「コミュニケーションを可能にする芸術の力を強く信じて、ハルハウスの居住者たちは、階級や民族の境界線を乗り越え、自己表現と協働のための努力を育む一つの手段として芸術を理解した」(Johnson 1989: 31)のである。これはデューイが本来の芸術の特徴だと主張したことでもあった2。

こうした実践を可能にしている仕掛けこそが「劇化」であった。「労働博物館は受け継がれてきた人間の仕事の源泉に焦点を合わせ、それを生きた形で劇化する」(Addams 1902: 15)ものだとアダムズは明言している。このとき、「見せること」(the show)は創作そのものへの没入を離れて、観客となる鑑賞者を引き込むための効果を別に意図した「見世物」という意味を持つものと解釈することもできることになる（杉山 2014: 97）。それはあたかも、実社会とは異なる過去の遺物を収めた博物館という人為的で人工的な空間、学校のような空間に、外側から第三者が覗きに来られるようにするためのようである。つまり、「劇化」には、舞台上で生じる共感的同一化と、舞台の外から離接的に観るという二つの側面がある。しかし、デューイとアダムズの思想の通常の比較ではあり得ないことではあるが、アダムズの実践に見られる「劇化」のこうした両義性こそが、後期デューイの芸術論を想起させる。そして、後期デューイの芸術論をこの観点から再検討することによって「見世物」としての「劇化」というネガはポジへと反転させられ、結果的にそれが教育思想としての可能性を有することを示してくれるように思われる。そのことを次に見てみよう。

4　「劇化」の教育思想としてのデューイの芸術論

後期デューイの芸術論を代表する『経験としての芸術』を、自律的芸術や美術館に展示された高級芸術作品を一般大衆のものとすることを説くものとしてではなく、学校と博物館における「仕事」と「劇化」の経験を詳論するものとして読み直してみよう。するとマチスやセザンヌの絵ではなく、日常生活とそのなかで産み出された人工物の事例に目を向けることになるだろう。たとえば、同書でデューイは、自律的芸術が存在しない前近代の社会に立ち戻り、家庭の調理器具、テントや家に備えられている物、絨毯、マット、壺、ポット、弓、槍といった人工物が、「集団生活／集合的生命」(collective life) が環境との相互作用を通して行う問題解決の結果として産み出されたことを述べている(Dewey 1934: 13)。それが問題解決の産物である限り、これらの道具は知的進歩のみならず、問題解決の知的・感情的喜びと、それらを集団で共有する営みを潜在的に内包するものでもあった。集合的生命が「混乱から調和へと移行する瞬間こそが最も強烈な生命の瞬間であ」(Dewey 1934: 22)り、これらの道具はその集合的記憶でもあるのである。このため、「……それらが産み出された時と場所では、こうした物は日常生活の過程を高揚させるものであった」(Dewey 1934: 12)。儀礼や儀式とそれらの場に備えつけられた装飾品に限らず、人工物は、集合的記憶を喚起し、その集団の一員である個人の生活を高揚させる。労働博物館で作業する少年を想起させるこうした現象こそが、デューイにおいても美的経験の根源とされていた。

デューイが美的経験の特徴として、人が単一の質によって統一を与えられた「一つの経験」(*an* experience)をすることを挙げていることは有名である。その際の「経験とは、自分自身が私的に持つ感じや感覚のうちに閉じ込められることを意味するのではなく、世界との活発で機敏な交流を意味する。それが極点まで達すると、経験は自己が対象や出来事から成る世界と完全に相互浸透することを意味する」(Dewey 1934: 25)とデューイは説明している。これまでの考察に従えば、この「相互浸透」は、想像力の働きによって成し遂げられるものであり、「強烈な生命の瞬間」を起源とする、問題解決の「実感」の獲得を意味することになるだろう。また、それは、「主題(subject-matters)が連続的に動いていくのを経験すること」(Dewey 1934: 44-45)とも表現されている。前近代の社会とは異なり、近代以降の社会では、芸術家や鑑賞者が個人としての意識を持っていることを認めながらも、近代の主客二元論を歴史的に相対化し、主体と客体を実体と見なすことを拒否するデューイは、「一つの経験」が「主題」の展開として理解されるべきであると説いている。つまり、芸術家、鑑賞者も作業者として、素材や道具とともに「主題」の展開の一部を成していて、言わば「主題」の展開に巻き込まれているとするのである。

では、美的経験における「主題」の展開において、芸術家や鑑賞者に求められるのはどのような態度であろうか。結論を一言で表現するならば、それは科学的・実験的側面から経験の特徴を論じた際に挙げられていたのと全く同じ、「誠実」（sincerity）という道徳的態度である[3]。ここにおいて真・善・美は一致する。デューイは「芸術家の仕事に内在する特性」として、「誠実が必要とされること」を挙げているからである。これは「芸術家が偽らず、妥協しない必要性」（Dewey 1934: 193）と言い換えられている。デューイは美的経験の過程において「誠実」であるとはどのようなことであるのかを、一般の人や芸術家が創作において「誠実」でない事例を挙げて描き出そうと試みている。この事例を二つほど検討することにしよう。

第一の事例では、芸術の起源となる行為と表現との関係で、美的経験が「不誠実」となる場合が説明される。デューイは、子どもが周囲の大人の気を引くために意図的に泣く行為は芸術的所作の発端であると言う。子どもはある結果を目的とし、それに向けて自分の個別の行為を制御し始めており、そこには目的‐手段関係に関する理解が存在している。それは感情の自然な表出ではなく、対象となる他者の態度を想定し、その他者との関わりで絞り出された人為的な表現である。しかし、それだけでは自然から人為への「変容の結果は、美的というよりもむしろ技巧的（artful）なものとなるだろう」（Dewey 1934: 68）とデューイは述べる。これは人為的、人工的であることが技巧的でわざとらしいものと見なされるときの特徴である。だが、これとは異なり、同じ人為的表現であっても、たとえば、ご機嫌取りの笑みではなく、「本物の礼儀作法」であれば、それは芸術的所作と感じられるとデューイは主張する。その差は一体何なのか。次のようにデューイは論じる。

「人為的であること、技巧的であることと、芸術的であることとの差は、前者がうわべだけであるということのうちにある。前者の場合には、表向き行われていることと意図されていることとの間に分離が存在している。見かけは真心であるが、その意図は相手の好意を得ることである。行うこととその目的との間にこうした分離が存在する場合にはいつでも、不誠実なもの (insincerity) が存在する。つまり、別の効果を密かにねらった見せかけ (simulation) の行為、策略が存在するのである」(Dewey 1934: 69)。

ここでデューイが用いているレトリックが極めて近代的なものであることを認めないわけにいかないだろう。「誠実」と「不誠実」、芸術的と人為的・技巧的、隠された本来の意図と表向きの見かけの行為という形而上学的な二分法を用いていること、また、ポストモダニズムの思想・芸術で見られるようなシミュレーションに対する積極的評価とは異なり、それに対して「見せかけ」という否定的意味を与えていることがその論拠となる。また、近代における「真正性」(authenticity) の思想史を論じたトリリング (Lionel Trilling) が、「誠実」であろうとすることが、社会的尊敬や評判を得たいという私的・内的真理の表出とならざるを得なくなり、より自己のみに忠実であろうとする倫理的な要請である「真正性」が「誠実」に取って代わったと論じた (Trilling 1971) のとは正反対に、デューイの議論はまるで、自己の内なる声にのみ従うという「真正性」の意味を、「誠実」という言葉に込めているかのようにも見える。これではあたかも主客の反二元論的立場とは矛盾して、「主題」に対する近代的主体の優位が説かれているかのようである。次の事例にはこのことに対する反証という課題が引き継がれることになるだろう。

重い課題を背負った第二の事例は、より直接に芸術について論じたものである。デューイは、美的経験が「不誠実」となる場合として、ある芸術作品が鑑賞者に不快感を与える事例を取り上げる。デューイによれば、鑑賞者がその作品を不快に思うのは、「存在していた素材を選択し、組み立てるのを導く個人的に得られた感情がそこにはない」

(Dewey 1934: 74) からである。正確には感情がないわけではない。ところが、この芸術家の感情は、その感情と連続し、感情に彩られた思考ではなく、それとは別の意識や意図によって統制されていると感じるから鑑賞者は不快なのだ、とデューイは言う。確かに、ある効果をねらった別の意図が設定されていれば、鑑賞者は、それを「外的な力」と感じるから、その力の存在を意識させられてしまい、芸術作品の経験に、「主題」の展開に没頭すること、つまり、「一つの経験」をすることはできなくなるだろう。要するに、「その芸術作品を構成している諸部分の進展とその結末との論理的必然性が何も明らかにならない」ことが不快感の原因であり、「主題ではなく著者が決定者である」(Dewey 1934: 74) ことが問題なのだ、とデューイは主張する。

美的探求に携わる者は、素材や道具、想定される他者の態度とともに、「主題」の完成に向けた相互作用を営む。この相互作用のなかで「主題」が展開する進路に背いた著者性を混入させたり、それにより「主題」を統制したりすることが「不誠実」なのだとデューイは述べていることになる。「誠実」であるためには、「開かれた心」で「主題」の展開に耳を傾けることが必要とされることだろう。また、別の目的、自己の内面に注意を反らさず、「全身全霊」で臨むこと、さらに、自らの創作と鑑賞の帰結を考慮に入れるという「責任」を持つことも求められるだろう。そして、科学的探求よりも直接的にその「生きた全体」が経験されるのであれば、そこにはより高揚した「実感」が生じることになるだろう。このように見ると、デューイの説く「誠実」は、「主題」の展開をそれに巻き込まれた人間の側から描き出したものであり、これをトリリングが論じた近代的な真正性と同一視することは難しいように思われる。

このことは、デューイがディドロ (Denis Diderot) の舞台俳優論をどのように評したかを見ることで論証できるだろう。とはいうものの、デューイは、シラーもゲーテも、ヘーゲルもマルクス、フロイトも、すなわち近代を代表する思想家たちがこぞって注目したディドロの『ラモーの甥』(*Le Neveu de Rameau*)ではなく、『俳優のパラドックス』(*Paradoxe sur le comédien*)に言及している。俳優のパラドックスとは、舞台俳優が自分の演じる役に入り込み、その役柄になりきる一方で、その役柄から一定の距離を取っていることである(Diderot 1883: 7)。確かに舞台俳優は、ある感情を観客のうちに引き起こすという、役柄とは別の意図から行為を行っている。「全身全霊」であるようでいて、実際にはそうでない舞台俳優は「不誠実」なのか。まず、デューイがすでに、舞台俳優がある役柄になりきることで自己を減じていると見なして批判したルソーとは違う次元で問いを立てていることは「主題」の優位によって明らかである。さらに、デューイは、俳優のパラドックスがパラドックスと感じられるのは、表現とは原初的な感情の直接の表出であるという考えを前提にしているからだ、と指摘する。つまり、デューイの美的探求の観点から見れば、そのようなパラドックスはそもそも存在しないのである。デューイは次のようにそのことを説明している。

「演技する行為に芸術が存在するのであれば、全体のなかの一部という位置を占めるように役柄の役割が与えられている。それによってその役割が美的形式を有すると認められる。自分が演じている役柄の感情を最も痛切に感じている舞台俳優でさえも、他の俳優たちが演じている舞台の上にいるという意識を失うことはない。つまり、自分たちは観客の前におり、そのため、ある特定の効果を創造するためには他の役者たちと協働しなければならないという意識を失うことはないのである。こうした事実は原初的な感情を明確に変容させることを要求するものであるし、それを指示するものでもある」(Dewey 1934: 86)。

デューイから見れば、原初的な感情の表出を「誠実」と見なしてしまうからこそ、舞台俳優が他の俳優を意識したり、観客を意識したりすることを「不誠実」と見なすことになる。ところが、デューイは、表出と区別して美的探求の過程を「表現」(expression) と呼び、それを成す「一つの経験」には、初めから、以前の相互作用によって形作られた個人の選択的思考・感情の傾向、素材、他者の態度、媒体となるものが巻き込まれていると論じた。従って、舞台俳優が、役柄の思考と感情を充分に理解していることも、同じ舞台上の他の俳優たちとの関係やそれが全体をどのように構成しているかを理解して、それに基づいて行動することも、観客の態度を考慮して自分の行動を制御することも、それらすべてが完成にいたる物語の「主題」の展開、再創造の過程に対する「誠実」さだとされるのである。「不誠実」だと感じられるのは、舞台俳優が「主題」の展開に外部から別の意図を付け加えるときや、「主題」を主体と同義と見なして「主題」が求めない独唱を始めてしまうときであった。これがデューイにおいて不自然であること、自然でないことの意味であった。デューイにとって、人の思考が加えられているという意味の人為性・人工性は自然なものなのである。そして、その思考には、他者や媒体を考慮することが含まれているはずなのである。

「行うことや作ることが芸術的となるのは、知覚されたまさにその質が、制作が抱える課題を統制しているという性質を、知覚された結果が持つ場合に限られる。直接の知覚経験において享受された何かを産み出そうという意図に導かれた制作行為は、自然発生的で無意識的な活動が持たない性質を有しているのである。作業するとき、芸術家は自身のうちに知覚者の態度を体現しているのである」(Dewey 1934: 55)。

まず芸術家は制作の過程で「主題」の発展を統制する質を知覚し、それに応じた意図を持つ。このことは、芸術家が知覚者、つまり、鑑賞者の立場を体現することなしには制作できないことを意味している、とデューイは言う。

デューイは、このことを私的なものと公共的なものとの関係としても説明する。芸術家は公共的世界から身を引いて、私的自己を表現する、と言われることがある。しかし、デューイによれば、芸術家は、制作のまさにその過程で知覚者となり、他者に知覚される作品となった場合を想定して制作することが不可避である。よって、芸術家は公共的世界につねに属しており、その作品も「その内容が意義あるものである限り、公共的なものである」(Dewey 1934: 57)。さらに、このことは、鑑賞者にも当てはまる、とデューイは主張する。

「というのは、知覚するためには、見る人は自分自身の経験を創造しなければならないからである。そして、見る人が創造する際には、原作者が経験したのと同じような諸関係を伴っていなければならない。そうした諸関係は、もちろん原作者のものと文字通り同一というわけではない。しかし、作品の創造者が意識的に経験した組織化の過程と詳細にいたるまで同じということはないにしても、芸術家の場合と同様に、知覚者の場合でも、形式となって現れる全体の諸要素の秩序付けが行われなければならない。再創造の行為がなければ、ある対象が芸術作品として知覚されることはない」(Dewey 1934: 60)。

鑑賞者は、芸術家の意図を正しく読み取ることに努める受動的存在ではない。鑑賞者は、作品との間で相互作用を営むことで(再)創造を行うことになる。それが創造的営為である以上、認識論的な主体と客体の一致とは異なるが、鑑賞者は、芸術家という他者の態度を想像し、芸術家と同様に、作品を構成する諸要素を全体として秩序付ける過程を経験することになる、とデューイは論じる。デューイによれば、舞台上で生じる共感的同一化と、舞台の外から見物するという二つの側面を有すること、つまり「劇化」が両義性を有するものと理解されるのは、著者性という近代的主体が前提とされているからである。近代的主体を前提にしない限り、芸術家にとっても鑑賞者にとっても、作業者にとっても参観者にとっても、お互いの経験を想像することが、むしろ「一つの経験」の成立のためには不可欠なのである。

5　おわりに

本章では、デューイとアダムズの教育思想の共通性として、両者が「劇化」の着想を重視していたことを抽出した。そして、アダムズの労働博物館における「劇化」の実践から指摘された問題として、舞台上で生じる共感的同一化と、舞台の外から見物すること――離接的に観ること――という二つの側面が存在すること、つまり、「劇化」には両義性が見られることを明らかにした。対象となる事物との相互作用に没入するような「専心的な活動」としてのみ「仕事」を解釈する限り、このような問題がデューイの教育思想を解釈するうえでの論点とされることはなかったと言ってよいだろう。しかし、「劇化」に焦点を合わせる本章では、「劇化」の着想や博物館の位置付けがデューイの教育思想全体の限られた一部分でありながら、全体の象徴でもあるという構造に従い、この問題を後期デューイの芸術論のうちに見出すことがかりにできれば、デューイの教育思想を再解釈する観点が得られるのではないかと想定して考察を行ってきた。

その結果として、本章では「誠実」という観点が得られることとなった。デューイによれば、自律的芸術に最も洗練された形で見られる美的経験とは、「主題」の展開に従って、芸術家、素材、道具の相互作用が営まれるときに、質的な統一を連続的に成し遂げる「一つの経験」が生じることを意味した。そして、この「一つの経験」の成立には、「主題」に対する著者性を排した「誠実」さが求められるとされていたのである。言い換えれば、美的探求は「誠実」という道徳的態度を伴ってはじめて成立する。このことは、自律的芸術を対象としていると見えるデューイの芸術論が、探求として展開する経験の美的側面をとくに論じたものであること、すなわち、経験の教育思想であることの論証となっている。なぜなら、デューイは主に経験の科学的・実験的側面を論じた著作においても、科学的探求が「誠実」という道徳的態度を伴って成立するものであることを強調していたからである。

学校教育の実践で、「誠実」であれ、と教師が子どもに日々訓戒を与えることをデューイが主張しているわけでないことは言うまでもない。「誠実」は、科学的・美的探求のうちでしか表しようがないものであるから、「主題」が展開するような「仕事」を、子どもが自分の問題だと切実に感じられる課題を設定できるか、その問題の解決において協働的な生命であることの喜びの「実感」が子どもに得られるような学習過程を維持できるか、これらが教師には問われている。それは一見すると、学校での学習に「真正性」、本物であることを要求する近年の議論、すなわち、「真正の学習」(authentic learning)の議論で目指されていることと一致するかのようである(Splitter 2009)。しかし、デューイは、子どもの内面の「真正性」を尊重する近代的主体の発想を反二元論の観点から退けている。また、確かにデューイは学校外の社会との連続を学校に求めていたが、学校外にある本物の社会に従った職業教育を行うことも、学校外の現実の社会を実体化し、それを写し取るような発想も反二元論の観点から退けていた。「劇化」としての教育は、自然で本物の教育か、人為的・人工的で実生活と関わらない偽の教育か、といった二元的発想そのものを放棄した教育をデューイが論じていること、その教育の実現のために必要とされる基準は、子どもの内面や実社会を示唆する「真正性」ではなく、「主題」の展開、科学的・美的探求を支える「誠実」だとデューイが論じていることを明らかにしてくれている。そして、デューイの言う「誠実」を「真正性」とは全く異なるものにしているのが、時間的・空間的に異なる他者の態度を想像することを経験の根本的特性とする教育思想なのである。

註

1 実験室学校の副校長であったキャサリーン・キャンプ・メイヒュー（Katherine Camp Mayhew）と実験室学校の教師であったアンナ・キャンプ・エドワーズ（Anna Camp Edwards）が実験室学校の実践を記録した『デューイ・スクール——シカゴ大学実験室学校、1896-1903年』（*The Dewey School: The Laboratory School of the University of Chicago*, 1896-1903, 1936）を参照。両者もこの時期の子どもの活動を「劇化」という言葉で表現し、子どもを「俳優」（actors）、教師を「演出家」（the stage directors）と呼んでいる（Mayhew and Edwards 1936=1965: 402）。他にも Mayhew and Edwards（1936=1965: 113-116, 253, 347）を参照。

2 「芸術は人間同士を分け隔てている障壁を、日常の人とのつながりでは通り抜けられない障壁を突破する」（Dewey 1934: 249）。特にデューイは無限に存在する素材のうちに媒体（medium）となる可能性を追求することを重視した。

3 たとえば、反省的思考の諸段階が提示された『私たちはどのように思考するか』（*How We Think*, 1933）で、デューイは、反省的思考が機能する科学的探求の過程を個人の態度の側から表現して、「開かれた心」（Open-mindedness）あるいは「誠実」（sincerity）、「全身全霊」（Whole-heartedness）、「責任」（Responsibility）を持つという三つの態度を挙げている。また、主に科学的・実験的側面から経験を論じた『デモクラシーと教育』では、この態度は、「直接性」（directness）、「開かれた心」、「一心であること」（Single-mindedness）、「責任」の四つの態度として説明されている。Dewey（1916: 180-186）を参照。

文献

（デューイの著作については、ジョ・アン・ボイドストン（Jo Ann Boydston）編のデューイ著作集から引用し、中期著作を MW、後期著作を LW と表記し、続けて巻数を示す。）

杉山恵子 2014「エレン・ゲイツ・スター——ハル・ハウスにおける製本制作の盛衰を中心に」恵泉女学園大学『恵泉女学園大学紀要』26: 87-109.

早川操 1996「パラダイム・シフトのなかのデューイ――日本とアメリカにおけるデューイ教育思想研究の比較」近代教育思想史研究会『近代教育フォーラム』5: 107-116.

Addams, Jane 1900 "Labor Museum at Hull House", *Commons*, 47: 1-4.

Addams, Jane 1902 *First Report of the Labor Museum at Hull House, Chicago*, 1901-1902, Chicago, pp. 1-16.

Addams, Jane ［1907］ 2002 *Democracy and Social Ethics*, Urbana: University of Illinois Press.

Addams, Jane ［1909］ 1999 *Twenty Years at Hull-House*, Victoria Bissel Brown, ed, New York: Bedford/St. Martin's.

Addams, Jane 1912 "The Hull-House Labor Museum", *The Child in the City: A Series of Papers Presented at the Conferences Held During The Chicago Child Welfare Exhibit*, Chicago: Chicago School of Civics and Philanthropy, The Department of Social Investigation, pp. 410-414.

Dewey, John ［1899=1915］ 1976 *The School and Society*, MW1.

Dewey, John ［1902］ 1976 "The School as Social Centre", MW2, pp. 39-52.

Dewey, John ［1916］ 1980 *Democracy and Education*, MW9.

Dewey, John ［1933］ 1986 *How We Think: A Restatement of the Relation of Reflective Thinking to the Educative Process*, LW8.

Dewey, John ［1934］ 1987 *Art as Experience*, LW10.

Diderot, Denis 1883 *The Paradox of Acting*, translated from Paradoxe sur le comédien by Walter Herries Pollock, London: Chatto and Windus.

Johnson, Mary Ann 1989 "Hull-House and the Arts", *Opening New Worlds: Jane Addams, Hull-House*, Chicago: The University of Illinois at Chicago, pp. 26-31.

Lee, Lisa and Lisa Junkin Lopez 2014 "Participating in History: The Museum as a site for Radical Empathy, Hull-House", David Schaafsma, ed, *Jane Addams in the Classroom*, Chicago: University of Illinois Press, pp.162-178.

Luther, Jessie 1902 "The Labor Museum at Hull House", *The Commons*, 70 (7) : 1-13.

Mayhew, Katherine Camp and Anna Camp Edwards ［1936］ 1965 *The Dewey School: The Laboratory School of the University of Chicago*, 1896-1903, Piscataway, New Jersey.

Splitter, Laurance J. 2009 "Authenticity and Constructivism in Education", *Studies in Philosophy of Education*, 28: 135-151.

Trilling, Lionel 1971 *Sincerity and Authenticity*, Cambridge: Harvard University Press.

Washburne, Marion Foster 1904 "A Labor Museum", *The Craftsman*, 6: 570-580.

（本研究は JSPS 科研費 JP18K02329 の助成を受けたものである。）

第8章 科学技術の倫理とコモン・マンのデモクラシー

——デューイの教育思想からグローバル化時代の「公衆」論へ

生澤繁樹

「自分自身」を私は歌う、素朴で独立したひとりの人間を、しかしそれでいて「民主的」、「大衆」という言葉も私は口にする。（Whitman 1947:1=1998:47）

1 コモン・マンのデモクラシー再考

かつて哲学者リチャード・ローティ（Richard Rorty）は、詩人ウォルト・ホイットマン（Walt Whitman）とともにアメリカの「準コミュニタリアン・レトリック（quasi-communitarian rhetoric）」を見事に形成した思想家としてジョン・デューイの名前を挙げていた（Rorty 1998: 8=2000: 8）。ローティによれば、ホイットマンにとっての「アメリカ」は「デモクラシー」と等しい意味をもつ理想であり、「ホイットマンとデューイの両者にとってこの『アメリカ』と『デモクラシー』という言葉は、人間であるということが実際にどういうことかについての新しい考えを簡潔にまとめた表現」（Rorty 1998: 18=19）にほかならなかった。

たしかに、ホイットマンは『民主主義の展望』(*Democratic Vistas*, 1871)のなかでこれらが「交換可能な言葉(convertible terms)」であるとはっきり述べた。またかれは、「古くからあるが、つねに新しい大地の夢(the old, yet ever-modern dream of earth)」としてアメリカのデモクラシーを祝福した(Whitmann 2010: 4, 24=1992: 16, 58)。ホイットマンにとって、デモクラシーとは、「平等」という概念に表わされる「平均人(average man)」の揺るぎない原則と、ひとりの誇り高く独立した中心をもつ自分自身であるような「個性(individuality)」の原則によって成り立っていた(Whitmann 2010: 35=81)。人間が人間らしく、そして個人が個人らしく、たとえば「機械工」、「大工」、「石工」、「船頭」、「水夫」、もしくは「靴屋」、「帽子屋」、「木樵」、「農夫」、また「母親」、「妻」、「娘」、「若者」、いかなるものであろうと、「それぞれが自分の歌を思う存分、力強く陽気に歌い」ながら、「自分自身のものでありまた他の誰のものでもないものを歌う」、そうした「多種多様な賛歌」であるような、「アメリカの歌が聞こえてくる」とホイットマンはその理想を豊かに表現し、讃えていた(Whitman 1947: 10=1988: 72)。

けれどもホイットマンのこうしたデモクラシーの原則を烈しく批評したのは、作家D・H・ロレンス(David Herbert Lawrence)であった。ロレンスは、『アメリカ古典文学研究』(*Studies in Classic American Literature*, 1923)において、フランクリン、クレヴクール、クーパーからメルヴィルやホイットマンに至るアメリカ作家の論評を試み、まさにアメリカの精神や魂であるような「デモクラシー」を求める態度に手厳しい批判を加えていた。ロレンスによれば、こうしたデモクラシーの原則は、「平均人」にしろ「個性」にしろ、あるいは「自分自身」にしろ「大衆」にしろ、いずれも「抽象的観念」でしかない。それが「理想」である以上、その目標を「実体化」するために、たいてい人間は「機能をそなえた、機械的な単位に変えられ」てしまい、「人間の手で抽象化され、自動化され、作り出された宇宙を、自発的で創造的な宇宙の上にかぶせること」になってしまう(ロレンス 1974b: 277)。ホイットマンは「自分自身」を歌うデモクラシーを言祝ぎ、高らかと謳いあげていた。ロレンスがいうように、「『個性（Personality）』でない場合には、『自我（Identity）』だ。『自我』でなければ、『個人（the Individual）』だ。そしてこういうものといっしょに、『デモクラシー』と『大衆』が歌われる」（ロレンス 1974b: 284）。興味深いことにロレンスは、ホイットマンを指してかれを「未開の生の荒野にはいりこんでいく開拓者」と評していた。しかし一方で、こうもいう。なるほど「開拓者」には違いない。だが、「ホイットマンの野営地は公道のはずれ、大きな断崖の端にある。断崖の向こうには、青々とどこまでもつづく広がり、それに未来の青い虚空。だがおりていく道は一つもない。ゆきどまりなのだ」（ロレンス 1974a: 251-252）。

こうしたロレンスの批評は、はたして「コモン・マンの哲学者（philosopher of the common man）」（Ratner et al. 1940）として知られたデューイの思想に対してもあてはまるだろうか。なぜなら、デューイにとっての「コモン・マン（the common man）」に基づくデモクラシーの確信もまた、同じように人間一人ひとりが有している可能性や個々の知性の能力を限りなく信頼する「新しい大地の夢」だったといえるからである。デューイは「創造的デモクラシー」（"Creative Democracy," 1939）という著名な論考のなかで、次のように端的に語った。つまり、コモン・マンを信じることは、ある種の「デモクラシーの信条」そのものである。それは「人種、肌の色、性別、出自、家柄、物質的豊かさ、文化的豊かさといったものにかかわりなく、すべての人間がそれぞれの特質を表わしているのと同様、それぞれが有している潜在的な可能性を信じることを意味」している（Dewey 1988: 226）。

ひるがえって、ホイットマンのアメリカからデューイのアメリカへと時代を移してみるならば、そこではまさに科学技術を大きく進展させた社会それ自体がコモン・マンのデモクラシーの意義を問いなおす試金石となっていたことを思い起こすことができる。一八世紀末の蒸気機関の利用にはじまり、蒸気船、鉄道、自動車、製鉄・製鋼、電気、電信技術、石油精製など、一九世紀から二〇世紀にかけて科学技術のかたちは急激な変貌を遂げ、ホイットマンが祝福した賛歌を口ずさむ人たちの生活もまた大きく変容していった。私たちの時代と同様、デューイの時代も例外ではなく、科学や技術への問いは、もはや実験室のなかだけの探究課題ではなかった。それは現代のトランス・サイエンスの問題さながら、「政治」や「経済」と一体の領域となり、一見して人びとにとって行為や事の帰結の予想がつきにくく、「平均人」や「大衆」にはおよそ理解が及びにくいような、よりいっそう高度に専門的な課題となりつつあった。それを科学技術社会と呼ぶか、今日のグローバル化時代のはじまりと呼ぶかはともかく、そうした新しい時代状況のなかでコモン・マンを信じることは「青い虚空」を望む「断崖」に野営を張ることと等しいだろうか。それとも「未来」へとつながる「道」を新たに切り拓き、なにかしらの「大地の夢」を見いだすことになるのだろうか。こうした問題意識のもと、本稿ではデューイの『公衆とその諸問題』(*The Public and Its Problems*, 1927)を教育思想として読み解くひとつの可能性を探ってみたい。

2　行為の帰結とグローバル化時代

よく知られるように、デューイは『公衆とその諸問題』のなかで、行為の帰結にはふたつの種類があると述べていた。ひとつは、相互のやりとり——トランザクション——の結果や意義が、そのやりとりに直接関与している人びとに対して影響をもつような帰結である。そしてもうひとつは、そのような結果や意義が直接的な影響の範囲を越えて広がり、第三者にまで影響をもつような帰結である(Dewey 1984a: 243-244=2010: 20)。デューイによれば、とりわけ一九世紀から二〇世紀を頂点に隆盛をきわめていく機械時代の科学や技術、またそれらを基盤とした工業や商業などの著しい進展は、それらがもたらす間接的な帰結の影響や、人びとにとって重大な意味を有する帰結が社会や政治のあらゆる局面に影響を及ぼす場面を、質や量において劇的に変化させたと述べている。「したがって、事の帰結が多数の人々に関わる場合、すなわち、多数の関与の仕方があまりに間接的であるために、そうした人々が、どれほど影響を被ることになるのか、一人の人間では、あらかじめ示すことが容易にできないほどである場合、このときの人数の総体が、人々の間を取り持つ一つの公衆の役割をなすのである」(Dewey 1984a: 268=56-57)。

新しい時代には、それに相応しい「公衆」が生みだされる必要がある――これがデューイの強調したことだった。そして人びとのあいだで自由で活発な交流や対話が交わされ、行為や事の帰結がコミュニケーションによってより広く知られ、社会的に探究されていくことをデモクラシーが可能にする。したがって、公衆がデモクラティックに組織づけられているときにこそ、世論――公衆としての人びとの意見――は、現実的な力をもつ。

このことは、専門知や技術知が高度にいっそうの複雑さをきわめ、経験の直接的な共有よりも間接経験をとおした社会認識や情報消費がさらに優位となるような今日のグローバル化時代の科学技術社会に生きる私たちにとっても重要な課題を突きつけているように思われる。デューイが機械時代に直面するなかで考えた「デモクラティックな公衆(the democratic public)」は、いったいどのように描きなおされるのだろうか。ここでいうグローバル化時代とは、単純にいえば、ただ科学技術が高度化するというだけでなく、その基盤となるべき新しいグローバルなコミュニティが求められると同時に、他方ではより以前の伝統的なタウン・ミーティングの政治機能や地域コミュニティの道徳的紐帯がいっそう緩んでいったり、あるいは国家という政治的装置をかたちづくってきた既成の境界や制度的意味づけがより流動的に変容したりさえするような時代のことを考えている。とくに資本や市場経済においては、このようなグローバル化が、情報技術の刷新や科学的な経営管理の進展を媒介にして分業による労働の効率化、機械化、専門分化を推し進め、産業構造の変化や市場の変動にともなう作業過程の標準化と断片化を求める志向を帰結するという側面を引き起こしている。要するに、私たちの眼に見える日常生活や経験の直接性から一見遠く隔たっているようにも思える出来事に対して、私たちがそれとなく影響を及ぼしたり、もしくは抜き差しならない影響をよりいっそう受けたりしているという事態をまずは議論の念頭においてみよう。

社会学者のアンソニー・ギデンズ（Anthony Giddens）は、このようなグローバル化の諸相を、①資本主義経済、②国民国家システム、③軍事秩序、④工業や機械化されたコミュニケーション技術といった、モダニティの帰結——脱埋め込みと再帰性——が世界規模に拡大し、展開することとして特徴づけていた。ギデンズによれば、「グローバル化とは、さまざまな社会的状況や地域間の結びつきの様式が、地球全体に網の目状にはりめぐらされるほどに拡張していく過程」であり、「ある場所で生ずる事象が、はるか遠く離れたところで生じた事件によって方向づけられたり、逆に、ある場所で生じた事件がはるか遠く離れたところで生ずる事象を方向づけていくというかたちで、遠く隔たった地域を相互に結びつけていく」ものである（Giddens 1990: 64=1993: 85; cf. 野平 2006）。そしてまさにこうした諸相を用意することに科学技術社会はすぐれて重要な貢献を果たしてきた。

このような現代の諸相は、デューイの経験した二〇世紀初頭の時代と程度の差こそあれ、いくらか重なり合う点があることだろう（cf. Hytten 2009; Nanayan 2016）。まさしくギデンズの挙げた諸相とともに、国内における移民の増加、資本主義経済の著しい展開、国家間の国際的な協調と緊張の高まり、軍事上の同盟関係や制裁、あるいは工業や生産の相互依存と摩擦といった私たちの「現代」を示すさまざまな時代的特徴は、まさしくデューイが直面した歴史的経験そのものであったといえなくもない。

デューイの『公衆とその諸問題』については、後に詳しく論じるように、ロバート・ウェストブルック（Robert

B. Westbrook）やアラン・ライアン（Alan Ryan）による伝記的研究など、これまで主にウォルター・リップマン（Walter Lippmann）の『世論』（*Public Opinion*, 1922）や『幻の公衆』（*The Phantom Public*, 1925）に対するひとつの返答として読まれるケースが少なくなかった（Westbrook 1991: 293-318; Ryan 1995: 216-271）。しかしここでは単にデューイの政治思想の著作としてこのテクストを読むことよりも、その教育的含意との交差のなかで読み解くことこそが、この著作のアクチュアリティをいっそう浮き彫りにすると主張したい。デューイがそのなかで「問題は道徳的問題なのであって、知性と教育にかかっている」（Dewey 1984a: 332=150）と述べていたのはなぜなのだろうか。デューイの時代の経験と比べて、結果や出来事の間接性と影響の規模が格段に増加・拡大し、その帰結がますます複雑かつ不確実となりゆく新たな時代の局面は、行為や事の帰結に対するある種の倫理を必要とし、その教育上の帰結や手段をいかにして引きだすかということがいっそう重要な鍵となるに違いない。

3　「公衆」——その凋落と再生の条件

行為の帰結には、先に論じたとおり、直接的な関与に限界づけられず、その関与を越えたところにまで拡大されるものがある。このような帰結が人びとに対してある種の「重大さ（importance）」を帯びるとき、そこでは「公衆」というものが成り立つとデューイは述べていた。

デューイの説明に基づけば、帰結が「重大」であるというのは、空間的・時間的に広範囲に多様な影響を及ぼしていること、長期にわたって繰り返されていること、また取り返しのつかない結果をもたらすといったことである

(Dewey 1984a: 265-275=52-67)。人びとの相互の交流や活動によって生じる「重大な」帰結は単に公衆を生みだすだけではない。ときにそうした帰結に対して組織的な配慮や対応が求められることもある。「諸個人相互間のやりとりの間接的な諸帰結が広範囲に及び、かつ、持続的であるとき、そうした諸帰結に対処する公職者と有形の機関によって公衆が組織化されることがある。このかぎりでの公衆が、国を構成する民 (*the Populus*) なのである」(Dewey 1984a: 246=23)。

デューイによれば、社会内部のアソシエーションの複雑さが増大し、輸送手段、情報伝達のメディア、さまざまな科学技術の進歩や普及、さらには市場をとおした大規模な商品流通によって、人びとの相互の交流や活動の機会は高まった。それらはこれまでになくいっそう広い範囲と間接性とをもって、以前の時代の生活に大きな影響と変化を与えていったとデューイはいう。そのような影響と変化のなかで、社会の交流や活動は、人びとのあいだで継続的に、迅速に、なおかつ対面的なコミュニティによる直接的な関与を越えて広範囲に展開する (cf. Dewey 1984a: 306-307=113)。

しかしこのことは、他方で直接的なやりとりや対話を介したコミュニティの機能を劇的に薄め、デモクラティックな公衆が蝕まれ、ますます空疎な幻影となっていくという、ある意味では必然の事態も同時に生んだ。なぜかといえば、間接的な帰結の複雑性が増大するにしたがって、公衆は公衆としてみずからその帰結の結果や意義、すなわち「重大さ」を把握するのがいっそう難しくなるからである。社会に生じる課題が科学的・技術的な様相を帯びるようになればなるほど、高度な技能や知識をもった専門家が必要とされ、また政治においてもそのような専門家がそれだけ求められるようになる。「結合的で、相互作用的な行動の諸帰結が、間接的で、広範囲に及び、持続的で、かつ深刻なとき、ここに、この諸帰結を規制することに共通の利益関心を持つような公衆が成立する。だが、機械時代は、間接的諸帰結の範囲を、極度に拡大し、多元化し、深刻化し、さらには複雑化し、また、コミュニティを基礎とするより、むしろ非人格的関係を基礎にして、極めて巨大な、統合的な活動組織を作り上げたため、結果として成立した公衆は、自らを公衆として確認し、識別することができないでいる」（Dewey 1984a: 314=123）。

たとえば、デューイが挙げるテネシー川流域開発公社（TVA）のマッスル・ショールズの工場設備をめぐる論争は、このことを示すひとつの事例として興味深い。デューイによれば、軍事、農業などに不可欠な化学薬品や窒素の製造設備を廃棄処分するかどうかという当時の政治的な争いは、公衆の散漫さや所在のなさを示す典型的なケースにほかならなかった。「ここに関与する問題、つまり、科学、農業、工業、あるいは財政の問題は、高度に専門技術的である。いったい、何人の投票者が、この問題に関わる全要因を評価し、一定の結論にいたるだけの能力をもっているだろうか。あるいは、勉強の末、その能力を身につけるとして、いったい、どれだけの投票者がその勉強に時間を費やすだろうか」（Dewey 1984a: 319-320=132）。

結果として生じたことは、人びとが即座には応答しえないような高度な専門性や技術性が社会のなかで要請され、多くの社会的・政治的な問題がそうした技術的専門性を抜きにして語れなくなったということである。そこでは、もはや問題の複雑さが、まとまりをもった公衆の組織化をいっそう困難にしてしまう。さらに、当然のことながら、鉄道交通、電信技術、ラジオ、出版メディア、大規模な市場経済など、機械時代に巻き起こった新たな知的手段の出現によって、社会や人間の諸関係の組織化にも大きな変容がもたらされた。それらがつくりだした社会とは、端的にいうと、まさしくグレアム・ウォーラス（Graham Wallace）が名づけた「グレイト・ソサイエティ（Great Society）」と呼ぶに相応しい社会であった。すなわち、蒸気や電気がもたらしたのは、人びとを強く複雑に結びつけ合っているコミュニティの紐帯を蝕むような「人間行動の幾分非人格的機械的な新しい諸々の結合様式」（Dewey 1984a:

296=92）でもあった。

こうした技術や物理的手段の知的展開に新たに遭遇するなかで、公衆の方はといえば、依然幻影のように無定形に揺曳し、それに見合う組織化をいまだ十分に果たしているとはいいがたい。そもそもの難問は、専門知や技術知がますます間接的になり、複雑になるなかで、対話に基づくコミュニケーションとしての知識や情報の直接的なやりとりに、公衆はおのずから参加することもなく、いわば経験の共有過程から締めだされたままの状態にあったということである。したがって、以上の時代への診断をもとにして、デューイはまさに求められている公衆の再生の条件を人びとの対面的で自由なコミュニケーションによって支えられた「グレイト・コミュニティ（Great Community）」の創出にあると考えていた。

機械時代の進展のなかで見失われつつあるコミュニティの協同的な生活の「虚空」や「間隙」を埋め戻し、いかに生活の意味を豊かにしていくか（Dewey 1984a: 369=204）。人びとをグローバルかつ高度な科学技術社会のなかで起こった技術知や専門知から分け隔てることなく、社会に出現する新たな知性のなかへと実質的に巻き込むことはできるのか。これらは、コモン・マンによるコミュニティの生活と同義であるような「デモクラシー」の倫理やその道徳的意味を、「科学」や「政治」の領域のみならず、私たちの暮らす身近な生活として「家庭」、「学校」、「産業」、「教会」、「隣人関係」等々のさまざまなアソシエーションへといかに浸透させていくかにかかっているとデューイは見ていた（cf. Dewey 1984a: 325, 369=139, 204）。新しい時代における、急速な社会秩序や関係性の組み換えを眼前にして、いかに対話的なコミュニケーションを紡ぎだし、旧来の信念や慣習を反省し、社会の問題解決や社会的探究のための通路を切り拓いていくか。デューイは、グレイト・コミュニティへの転換こそが、それらを再考する条件となり、公衆をよりよく再建する手がかりとなるはずだと期待を寄せた。

4　「リスク」——帰結の不確実性と再帰性

以上に概略した『公衆とその諸問題』におけるデューイの「公衆」論は、どうしてコミュニティやコミュニティの生活それ自体であるようなデモクラシーを必要とするのだろうか。ローティがホイットマンとともに「準コミュニタリアン・レトリック」の形成者としてデューイを捉えていたのはたしかに言い得て妙なところがある。なぜなら、ジョサイア・ロイス（Josiah Royce）の最晩年の熟考『グレイト・コミュニティの希望』（*The Hope of the Great Community*, 1916）に着想を得たものともされるデューイのグレイト・コミュニティへの転換は、この点で現代のコミュニタリアニズムによって比較的好意的に取り扱われることもあるからだ。

たとえば、マイケル・J・サンデル（Michael J. Sandel）の『デモクラシーの不満』（*Democracy's Discontent*, 1998）のように、「グレイト・ソサイエティが『公衆の失墜』をもたらした〔……〕デューイによれば、デモクラシーは公衆の再生を待ち受けている。それはひいては近代の経済のスケールに見合う共同生活（common life）を作りだすことにかかっている」（Sandel 1998:208=2011:108）というのは、その典型的な理解といえる。いわば『公衆とその諸問題』は、"Till the Great Society is converted into a Great Community, the Public will remain in eclipse. Communication can alone create a great community." というデューイの結論部分の論点に過剰な照明が当てられてきたといってよい。

しかしそのようなデモクラティックな公衆を再生するグレイト・コミュニティへの諸条件を、現代のグローバル化時代やますます高度化する科学技術社会において具体的に再描写するには、いっそう困難な課題や帰結が待ち受けているはずである。デモクラシーは「多義的」であり、「複雑な事象」であるとデューイは述べたが（Dewey 1984a: 286ff.=84）、まさにコミュニティの生活としてのデモクラシーという理想や理念は、必ずしも「公衆」としての——

あるいはもしこういってよければ「コモン・マン」としての――人びとのあいだで共有されるとは限らない。また逆に、政治、経済、消費、情報、技術のグローバル化が進む時代のなかでは、人びとの生き方において共有される意味――デューイのいう「サイン」や「シンボル」(Dewey 1984a: 330-332=147-149)――は豊富になるどころか、むしろそれらを合理化したり、標準化したり、均質化したりする努力とも無縁ではない。

たしかにデューイは、対話や相互のやりとりをとおしたコミュニティの生活としてデモクラシーを豊かに意味づけ、そのようなコミュニティの力によって「公衆」を再生することがデモクラシーの防波堤になると考えた。今日では、さまざまな技術革新による手段や方法の改良と開発によって人びとの相互の交流や越境の機会が一見増大するようにも思われる。けれどもその反面で、私的なライフスタイルがより細分化した飛び地になることによって、社会の共通の精神や目的を形成しにくくなるという事態もいっそう深刻なものとなりつつある。ましてグローバルな環境問題や世界市場、あるいは高度な情報消費といった国家の枠組みを容易に飛び越す交流、あるいはそうしたものを可能にする科学技術の著しい進歩、等々によって、高度なリスクをともなうような第三者へのやりとり――トランザクション――がいっそう拡大するという側面も現われている。社会学者のウルリヒ・ベック(Ulrich Beck)が示唆したように(Beck 1986=1998)、そこでは社会が「再帰的(reflexive)」になればなるほど、「コミュニティ」や「家族」、「労働」といった人間の直接的な共有経験を育んできた仕組みそのものがリスクとなりうる状況も生じかねない。

たとえば、ベックが『リスク社会』(*Risikogesellschaft*, 1986)のなかで述べていたことをここでは思い起こしてみよう。ベックによれば、近代の「科学化」の過程では、第一の単純な段階として、不確実性を処理し縮減するかたちで、社会と対置される「外なる自然」への依存状態を脱けだし、その自然を「対象」としていかに統制し、飼い馴らしていくかが目指されていた。そこでは、科学者たちは「伝統的な知識の蓄積、慣習、素人の実践に対して科学的な合理性や思考方法が有する優越性に依拠することができた」(Beck 1986: 259=324) といえる。

けれども、現代における第二の段階としての科学の自己内省的な科学化は、「もはや『初めからあった依存状態から解放すること』ではな」く、「『自ら招いた』欠陥とリスクがどのようなものであり、その分配のあり方がどのようなものか」、「科学の応用のなかで生じたリスクを科学自身でコントロールできるだろうか」(Beck 1986: 258ff.=1998: 322ff.) ということが、再帰的に問い返される。こうした段階のなかではもはや、「専門家の仲間内で、また専門分野の中だけで、自ら生み出した欠陥を処理することは不可能になる。そして、科学とその応用とそれを受け取る大衆との間で任務の分担を設定し直さざるをえなくなる」(Beck 1986: 262=1998: 326) とベックは述べた。

とはいえ、たとえそのような科学化の段階にあったとしても、行為や事の帰結の影響をもつ範囲と程度が著しく見通しくい社会のなかでは、コモン・マンから形成される「デモクラティックな公衆」は決して再生されるどころではないだろう。というのも、ベックの言葉を借りるなら、リスクはいってみれば日常生活のなかに「トロイの木馬」として潜んでいるが、リスクに直面している当事者自身も把握し応答しきれないような問いが立てつづけに発生するからである (Beck 1986: 71=82)。そこでは、科学者であれ、政治や行政の公職者であれ、かつてウォルター・リップマンが『幻の公衆』において展開したような、エリート／公衆、専門家／大衆、関係者／部外者といった二項を区分けする立論が暗に補強され、根強く生きつづけることになるかもしれない。知られるようにリップマンは、主に政治や行政における専門性についてであるが、「問題の予想、分析、解決は公衆のすべきことではない。公衆の判断は、問題となっている事実のわずかな断片に基づく」(Lippmann 1993: 134=2007: 104) といっていた。

なるほど、「公衆に関わるすべての帰結に関して十分な公開性のないところに、公衆は存在しない」(Dewey 1984a: 339=160) とデューイは明確に述べていた。だがそこでは、人びとが「政治」をはじめ、「労働」、「経営」、「教育」、「道徳」

のシステム内部に参加することよりも、予測しにくいリスクや不確実性を縮減する手段として、むしろそのようなシステムから人びとを遠ざけ、切り離しておくことが求められるという皮肉がことさら浮き彫りとなるはずである。「貧困は階級的で、スモッグは民主的である」とベックは表現していたが、リスクは階級や階層社会の地勢図と関係なく「平等に」分配され、生産活動の発生する場所と関係なくグローバルな規模で拡大する（Beck 1986: 48=1998: 51）。けれども主たるリスクは、ベックが述べていたとおり、システムに関与することなく遠ざけられてしまった「下方」の人びとへ「集中して」分配されがちであるということもあわせて考えなければならない（Beck 1986: 46=1998: 48）。

5 「教育」――コミュニティと経験の共有

このように、第二の科学化（科学の帰結に対する自己内省）というより進んだ事態に直面すると、ともすれば科学や技術だけではなく、それらを利用する工業や産業、あるいは企業体のグローバルな経済的活動の帰結そのものを拒絶し、個人の人間としての意志の力や公共的なものへと積極的にコミットしていく道徳的感情の豊かさを教育的に再生することによってこれを克服したり、弁証したりする衝動に駆られることも十分ありうる。科学化のもたらす行為の帰結は、一方で、コミュニティや伝統的な家族、労働の仕組みを土台から蝕み、掘り崩すに違いない。ただし掘り崩すからといって、こうした帰結を生みだす手段や方法としての科学を完全に廃棄し、単に個人の意志や道徳的感情の回復に訴えていくのは、デューイの言葉を用いれば、ただ「道徳の魔術（moral magic）」や「感情の魔術（sentimental magic）」に解決を委ね、問題を逸らすだけである。デューイがほとんど一貫して述べていたように、私たちには、新しい時代の諸条件を踏まえたうえで、つまりその帰結を後戻りさせるのではなく反省や批判を経由するなかで、むしろその独自の発展可能性 (potentialities) に従っていかに方向づけなおしていくかという問いの立て方こそが求められるというべきである (Dewey 1984c: 74=1975: 57)。

『公衆とその諸問題』をリップマンに対する返答として読み込んできた通常の政治思想的読解は、専門家／大衆、エリート／公衆、関係者／部外者を区分けし、専門家やエリートによる支配が社会の問題解決の手引きになると説くような「デモクラティック・リアリズム (democratic realism)」に対するデューイの反論を多くの場合この著作のなかに求めて読み込んできた。ウェストブルックが説明しなおしているように、公衆の衰退や凋落は、多くの政治理論家たちにデモクラティック・リアリズムを擁護する格好の機会や理由を与えていた。「彼らが主張したのは、活発な公衆 (an active public) が現代のデモクラシーの政治 (government) に必要でもなければ、望まれることでもないので、公衆が幻影である (the phantom public) としても問題ではない、ということであった。政治は、専門家たちに任せられるのが最善であるという問題となった」(Westbrook 1991: 308)。

だが、行為や事の帰結がいっそう再帰的に、複雑になりゆく事態のなかで、このような区分けがはたして機能しうるかどうかという疑念は依然として拭いきれない。ウェストブルックは、「結果として、デューイは『公衆とその諸問題』のなかでわずかな言及しかしないけれども、ラディカルな教育の改革は、それが公衆を活性化する十分条件ではないとしても、本質的な要素である」(Westbrook 1991: 313) と述べている。政治思想的読解の背後に隠れて、そこでのウェストブルックの説明ではこの問題はそれほど多く語られていない。しかし公衆の問題が道徳的な倫理上の課題であるばかりでなく、「知性」と「教育」の課題であるとデューイが述べていたことは、上記の疑念に対する応答としていま一度注意を向けてみてもよいのではないか。

リップマンがリアリストさながら『幻の公衆』のなかで述べていた指摘のひとつは、デモクラシーの無能力や機能不全に対する救済を一般の人びとや大衆の教育に訴えることがいかに不毛でいかに混乱したものであるかということだった。リップマンの主張に基づけば、デモクラシーは、①一般の人びとや大衆の教育と、②高度な政治的・技術的訓練を必要とする公職者や専門家の教育の両者を切り分けて考えてこなかったことに重大な難点がある。結局のところ、デモクラシーは人びとに「重責ある者に求められる知識の断片を与えたにすぎない」とリップマンは述べている。リップマンがいうように、それは「事実、良き市民ではなく多数のアマチュア行政官の育成を目指した。公衆の一員としてどのように行為するか、子どもたちは教わらなかった。すべてに干渉するなら知っておかねばならないことを、慌ただしく中途半端に味わわせるにすぎない。途方に暮れた公衆と不十分な訓練しか受けていない役人の大群が、その結果である」（Lippmann 1993: 138-139=107）。

しかしながら、きわめて背理的な反論しかできないとしても、現代の間接的な経験を越えてグローバルな行為と事の帰結が再帰的に指し示す「間接的にも経験していない」「誰も知らない」リスク（Beck 1986: 96=115）のまえでは、リップマンから引きだされる専門家／大衆等々の明快な区分は、いまや相当に成り立ちにくいはずである。そういうわけで、先に引用したように、「専門家の仲間内で、また専門分野の中だけで、自ら生み出した欠陥を処理することは不可能になる」というベックの推察は、「科学とその応用とそれを受け取る大衆との間で任務の分担を設定し直さざるをえなくなる」と続いていた。だがここでの「分担」の再設定は、リップマン的な境界区分の引きなおしというよりも、むしろコミュニケーションをとおした公衆の起死回生を描こうとするデューイ的なデモクラシーによってこそよりよく塗り替えられるかもしれない。

デューイの『公衆とその諸問題』における「公衆」論は、もちろん、単純にデモクラティック・リアリズムへの反撃として読まれるべきものではない（cf. 井上 2013）。その意味で、専門家と大衆の二者択一ではなく、両者の断絶を取りもちながら、リップマンのリアリズムを「補完する試み」（小田川 2002: 263）であったとする理解もまた正当なものと思われる。ただしここでは政治思想的な解釈の枠組みを越えて、デューイが「知性と教育にかかっている」と述べていたことの意味をさらに進んで考察してみる必要がある。それというのも、『公衆とその諸問題』の教育的含意を読みとることは、デューイ的なデモクラシーへの塗り替えの方がどうしてより適切な主張となるかということをいくらか解き明かしてくれると考えられるからである。

実のところ『公衆とその諸問題』は、デューイの代表的な政治的著作として広く取り扱われているにもかかわらず、「教育」というその内実の考察によってさらに「補完」されるべき性質のテクストである。教育を語るためにこの著作の重要性がこれまで積極的に言及されてきたとは必ずしもいえないが、デューイの『公衆とその諸問題』は、教育思想との交差のなかでこそよりよく吟味できるアクチュアリティを備えている。この著作を教育思想としていかに読むかという問いは、デューイがリップマンの『世論』に対する書評の結びのなかで次のように語っていたことをどのように再理解するかという問いとも地続きである。つまり、「デモクラシーは、公務担当者や行政官、産業の管理者たちの教育という以上に、より徹底した教育（a more thoroughgoing education）を求めている。〔……〕デモクラシーの企ては挑戦的なものである。それを行政官や管理職を啓蒙するという課題へと逸してしまえば、デモクラシーの広がりとその挑戦であるような何かを取りそこなうことになってしまう」（Dewey 1983: 344）。

グレイト・コミュニティへの転換が公衆の再起の鍵を握るとデューイが考えた理由のひとつは、経験や意味を直接的に共有したり、理解を交換するための対面的なコミュニケーションを用意したりする「生き方（a way of life）」としてのデモクラシーの企てが、まさに身近な人たちのコミュニティの生活において出発するからにほかならない。

人間のアソシエーションそのものは「自然的で有機的」かもしれないが、コミュニティの生活は「道徳的なものであって、感情によって、知性によって、意識的に維持されるものである」(Dewey 1984a: 330=146) とデューイはいう。「我々人間は、他者と関わりを持つ有機的存在として生まれるが、しかし、コミュニティのメンバーとして生まれるわけではない。若者は、教育を通して、つまり絶えざる手解きを通じて、さらには、目に見える社会的結びつきという現象と関わった学習を通じて、コミュニティを特徴づける伝統と展望と利益関心のうちへと導かれねばならない」(Dewey 1984a: 331=149)。

ところがいまや、その意識的に導き入れるべきコミュニティの宛て先が不確かで、大きく変容しているところに問題の核心があった。教育思想との交差ということから捉えてみると、デューイの『学校と社会』(*The School and Society*, 1899) を貫く眼差しが、『公衆とその諸問題』の認識と基本的には同様に、産業の集中化や労働の分業化といったアメリカ社会に進展する新しい機械時代の余波に対する認識に強く動機づけられていたと気づいても、別段驚くべきことではないだろう。かつて家庭や近隣の地域コミュニティの仕事に埋め込まれ、対面的なやりとりのなかで機能していた「経験」――これを「あらゆる訓練の母 (the mother of all discipline)」とデューイはいったが――は、社会の根本的変化のなかでその教育力を奪いとられ、かたや学校は社会の共通の精神や目的を欠いた条件の下でいっそう社会生活と遊離した抽象的な知識伝達に明け暮れている (Dewey 1976: 12=1998: 76)。

工業化や産業化などに見られた機械時代の特徴は、「社会的に蓄積され伝播されていった科学の成果を利用することによってのみ可能となった」が、こうした科学の成果は「同様に、学習しなければ手に入らない」(Dewey 1984a: 300=102) とデューイは論じた。けれども、ひとたびその「学習」が日常生活との関連を覆い隠され、「有意味な経験 (significant experience)」から切り離されてしまうなら、それは子どもにとっても非専門家である一般の人びとにとってもデモクラシーへの足枷となり、皮肉なことに専門家と大衆とのあいだの不幸な亀裂を強めてしまう結果になりかねない。なぜなら、そのような経験から切り離されれば、「彼は、専門的な情報の体系を、それと彼がよく知っている対象や操作との関連を探り出す能力を持たずに、習得する――彼はしばしば単に特殊な語彙を習得するにすぎない」(Dewey 1980: 228=1975b: 44) ことになってしまうからである。

デューイが後に『デモクラシーと教育』(*Democracy and Education*, 1916) のなかで詳しく述べていたように、まずもって科学が「合理的になりつつある経験 (experience becoming rational)」、「経験のなかで認識された諸要素の結実 (the fruition of the cognitive factors in experience)」であるとするならば (Dewey 1980: 233, 238=1975b: 52, 59)、ここでいう私たちの「社会的蓄積」のすべてが直接的な参加によって容易に経験されるわけではない。むしろ、獲得される経験の多くは、記号や言語によって「媒介された (mediated)」間接的経験であるといってよい。それゆえ、教育において、「教えること (teaching) が、記号という媒体によって事実や観念の伝達を安全に開始することができる以前に、学校教育は、個人が参加することによって素材の意味やその素材が伝える問題を切実に感じさせるような本物の状況を与えなければならない」(Dewey 1980: 242=1975b: 64)。

したがって学校こそが、まずはそのような切実な状況を生みだす身近な人たちとの「小型のコミュニティ (a miniature community)」として再生されなければならない。デューイの『公衆とその諸問題』において展開される「公衆」論の政治的含意を読み解くだけでは、グレイト・コミュニティへの転換によって公衆の教育が付随的に生まれるものと誤解してしまうかもしれない。だがおそらく事態は逆だといえる。デューイの教育思想の側から『公衆とその諸問題』の読解の道筋を逆転させれば、まさしく従来の伝統的な教育観や学校の役割を(地道ではあるが)変革させることによって、グレイト・コミュニティへの水路が形づくられるという理屈が改めて用意されてくる。

6 「方法」——思考と知性の勇敢さ

『学校と社会』や『デモクラシーと教育』において、デューイが社会変化とともに再構成される小型のコミュニティとしての学校の生活のなかにある種の新しい道徳的意味を見いだそうとしたのはたしかである。同じようにデューイは、コミュニティの生活に「生き方」としてのデモクラシーの理念を重ね合わせ、そこに行為の倫理的・道徳的規準としての理想的意味を読み込んだ(cf. Dewey 1980: 92=1975a: 141; Dewey 1984a: 328=144)。しかしだからといって、私たちはこれを即座に道徳の権威や倫理の伝統的原理に基づく教育論と直結させて理解するのは間違いである。たしかに、『公衆とその諸問題』では、その結末に向かってコミュニタリアンさながら「養育の主要な担い手」、「気質を安定的に形成するための手段」、「性格の根幹を左右する観念を身につけるための手段」(Dewey 1984a: 367=200)であるような地域や家庭の豊かさを説き、グレイト・コミュニティ創出の諸条件が求められていく。だが、どうしてデューイはその最終章に「方法の問題(the problem of method)」というタイトルを充てたのだろうか。

学校のことはほとんど触れられていないが、公衆の「教育」と「知性」に期待を寄せるデューイの「公衆」論の補完的側面は、一方で、専門家やエリートによる支配というプラトン的国家の理想にすぎないものをまさに「現実」として読み替えていた多くのリアリストにとっては、きわめて微かな希望にしか映らなかったかもしれない。けれども、デューイが急いで反駁するように、「大衆が知的に救いがたいのであれば、いずれにせよ、大衆は、あまりに多くの欲望とあまりに多くの力を持ちすぎているため、専門家による統治が行われることなど許容できないということになる。無知、偏見、軽薄、嫉妬、不安定というように、政治的出来事への参加資格を大衆から奪っている当のものこそ、大衆が知識人による統治に従順に従うことを、ますますいっそう不向きにしているのである」(Dewey

1984a: 363=195)。むしろデューイによれば、「大衆に要求されていることは、他の人々によって提供された知識が、共通の関心事にとって、どのように意味を持つのか、これを判断する能力を備えているということである」(Dewey 1984a: 365=198)。

もしも行為や事の帰結が不確実であり、情報が限られているのであれば、どのように情報を集めるか、あるいは、どのような情報が判断する際に不足しているか、また、社会において具体化された知性を利用し、新たな情報を加えたうえでならどのような仮説、判断、帰結の検証が可能となるかを考えることが、現実的には有益である。デューイは、思考の方法上の問題として広い意味での「科学」をコモン・マンとしての公衆の再生にとって不可欠なものと見なした。このような見解は、人びとのコミュニケーションへの参加とアクセスを可能にするデモクラシーによってこそ切り拓かれる。

だからこそというべきか、小型のコミュニティとしての学校のなかで、いかに「思考(mind, thinking)」の習慣を育むかということがそうした公衆を育むための重要な糸口となるはずである。しかし公衆を形成するための可能な道筋は、公衆一人ひとりの公共的な良心や情緒の持ちように求められるものではない。それは具体的状況の適切な把握、科学的知識を介した判断や見通しといった、「方法の優位(the supremacy of method)」(Dewey 1984b: 178=1950: 231)に支えられた習慣形成のなかにある。

したがって、デューイはデモクラシーの倫理や道徳的意味が再発見される過程としてグレイト・コミュニティの創出を描こうとしたが、ここでいうデューイの倫理や道徳とは、「倫理科学(ethica science)」や「道徳科学(moral science)」として捉え返さなければならないだろう。知識は「理解」であり、また(人びとがそうした理解のやりとりのなかに参加していくような)「コミュニケーション」そのものであるとデューイが語ったように(Dewey 1984a: 345=169)、専門家の科学的知識といえども決して絶対的な「善さ」や「正しさ」を示すものではない。なぜならそれは、よりよい意味で科学的な仮説と検証による実験的手続き、相互の自由なコミュニケーションによって「善さ」や「正しさ」という当面の倫理的・道徳的規準を示すもの、あくまで未来において反駁される可能性を含みもつ「保証つきの言明（warranted assertion）」（Dewey 1986: 145=1980: 530）にすぎないからである。

ウェストブルックの言葉を借りれば、こうした人びとによる探究のコミュニケーションに基づくデモクラシーの「拡張的な（expansive）」理解は、まさに一九二〇年代という時代をとおして、リップマンに見いだされるような、大衆を指導する専門家や科学者の役割へと狭く「抑制された（constricted）」デモクラシーとのあいだの論争の火種になったという。「リップマンとは異なって、デューイは、コモン・マンの思考と科学者の思考とのあいだの連続性を強調した。こうした主張は、彼のもっとも広く読まれた認識論上の著作『思考の方法』（*How We Think*）の核心だった。リップマンとは違い、デューイは、プラグマティックな知性が広く普及するのに専念した。こうした努力は、教育改革者としての彼の仕事の核心であった」（Westbrook 2005: 121-122）。

デューイが投げかけたデモクラシーの問題は、行為や事の帰結の「重大さ」をどのように公衆の問題として認識し、そうした帰結の意義や結果に対して応答しつづける、ある種の実験的な公衆をいかに組織づけるかということだった。それは政治の問題のみならず、教育や倫理を広い意味での「科学」によっていかに結び合わせ、共同の経験（common experience）をいかに実りあるものとしていくかに委ねられていた。すなわち、「もしも現在のところ、教育を再構成する特別な必要があるとすれば〔……〕それは、科学の進歩、産業上の革命、そしてデモクラシーの発展にともなう社会生活の徹底した変化のためである。そのような実際的な変化が起これば、それらに見合う教育上の改革が求められ、こうした社会的変化のなかでどのような観念や理想が潜在的に含まれ、古くて異なる文化から受け継がれた観念や理想についてどのような変化が求められているのかを人びとは問うようになる」(Dewey 1980: 340=1975b: 205)。

もちろん、「行為の条件、さらには、探究と知識の条件は絶えず変化しつつある」(Dewey 1984a: 256=40) というように、人びとの科学的知識を介した判断や見通しがつきにくい、現代のグローバルな帰結（リスク）の間接性やいっそうの複雑さが新たな条件となるなかでは、デューイの「公衆」論の描く射程が丸ごと通用するわけではない。当然のことながら、科学的知識は必ずしも万能であるといえないし、現代においては科学や技術そのものに対して規範や抑制を加える応用倫理学的な反省がいっそう不可欠となる。行為や事の帰結を間接的に把握し未然に対処することは、一方で専門知や技術知による指導や裏づけを必要とする。その限りにおいてリアリズムが手放されることはない。しかし他方において、同時に私たちは、専門知や技術知によって支配される「大衆」でもなく、専門知を持ったとしても「傍観者」であるような態度をとるということでもなく、まさに「当事者」としてどう判断し、行動できるかという思考態度が要請される。誰もが予測を超えた行為や事の帰結に遭遇するかもしれないというグローバル化時代の一般的な想定は、誰もがこの「当事者」になりうることを求めている。

このことに関していえば、デューイは、行為や事の帰結の「関連（connections）」を発見し再結合することこそが課題であるとも論じていた。「はっきりとは見えない関連を探し求め発見すること」こそが、すなわち「私たちを思考へと挑発し導き入れもの」となる (Dewey 1981: 246=1959:248)。そして「関連と相互作用をより多く確かめれば確かめるほど、私たちは、問題となっている対象をより多く知る。思考とはこうした諸々の関連を求めることなのである」(Dewey 1984b: 213=278, 傍点は原文イタリック)。こうした関連の把握は、公衆の「想像力（imagination）」をともなう困難な課題である。しかし「想像力の働きをともなうことがなければ、直接的活動から記号による間接的知識（representative knowledge）への道はない」（Dewey 1980: 245=69）。現代において、その「関連」が見いだしにくいといってしまえば、悲観的にすぎるかもしれない。デューイの経験した時代以上に帰結が不確実であるとするならば、そうした不確実性に対する悲観的な眼差しをも新たな「問題（problems）」として読み替えていく。このことは、デューイがしばしば楽観的で軽薄な哲学者だとラベルを貼られてきた理由のひとつに違いない。けれども、それはあまり気づかれてはいないが、楽観か悲観かという問題ではなく、「知性の勇敢さ（a courageous intelligence）」に関わる問題である。

7 「社会倫理」への問い——科学技術とコモン・マンをつなぐために

ここまで私たちがデューイの『公衆とその諸問題』とともに見たように、科学や技術それ自体が引き起こす危険とリスクがグローバルなかたちで私たちに影響をもたらしているという懸念は、むろんいまにはじまるものではなかった。科学技術社会論の藤垣裕子が指摘するように、専門家による科学的探究のみからは判断しにくい課題にいっそう直面しつつある現代においては、さらに「専門家（科学技術者）の知は、従来のように、市民（素人）の知に対して常に優位に立てるとは限ら」ず、「専門家の思いもよらない現場の知識が、意思決定のための根拠の提示に役立つ」こともあるだろう（藤垣 2003: 190）。藤垣によれば、専門家と市民との関係性を考えるためには、「市民は無知で、知識が欠如しており、専門家から市民へ一方的に知識が流れ」ることも、「専門家と行政の決めた最適な意思決定あるいは科学技術を一方的に受容」することも、科学の現状や実態を理解していくには不適切な説明であり、そうではなく「双方向的な科学の公共理解（Interactive Public Understanding of Science）」を育む方向へと私たちの科学技術社会のあり方を転換させていく必要がある（藤垣 2003: 190）。

このような科学技術社会論や科学コミュニケーション論と呼ばれる現代の考察のなかでは、実際にデューイの「公衆」論が着目されることは少なくない。そこでは、科学技術の専門性を必要とすることと一般市民としてのコモン・マンのデモクラシーを求めることという難題に取り組んだ思想家として、デューイは積極的に解釈されてきた（e.g. Brown 2009）。さらにそれだけでなく、公衆の政治参加を広く支持するような政策探究や熟議デモクラシーの文脈においても、デューイの「公衆」論は政治の専門性とデモクラシーとのあいだを調停する思想として繰り返し再理解されてきた（e.g. Fischer 2009; cf. 内山ほか 2012）。マーク・B・ブラウン（Mark B. Brown）が指摘するように、デューイは専門家と市民とがいかに双方向的なコミュニケーションをとるべきか必ずしも明確に語ったわけではないし、科学の専門性から生まれる課題や、科学とデモクラシーとのあいだの緊張について決して多くを語ったわけではなかった（Brown 2009: 160）。けれども、市民の熟議と技術的専門性が互いを必要とし、社会のあり方を変える過程として科学を捉えようとするならば、私たちはいまでもデューイの洞察から学ぶべきものがあるとブラウンはいう（Brown 2009: 161）。

しかしながら、科学技術とコモン・マンのデモクラシーとの緊張関係は、実のところとても苦しく容赦のない非難に晒されてきたことも事実であろう。なかでも哲学者ハンナ・アーレント（Hannah Arendt）は、デューイをコモンセンス（良識）という「象牙の塔」に生きる学者と評してこう述べていた。アーレントによれば、デューイは「抽象的な意味」において「いつも正しい」思想を良識的に展開するが、その議論がとりえた歴史的経験は「いつも誤った」基礎に基づき、現実的にはその正しい議論とまったくかみ合わさってはいなかった。要するに、「デューイの概念は人間の概念ではなく科学の概念である。デューイのおもな努力は、科学的な真理の概念を社会科学に対する作業仮説として適用することに向けられている。〔……〕このアプローチの意図は、もちろん本質においては人間的なものである。つまり、それは真摯に科学を人間的なものにし、科学的結果を人間の共同体にとって有用なものにしようと試みている。問題はただ、そこでは同時に人間ではなく科学が議論を先導し、その結果、人間は教育によって——『意識の形成』や『人間本性を扱うテクニック』によって——科学的にコントロールされた世界に適合する操り人形になってしまうということだ」（Arendt 1994: 195=2002: 265-266）。

アーレントが説くように、デューイの「努力」は、科学的方法を基盤にした探究の論理に厚い信頼をおき、科学的探究の論理をコモン・マンによる社会的探究へと適用し拡張させていく希望として表明された。だが彼女によれば、デューイのそうした希望はある種の危うさも抱えた両義的なものだった。マックス・ホルクハイマー（Max Horkheimer）が同じく批判の矛先を向けて語ったとおり、「たしかに科学は、他の無数の要因と同じように、良くも悪くも歴史的変化をもたらす一因となった。しかしこのことは、科学が人類を救うことのできる唯一の力であるということを証明するものではない。もしデューイが、科学に生じた変化は常によりよい社会秩序へと向かって変化を引き起こしていると述べようとしているのだとしたら、かれは経済、技術、政治、イデオロギーがもつさまざまな力の相互作用を誤って理解していることになる。ヨーロッパにおける死の工場は、空気からストッキングを造る工場と同様、科学と文化の進歩とのあいだの関係にとても重要な光を投げかけている」（Horkheimer 1947: 75=1987: 91）。

科学技術がいまあらためて問われているとしたら、それは行為や事の帰結としての科学技術に対する倫理をコモン・マンのデモクラシーのなかにいかにして組み込んでいくかということに違いない。その意味において、デューイが晩年に、原子力時代における科学に対する倫理の問いを〈自然／人間〉、〈物質／精神〉、〈科学／道徳〉といった二元論を設定する哲学の問題として再び受けとりなおしたことはあらためて触れておいてもよい。科学技術をめぐる知識から「労働者」や「大衆」を締めだしていく知のありようにデューイは敢然と立ち向かおうとした（Dewey 1989: 202）。デューイの科学的方法への信頼は、決して手放しに科学を称賛したものではなかった。デューイにとって、それは単なる「技術的な」方法によって科学を目的合理的に「適用する」ものとしてではなく、「人間の関心」に適うように「人間的な諸価値を変容」させるからこそ重要な意味をもった（Dewey 1984b: 159=205; cf. 松下 1993: 261）。

　デューイは『デモクラシーと教育』のなかで論理的方法と心理的方法を区別しながら「科学」や「科学的方法」を教えることの意味について言及している（cf. Phillips 2016; MaCarthy 2017）。デューイによれば、科学における知が人間の「知性」や「共感」を「解放する」ために生みだされるならば、それだけそれは「人間的な（humanistic）」ものとなる（Dewey 1980: 238=1975b: 59）。けれども科学が示す観察、仮説、実験、検証といった「論理的方法（logical method）」は、素人や学習者からみれば「複雑」であり「非日常的」であり「専門的」にすぎるため、しばしば日常生活との関連を見えなくさせてしまう。それゆえ科学的方法の教育は、「科学」そのものを教えることというよりも、まずはみずからが経験のなかで学ぶものとして、私たち一人ひとりの身近な生活のなかから観察や実験に馴染んでいくような「心理的方法（psychological method）」がとられるべきだとデューイは述べた（Dewey 1980: 227-228, 296-297=43-45, 142-143）。あまり触れられることはないが、この区別はまさにデューイが倫理をめぐる問いとして主題としていた「倫理的要請（ethical postulate）」のもつ論理をあわせて思い起こさせる。それによれば、私たちの「倫理」への問いは、一人ひとりの行為や個人の自分自身に関わる「心理的な」側面と歴史的経験のなかに見いだされる制度や習慣や政治といった行為の状況に関わる「社会的な」側面という「論理的諸条件（logical conditions）」によって構成される。デューイは簡潔に「行動の主体は、心理的事実であると同様に社会的事実であり、また行動のさまざまな条件は社会的意味と同じく心理的意味をもっている」（Dewey 1971: 234）と述べていた。こうした論理からいえば、ここで吟味が必要なのは科学を教えることをめぐる「社会倫理（social ethics）」への問いであろう。アーレントやホルクハイマーのように、科学技術社会をめぐる倫理への「社会的な」問いがデューイには欠けていたと捉えるべきか。あるいはそうした問いを補完しようとしたテクストとして『公衆とその諸問題』をいま一度再読すべきか。その評価は、私たちの社会や時代の「大地の夢」と未来への「道」がいかに描きだされるかによって決まってくる。

付記

本章で展開した議論は、以下の論考を再構成し、詳述したものである。拙論「ジョン・デューイとグローバル化時代の『公衆』論——デモクラシーの政治・教育・倫理」（『日本デューイ学会紀要』第54号、日本デューイ学会、2013年、191-204頁）をあわせてご参照いただきたい。なお、邦訳のある文献からの引用にあたっては既訳を参照しているが、一部訳語や表現を改めている場合がある。

文献

Arendt, H. 1994 "The Ivory Tower of Common Sense," in H. Arendt ed., *Essays in Understanding, 1930-1954: Formation, Exile, and Totalitarianism*, New York: Harcourt Brace & Company, pp.194-196. =2002「コモンセンスの象牙の塔」,『アーレント政治思想集成1　組織的な罪と普遍的な責任』齋藤純一・山田正行・矢野久美子訳 みすず書房、264-267頁。

Beck, U. 1986 *Risikogesellschaft: Auf dem Weg in eine andere Moderne*, Frankfurt am Main: Suhrkamp Verlag. =1998『危険社会——新しい近代への道』東廉・伊藤美登里訳 法政大学出版局。

Brown, M. B. 2009 *Science in Democracy: Expertise, Institutions, and Representation*, Cambridge, Mass.: The MIT Press.

Dewey, J. 1971 *The Study of Ethics: A Syllabus*, in J. A. Boydston ed., *John Dewey: The Early Works, 1882-1898*, vol. 4, Carbondale: Southern Illinois

University Press.

Dewey, J. 1976 *The School and Society*, in J. A. Boydston ed., *John Dewey: The Middle Works, 1899-1924*, vol. 1, Carbondale: Southern Illinois University Press. = 1998『学校と社会・子どもとカリキュラム』市村尚久訳 講談社、一九九八年。

Dewey, J. 1980 *Democracy and Education*, in J. A. Boydston ed., *John Dewey: The Middle Works, 1899-1924*, vol. 9, Carbondale: Southern Illinois University Press. = 1975a/b『民主主義と教育（上／下）』松野安男訳 岩波書店。

Dewey, J. 1981 *Experience and Nature*, in J. A. Boydston ed., *John Dewey: The Later Works, 1925-1953*, vol. 1, Carbondale: Southern Illinois University Press. = 1959『経験と自然』帆足理一郎訳 春秋社。

Dewey, J. 1983 "Public Opinion By Walter Lippmann. New York: Harcourt, Brace and Co., 1922," in J. A. Boydston（ed.）, *John Dewey: The Middle Works, 1899-1924*, vol. 13, Carbondale: Southern Illinois University Press, pp. 337-344.

Dewey, J. 1984a *The Public and Its Problems*, in J. A. Boydston ed., *John Dewey: The Later Works, 1925-1953*, vol. 2, Carbondale: Southern Illinois University Press. = 2010『公衆とその諸問題』植木豊訳 ハーベスト社。

Dewey, J. 1984b *The Quest for Certainty: A Study of the Relation of Knowledge and Action*, in J. A. Boydston ed., *John Dewey: The Later Works, 1925-1953*, vol. 4, Carbondale: Southern Illinois University Press. = 1950『確実性の探究――知識と行為との関係の一考察』植田清次訳 春秋社。

Dewey, J. 1984c *Individualism, Old and New*, in J. A. Boydston ed., *John Dewey: The Later Works, 1925-1953*, vol. 5, Carbondale: Southern Illinois University Press. = 1975『新旧の個人主義』明石紀雄訳『アメリカ古典文庫13 ジョン・デューイ』研究社。

Dewey, J. 1986 *Logic: The Theory of Inquiry*, in J. A. Boydston ed., *John Dewey: The Later Works, 1925-1953*, vol. 12, Carbondale: Southern Illinois University Press. = 1980『論理学――探究の理論』魚津郁夫訳、『世界の名著 パース ジェイムズ デューイ』中央公論社。

Dewey, J. 1988 "Creative Democracy: The Task Before Us," in J. A. Boydston ed., *John Dewey: The Later Works, 1925-1953*, vol. 14, Carbondale: Southern Illinois University Press, pp. 224-230.

Dewey, J. 1989 "Dualism and the Split Atom: Science and Morals in the Atomic Age," in J. A. Boydston ed., *John Dewey: The Later Works, 1925-1953*, vol. 15, Carbondale: Southern Illinois University Press, pp. 199-203.

Fischer, F. 2009 *Democracy and Expertise: Reorienting Policy Inquiry*, Oxford: Oxford University Press.

藤垣裕子 2003『専門知と公共性――科学技術社会論の構築へ向けて』東京大学出版会。

Giddens, A. 1990 *The Consequences of Modernity*, Cambridge: Polity Press. = 1993『近代とはいかなる時代か？――モダニティの帰結』松

尾精文・小幡正敏訳　而立書房.

Horkheimer, M. 1947 *Eclipse of Reason*, New York : Oxford University Press. = 1987『理性の腐蝕』山口祐弘訳 せりか書房。

Hytten, K. 2009 "Deweyan Democracy in a Globalized World," *Educational Theory*, 59 (4) , pp. 395-408.

井上弘貴 2008『ジョン・デューイとアメリカの責任』木鐸社.

井上弘貴 2013「ジョン・デューイとデモクラティック・リアリズム――『公衆とその諸問題』の再検討」『日本デューイ学会紀要』第54号　日本デューイ学会、169 - 179頁。

生澤繁樹 2012「デューイの社会倫理学――1900-1901 年シカゴ大学講義録を中心に」『日本デューイ学会紀要』第53号、日本デューイ学会、173 - 185頁。

生澤繁樹 2014「教育と社会倫理――デューイ倫理思想の形成と論理的諸条件」『イギリス理想主義研究年報』第10号、イギリス理想主義学会、22 - 34頁。

生澤繁樹 2015a「デモクラシーが『公衆』を形成する――ジョン・デューイとリベラル・ジャーナリズムの時代」『近代教育フォーラム』第24号、教育思想史学会、26 - 37頁。

生澤繁樹 2015b「『意図』と『付随』のデモクラシー――デューイの民主的教育論における『媒介された経験』の問題」『日本デューイ学会紀要』第56号、日本デューイ学会、63 - 76頁。

生澤繁樹 2017「実践知と政治教育のリアリティ――『構想力』を育む学びに向けて」『学校教育研究』第32号、日本学校教育学会、21 - 40頁。

ロレンス 1974a『アメリカ古典文学研究』酒本雅之訳、『アメリカ古典文庫12　D. H. ロレンス』研究社、41 - 265頁。

ロレンス 1974b 「デモクラシー」酒本雅之訳、『アメリカ古典文庫12　D. H. ロレンス』研究社、267 - 297頁。

Lippmann, W. 1993 *The Phantom Public*, New Brunswick, N.J.: Transaction Publishers. =『幻の公衆』河崎吉紀訳、柏書房。

MaCarthy, C. 2017 "Knowing Scientifically is Essential for Democratic Society: On Chapter 17: Science in the Course of Study," in L. J. Waks and A. R. English eds., *John Dewey's Democracy and Education: A Centennial Handbook*, New YOrk: Cambridge University Press.

松下良平 1993「ポスト近代的理性としての〈科学〉的知性――デューイ理論における目的合理性批判の契機」、杉浦宏編『デューイ研究の現在』日本教育研究センター、247 - 264頁。

中村征樹編 2013『ポスト３・11の科学と政治』ナカニシヤ出版。

Narayan, J. 2016 *John Dewey: The Global Public and Its Problems*, Manchester: Manchester University Press.

野平慎二 2006「国家・グローバリゼーション・教育――教育の政治性・市場性への公共空間の埋め込み」『近代教育フォーラム』第15号、119-131頁。

小田川大典 2002「デモクラシーと公共性――リップマン＝デューイ論争再考」『日本デューイ学会紀要』第43号、262-263頁。

Phillips, D. C. 2016 *A Companion to John Dewey's Democracy and Education*, Chicago: The University of Chicago Press.

Ratner, S. et al. 1940 *The Philosopher of the Common Man: Essays in Honor of John Dewey to Celebrate His Eightieth Birthday*, New York: G. P. Putnam's Sons.

Rorty, R. 1998 *Achieving Our Country: Leftist Thought in Twentieth-Century America*, Cambridge, Mass.: Harvard University Press. = 2000『アメリカ 未完のプロジェクト――20世紀アメリカにおける左翼思想』小澤照彦訳、晃洋書房。

Ryan, A. 1995 *John Dewey and the High Tide of American Liberalism*, New York: W. W. Norton & Company.

Sandel, M. J. 1998 *Democracy's Discontent: America in Search of a Public Philosophy*, Cambridge, Mass.: Harvard University Press. = 2011『民主制の不満――公共哲学を求めるアメリカ（下）』小林正弥監訳、勁草書房。

内山融・伊藤武・岡山裕編 2012『専門性の政治学――デモクラシーとの相克と和解』ミネルヴァ書房。

Westbrook, R. B. 1991 *John Dewey and American Democracy*, Ithaca, M.Y.: Cornell University Press.

Westbrook, R. B. 2005 *Democratic Hope: Pragmatism and the Politics of Truth*, Ithaca, M.Y.: Cornell University Press.

Whitman, W. 1947 *Leaves of Grass*, E. Holloway ed., New and Comprehend Edition, London: J. M. Dent & Sons Ltd. =1998『草の葉（上）』酒本雅之訳 岩波書店。（1997『対訳 ホイットマン詩集』木島始訳、岩波書店も参照）

Whitman, W. 2010 *Democratic Vistas: The Original Edition in Facsimile*, E. Folsom ed., Iowa City: University of Iowa Press. =1992『民主主義の展望』佐渡谷重信訳、講談社。

第9章　デューイの知性論についての考察

――「知性的」な思考についての自然主義的アプローチ

藤井千春

はじめに

学校教育を通じて「新しい時代に求められる資質・能力を子供たちに育む」（平成二八年一二月「中央教育審議会答申」）ことが提言された。平成二九年版の学習指導要領では、ア「何を理解しているか、何ができるか」、イ「理解していること・できることをどう使うか」、ウ「どのように世界・社会と関わり、よりよい人生を送るか」が、今後の「教育課程全体を通して育成を目指す資質・能力」の「三本柱」として示されている。今後、「『主体的・対話的で深い学び』の実現に向けた授業改善」が推進されていく[1]。

「資質・能力 conpetence がある」とは、ある活動の適切な遂行のために必要とされる諸要素が十分に整っている状態であり、ある活動の適切な遂行を実演できる状態にあることである。したがって、「資質・能力」を育むとは、学習活動を通じて子どもたちを、ある知的活動の適切な遂行に必要とされる諸要素を習得させ、実際に遂行の練習をさせつつ、独力で適切に遂行できる状態にまで引き上げることといえる。

しかし、子どもたちの「資質・能力」を、意図的・計画的に育むことは可能なのだろうか。つまり、「資質・能力」の育成を、すべての子どもに普遍的に保証するような学習指導の方法、しかも、あらゆる教師があらゆる学習指導で使用できるような学習指導法は存在するのだろうか。「資質・能力」を育むことに関して、学習指導を合理的に普遍性のあるものに設計することはできるのだろうか。近代教育学は、認識論哲学の展開と連動しつつ、ヘルバルトに代表されるようにそのような学習指導法の確立を試みてきた。

本章では、この問いをめぐって考察を深める。その手掛かりとして、デューイの経験主義哲学における「知性的 intelligent」な知的活動に関する論述を、以下のような手順で分析・検討し、その論理の構造を解明する。

i、デューイの「知性 intelligence」についての自然主義的なアプローチを分析し、デューイの「知性」についての捉え方の特色を、近代西欧の認識論哲学における「理性 Reason」との対比において明らかにする。

ii、このことを通じて、デューイが、知的能力は非合理的な要素と不可欠・不可分に結びついて機能すると全体論的に捉えていることを確認し、「知性的」と評価できる知的能力は、経験を通じて個性的に形成されることを明らかにする。

iii、そして、「知性的」に知的能力を機能させることを普遍的に保証する、一般化できる手続き的規則が存在し得ないことを明らかにする。

結論として、本論において解明した点に基づいて、子どもたちの「資質・能力」を、授業場面のパターン的な段階化などによって育成することはできないこと、言い換えると、「資質・能力」を普遍的に育成するための一般化された学習指導法は存在しないことを論証する。このようにデューイの論述に基づいて、近代教育学のそのような試みが失敗であったことを明らかにする。

1 「知性」についての自然主義的考察

デューイは、人間の知的能力 intellect に関して、伝統的な「理性」に替わって「知性」によって説明した。近代西欧の認識論哲学では、デカルト以来、「正しく考える能力」としての「理性」は、人間に固有に生来的・普遍的に所有されている知的能力の器官であると考えられてきた。「理性」の固有の生来的・普遍的な所有によって、人間は独力で「真理」を知ることが可能であると主張された。そして、近代西欧の認識論哲学では、「真理」を知るための一般的な方法の究明がめざされた。さらに二〇世紀中盤・後半の実証主義では、人間の知的能力を合理的に統制するために、工学的な観点から一般化された探究方法の設計が試みられた。

デューイは、デカルト以来、人間に固有に生来的・普遍的に所有されていると想定されてきた「理性」の実体としての存在を否定した。そして、人間と他の存在との知的能力の相違を「自然事象の間での相互作用が複雑で、親密さを増していく段階的な区別」として説明した[2]。つまり、デューイは「知性」について、人間の知的能力の機能が他の生命体に対して相対的に優秀であることを評価する用語として説明した。

この点で、デューイは、人間の行為を「知性的」に導くために不可欠な「反省 reflection」という思考の機能についても、「理性」のような特権的な器官の機能としてではなく、「自然的な特性」であり、「自然の中で発生する自然的な出来事」として考察できると述べている[3]。デューイは、近代西欧の認識論哲学とは異なり、「理性や純粋直観のような新しい力や能力を突然持ち出すことはしない」で、いわば、形而上学的な先験的なものの存在を前提とせずに、人間の知的能力に現実的に示されている優秀性について説明を試みている[4]。

たとえば、デューイは、人間の「知性的」と評価できる知的能力の機能について、熟練した医師の診断・治療の活動など実行的手腕の優れた人の知的活動、あるいは日常生活における現実的な問題解決などを事例として説明している。つまり、デューイにとって人間の知的能力が「知性的」に機能したことは、現実の具体的な問題の解決を適切に達成した実践的な活動に示される。

デューイのアプローチでは、第一に、問題解決の過程での実践者が実演した、i 問題状況の発生の認知、ii 問題状況についての診断、iii 解決策の考案と検討、iv その決定と実行、v それによる解決の達成という、状況との一連の相互作用が観察されている。そして、第二に、その過程で思考 thinking がどのように機能して、それによって、どのような思想 thought（精神過程）が、どのように展開されたのかが再構成的に推定されている。このように実践事例の分析を手がかりにして、知的能力が「知性的」に機能してことについて再構成的・推定的に説明されている。

したがって、デューイにとって「知性」は、直接的には問題解決に成功した実践的な知的活動の仕方に、間接的には、その知的活動を導いたと推定される思想に示される。さらに、二重に間接的には、その思想の考案において機能したと推定される思考の機能の仕方に示される。このように、「知性」とは、問題解決における優れた活動方法、それを導いた思想、それを考案した思考の機能に、修飾語として示される特質なのである。知的能力は、思考が優秀に機能して、有効な思想が考案され、それによって知的活動が適切に遂行されたという帰結によって、「知性的」と評価されるのである。

この点で、デューイにとって「精神 mind」とは、実体のある器官ではない。本論文における用語の統一を図るのであれば、デューイのいう精神とは知的能力なのである。つまり、精神は形而上学的に設定されている器官ではない。精神は、知的能力が機能している活動として示されるのである。

デューイのいう精神について、従来は、たとえばチャイルズ(Childs, J.L.)が「負荷を与えられた経験の中で育つもの」[5]と、あるいは、フック(Hook, S.)が「肉体や環境から切り離された実体や能力ではない」[6]と述べているように、デューイの自然主義的な把握に基づいて、デカルトのいう伝統的な「理性」との相違が強調されてきた。デューイが『経験と自然』で論じているこのような自然主義的な把握は、旧来とは異なったタイプの新しい「経験についての形而上学」を提起したというようにも評価されている[7]。

しかし、人間の知的活動が合理的に統制可能であると考えられ、そのための一般的・普遍的な方法が追求されていた時期には、デューイの「知性」についての自然主義的な把握について、また「知性的」な知的能力についての論理は顧みられることはなかった。一九八〇年以降のネオ・プラグマティズムによる基礎づけ主義批判や社会構成主義的な学習論の提唱がなされるまで、つまり、実証主義や工学方法に基づいて人間の知的能力を統制・育成することが試みられていた時期には、デューイの「知性的」な知的能力についての論理は、無視、あるいは誤読されてきた。

2 「反省的思想の五つの側面あるいは局面」についての誤読

代表的な誤読は、「反省的思想の五つの側面あるいは局面」の解釈をめぐって発生してきた。「五つの側面あるいは局面」は、実証主義や工学的方法が追究されていた時期に、しばしば探究に設定された思考を導くための手続き的規則として理解されていた。

デューイは『思考の方法』（一九三三年改訂版）で、「前反省的」な事態から「後反省的」な事態の「中間」には、「（1）示唆 suggestion」・「（2）知的整理 intellectualization」・（3）「指導観念 guiding idea すなわち仮説 hypothesis」・「（4）推論 reasoning」・「（5）行動による仮説の検証 testing by action」という「思考の状態 states of thinking」があると述べている[8]。そして、デューイは、このような「思考の状態」を、「反省的思想の五つの側面あるいは局面 five phases, or aspects, of reflective thought」と呼んでいる。

しかし、しばしば反省的思想 reflective thought と反省的思考 reflective thinking とが混同されてきた。思想とは、「意識の流れ the stream of consciousness」という一連の精神的過程 mental process である。つまり、思考が機能して観念が生成・形成されて展開されていく過程である。一方、思考とは、知的能力が機能 function することである。

確かに、反省的思想とは、上の五つのように思考が機能する場面を通じて、問題の解決への確実性の高い指導観念 guiding idea が生成・形成された過程である。しかし思考がどのように機能したかは、それによって生み出された思想を事後に反省することによってしか自覚することはできない。デューイは、思考の機能は自動的であり意識的に統制することはできないという立場に立つ。「反省的思想」とは、問題解決に成功した指導観念を事後に反省的に分析して、それが考案されてきた過程に先に述べたような特徴的な思考が機能していた場面（「局面」）を析出できる思想なのである。この点で「五つの側面、あるいは局面」が見られる思想とは、その生成・形成の過程で思考が適切かつ十分に、すなわち「知性的」に機能して形成されたと評価できる思想なのである。

しかし、「反省的思想の五つの側面あるいは局面」は、一般的には「反省的思考の五つの側面あるいは局面」として読まれ、確実性を持って探究を導くために、探究において思考が機能していくためにその過程に設定された「段階」、いわば手続き的な規則として理解された。たとえば、一九五〇年に文部省から出された『小学校社会科学習指導法』では、「問題解決の過程が典型的に進んでいく段階」として紹介されている[9]。その後、実証主義や工学的方法が追求される潮流の中で、教育界においても、どの教師が、どの子どもたちに対して行っても、つねに同一の成果が得られる学習指導の方法が求められた。そして、学習活動を探究として「段階」的に進行させるパターン化された指導法の開発が試みられ、発見学習、探究学習、仮説・検証学習などが提唱された。そのようにして合理的な知的能力を意図的・計画的に育み、人間の知的活動を合理的に統制することがめざされた。

デューイ研究においては、「反省的思想の五つの側面あるいは局面」を手がかりにして、セイア（Thayer, H. S.）、ガイガー（Geiger, G. R.）、ニーセン（Niessen, L.）、オコンナー（O' Conner, J.）、バーンスタイン（Bernstein, R. J.）などによって、探究の過程にどのような特徴的な「側面あるいは局面」が見られるかについて論じられてきた。中でもバーンスタインは、「五つの側面あるいは局面」について、具体的な探究を通じて修正可能なものではあるが、「探究を方向づけていく指導原理 leading principle」として理解できると論じている[10]。わが国の研究においても、杉浦美朗は、「五つの側面あるいは局面」を「仮のものないし暫定的なもの」として理解するべきではあるが、探究の過程を「時間的に順序づける」ことによって「定式化」する試みであると述べている[11]。また佐々木俊介は、「五つの側面あるいは局面」を「思考がうまくいったかどうかを外部からあるいは内部からチェックする基準」として理解できると述べた上で、それが「探究の流れ」や「探究の類型」を示したものではないことに、「不満」を述べている[12]。

ただし、デューイは『思考の方法』の初版（一九一〇年）では、「反省的経験 reflective experience」の「思考の過程 the process of thinking」には、「五つの論理的に明瞭な段階 five logically distinctive steps」があると述べている[13]。このことは、当時のヘルバルト主義全盛の潮流の中で、「五段階教授法」との摺り合わせに基づいて、普遍性を有する一般化された学習指導方法に関する原理が求められていたためと推測できる[14]。

それに対して、『思考の方法』の改訂版(一九三三年)では、「段階」という捉え方については否定的と読むことのできる論述が見られる。たとえば、「反省的思想の五つの側面の前後関連 sequence は固定していない」として、「五つの側面」が、探究の過程において繰り返し現れたり、並行的に現れたり、一貫して現れていたりすることが指摘されている[15]。また、「一側面は拡大されるかもしれない」として、一つの「側面」が非常に広く及んで別の「側面」を下位に含みこむこと、そのため下位に含まれた「側面」が明瞭に現れないことがあることも指摘されている[16]。確かに探究においては、その過程において多様な「示唆」が発生し、それぞれの「示唆」について「知的整理」、「指導観念すなわち仮説」、「推論」が必要に応じて繰り返される。この点で「五つの側面、あるいは局面」について、探究が進行する過程を明確に区分する不可逆的な、それぞれに固有の固定的な「段階」として理解することはできない。

この点で、「反省的思想の五つの側面あるいは局面」は、問題解決を導くための手続き的規則ではなく、問題解決を成功させた指導観念を事後に分析することによって見られる、反省的思想の一般的な特質なのである。現実的には、指導観念を実行に移す前に、その指導観念の確実性を点検・評価するための観点として使用することが可能である[17]。

3 思考の統制不可能性

なぜ思考の機能を、先験的に設定された手続き的規則に従わせることはできないのか。

『思考の方法』（改訂版）において、デューイは、精神の活動を「意識の流れ」として捉えている。そして、デューイによれば、思考とは、その過程で観念が無秩序に次々と生起する機能なのである。つまり、観念が次々と生起することは、思考の「自動的で無統制 automatic and unregulated」な機能である[18]。意識の中にある観念が生起するという「示唆 suggestion」は、「突如として飛び込んでくる」のであり、デューイは「示唆の発生については、知性的なものは何もない」と言う[19]。

デューイによれば、「示唆」された観念は、「現実に存在していないものについての心の中での映像」である[20]。ただし、経験された対象でなければ、心の中にその「映像」を持つことはできない。この点で「示唆」という機能は統制不可能であるが、経験したことのない観念は「示唆」されえない。デューイは、ある観念が「示唆」されることは、「われわれの過去の経験の働きとしてわれわれに発生するのであり、現在のわれわれの意思や意図の働きとして、われわれに発生するのではない」と述べている[21]。ある対象と相互作用した活動が経験として構成されて認知的な特徴が抽出されていなければ、その対象についての観念は「示唆」されない。この点で「示唆」の発生は非合理的ではあるものの、「示唆」される観念は「示唆」に先立って、知的能力によって「知性的」に形成されている。

そして、デューイによれば、「反省 suggestion」が必要となるのは、「示唆」された観念について、「特定の根拠あるいは価値を探し始める時」である[22]。なぜならば、「示唆」された観念は、直面している状況に見られる事象との間に、意味としての関連や連続を有するとは限らないからである。たとえば、上空に見られた「黒雲」と「示唆」された「夕立」の観念との間には意味的な連続性がある。「黒雲」が見られたならば、間もなく「夕立」が発生するという連続の可能性は高い。しかし、上空に「雲」を見て「ある人の顔」が「示唆」された場合、両者の間には意味的な関連や連続は存在しない。

したがって、ある観念が「示唆」された場合、その観念の対象（夕立）とその「示唆」を引き起こした事物・事象（黒雲）との間に、意味的な関連や連続があるのかを確認することが必要となる。両者の間の意味的な関連や連続について点検・確認する思考が「反省 reflection」である。「反省」によって意味的な関連や連続を確認することによって、不利益な帰結を回避したり、有益な帰結を確保したりするように、あらかじめ次に必要とされる行動の方法を考えることができる。この点で「反省」は、意味を自覚的に使用して、その関連や連続に従って論理的に機能する思考である。思考の「知性的」な機能である。

しかし、「反省」は「示唆」された観念についてなされる。観念が「示唆」されなければ「反省」は機能しない。また、先に述べたように、「示唆」される観念は、すでに経験されている対象でなければならない。つまり、すでに「反省」がなされて、その意味について十分に自覚されている対象でなければ、その観念が「示唆」されることはない。

この点で「示唆」と「反省」は、相互対立する機能ではなく連続的に補完し合う機能である。「反省」という思考の「知性的」な機能は、「示唆」という思考の非合理的な機能を受けて機能する。「反省」が機能するために「示唆」は不可欠な機能である。デューイの思考論では、このように思考の「知性的」な機能には、思考の非合理的な機能が不可分・不可欠の役割を果たしている。思考の機能に関して、思考の合理的な機能と非合理的な機能を分離して後者を排除することはできない。二つの機能が適切に連続して、直面している状況の特質が明確化され、また、問題解決へと導く指導観念が考案されるのである。

したがって、「反省的思想」が、「示唆」という統制不可能で非合理的な思考から不可分・不可欠に連続している以上、探究の過程に先験的な「段階」を設定して、それに思考の機能を従わせることはできない。つまり、特定の場面で特定の観念が「示唆」されること、また、その観念について「反省」することを先験的に予定することはできない。探究の過程に先験的な「段階」を設定して、その「段階」を踏んで合理的に進むように、探究者の思考に対して外部から指令・統制することはできない。

また、「示唆」が経験に依存している以上、「示唆」が得られるか、また、得られる場合でも、「示唆」が得られる際の（a）「容易さ ease や速やかさ promptness」、（b）「広範さ range や多様性 variety」、（c）「深さ depth や連続性 profundity」[23]に関しては、個人の経験の発展の水準に依存する。ある対象や事象についての経験が蓄積されている人と乏しい人との間で、同じ「示唆」が同じ水準で得られることはない。「示唆」の発生も、その観念の対象となる事物・事象に関する経験の水準、すなわち、その個人が抽出している使用可能な意味の量と質に依存している。どのような「示唆」がどのように得られるかは、個人の知的能力とそれに基づくその個人の経験の発展の水準に依存している。この点で、誰でも使用できる普遍的な手続き的規則を思考に設定することはできない。

以上のように、「知性的」な知的活動は、「示唆」と「反省」という思考の二つの機能の不可分・不可欠な連続的機能によって推進される。「反省」によって適切な「示唆」が速やかに発生するようになる。あるいは、適切な「示唆」が速やかに発生することにより深く多岐にわたる「反省」、すなわち「熟慮 deliberation」が可能になる。知的能力が「知性的」に機能することは、知的活動を「知性的」に遂行する経験を積み重ねて高められる。

4　思考の「意志」との一体性

デューイにとって、「知性」は、「実在模写説」のいうような「傍観者 spectator」となる態度に示されるのではない。

デューイにとって、人間とは、現実の具体的な「状況の中での実践者」である。デューイが、人間に見出し、また求めた「知性」は、現実世界の中で問題の解決に向けて、状況との強靭な相互作用に耐え抜く実践的な「知性」である。

問題解決とは、現実世界の中で、特定の帰結を生み出すことを目的して行われる人間の文化的な実践である。人間の実践とは、特定の目的に導かれている文脈の中で試行される実験である。デューイは、「目的 aim」とは、「予見された結末 end」であり、「活動を方向づける」ものである[24]。「目的」を意識することにより、適切な手段を知り、状況を注意深く観察し、手段を効率よいものに配列したり選択したりというように、『現在提出された行動を評価することが可能になる。問題解決をめざす行動が、知的能力の「知性的」な機能に基づく場合、このように「目的」が明確に意識され、「目的」に導かれて思考がこのように機能していると推定できる。「知性的」と評価できる知的活動とは、特定の「目的」が負荷されて、「目的」を明確に意識して導かれていく実験的な実践である。

そして、デューイは、行動が「目的」によって方向づけられて導かれている強さに、「意志 will, volition」が示されると述べている。つまり、「意志の強い人とは、選択した結果を達成する過程で、散漫に、あるいは、中途半端な状態に放置しない人」であり、「一貫して、粘り強く、自分の目的に向けて遂行し実現しようと熱望する人」なのである[25]。このように「意志」とは、「目的」に向けて思考がどのように機能しているかに示される。「目的」の実現に向けて自己統制して努力することに個人間で差異のあること、また、その差異が知的活動の結果に関する差異として帰結することは、観察によって自然主義的に明らかである。そのような差異を生み出している自己統制の能力に「意志」が示されるのである。また、そのような「意志」としての自己統制的な努力が、意味の認知や使用など思考の機能と不可分の関係にあることも、自然主義的に推測できる。確かに意志は個人に個性的に示される特質ではある。しかし、「意志」とは、デューイによれば、「目的」に向けて知的能力の機能を推進するための、つまり「知性的」

と評価し得るために不可欠・不可分な要素なのである。

「意志」は、思考と共に、知的能力を「知性的」に機能させる要素である。両者は問題解決という「目的」に向けて導かれている知的活動に見られる二つの側面である。「強い意志」によって思考が「熟慮」として機能し、そのような思考の機能として「強い意志」は表現される。両者は知的能力を構成する相互に不可分・不可欠に示される要素である。「知性的」な活動を、一つの側面から見れば優秀な思考を見ることができ、別の側面から見れば「強い意志」を見ることができる。思考と個人の個性的な特質である「意志」とは、特定の「目的」に向けて「知性的」に統制される知的活動において、相互に不可分で不可欠な両側面として示される[26]。

このようにデューイにとって、思考と「意志」とは独立した別個のものではない。知的活動において、前者を合理的に統制可能な要素、後者を個人の個性的で非合理な要素として分離することはできない。この点で、思考と「意志」は、「目的」を明確に意識した実験的な実践において統一的に機能しているのである。

5　個性的な知的能力としての「熟慮」

デューイは、「示唆」された観念について「反省」する優秀な思考を、「熟慮 deliberation」と呼んでいる。

デューイは、「熟慮」について、「可能な行動の各種の方向が、実際にはどんなものなのかを見つけ出す実験である」と説明している[27]。つまり、直面している状況についての、あるいは選択すべき行動の方法についての判断を下す前に、いくつかの可能な他の選択肢を採用した場合の帰結についても想像上で実験して、それぞれの帰結について十分に比較・検討することである。デューイが、熟練した医師の診断を事例として説明しているように、「顕著な症状はチフスであることを強く示唆し得るのが，医師は与件の範囲をさらに広げ、またそれらを詳細に検討するまでは、一つの結論、すなわち、可能性のある結論の中の一つを強く優先することも回避する」という、一連の思考の機能である[28]。

いずれにしても、「示唆」された一つの観念を採用するという判断を一時的に保留し、「意味」を使用して、その観念の確実性を支持するさらに他の多くの与件、さらにはそれ以外の観念の可能性を支持するような与件を探して、その観念の確実性について検討することである。拙速な判断を避け、慎重に「反省」を積み重ねて思想を進行させることである。この点で「熟慮」は、「知性的」に機能している「反省」としての思考である。

しかし、「熟慮」は、どの人においても同様に機能する思考ではない。先に、「示唆」が優秀に機能するかは、当人の過去の経験の構成されている水準に依存していると述べた。それと同様に、「熟慮」がどの程度まで深くなされるかも、当人の過去の経験の構成の水準に依存している。いわば、当人の、速やか・容易に、広範・多様に、深く・連続的に意味の認知・使用できる能力に依存するのである。先の医師の診断を例にすれば、新人の医師や医学部生は、熟練した医師に比較して、「与件の範囲をさらに広げる」場合にも、その範囲は狭く限定されている。また、「可能性のある結論の中の一つを強く優先する」場合にも、その選択肢は少なく限定されている。

このように「知性的」に思考、すなわち「熟慮」できるかは、経験の連続的発展の水準という、個人に個性的に形成されている知的能力の差に依存する。「示唆」と同様に、優秀な「反省」としての「熟慮」も、その個人の経験の構成の水準に対応している個性的な知的能力なのである。したがって、「熟慮」のための規則を脱文脈的に設定し、それに基づいてすべての人の思考を同一の水準で「知性的」に機能させることはできない。

問題解決は、個性的な状況において、個人の個性的な知的能力によって遂行される。それぞれの探究が行われる状況において、「人はどんな場合にも独自の反応 his own/ personal reaction をしなければならない」のである[29]。「熟慮」がなされる水準は、その個人に形成されている個性的な能力に依存している。そのため、「熟慮」に関して、脱状況的で脱個人的な普遍的・一般的な手続き的規則を先験的に設定することはできない。

6 「態度」としての「習慣」

デューイは、確実性を持って問題解決へと導くには「態度と巧妙な方法の一体化 the union of attitude and skilled method」が必要であると指摘している[30]。「態度」も知的能力を構成する要素であり、思考の「知性的」な機能と不可分・不可欠に結合している。

デューイは、「巧妙な方法」と「一体化」された中に見られる「優秀な思考の態度」として、（a）「開かれた精神 open-mindedness」、（b）「全身全霊 whole-heartedness」、（c）「責任感 responsibility」を挙げている[31]。ここで、（a）「開かれた精神」とは、「多方面で起こりうる事態」に十分に注意を払う「態度」である。（b）「全身全霊」とは、興味や関心を分散することなく意識を集中させる「態度」である。（c）「責任感」とは、問題や事実の内容を徹底的に考察してその意味を最後まで明確にする「態度」である。「熟慮」がなされている知的活動からは、このような「優秀な思考の態度」を見出すことができる。

デューイによれば「態度 attitude」とは、「一つの積極的な刺激」という「機会があれば、いつでも、特定の様式で、あからさまに行動しようと準備できていること」である[32]。つまり、ある行為が必要とされている場面で、その必要性を速やかに認知し、適切な行為を容易に実行に移すことができる準備状態である。したがって、「熟慮」が必要とされる場面で、適切に「熟慮」がなされるように、思考が速やかに機能できるように準備されている状態が、上記のような「優秀な思考の態度」なのである。

しかし、このような「態度」は、「熟慮」とは別個の要素として、別の過程や機会に形成されるものではない。特定の場面において特定の刺激を得て、特定の行為を実行することが可能な状態として意識の前面に出てくることは、それ以前に類似した状況において、その特定の行為によって、その状況に適切に対応することに成功したという経験の積み重ねに基づいている。この点で、「知性的」に遂げられた知的活動に対する「反省」を積み重ねることによって形成された「習慣 habit」に基づく。「態度」は「習慣」の一種である。

デューイは、「習慣」を「固定化された仕来り routine」と区別して、「熟達した技能の形式、すなわち行動の効率性 a form of executive skill, of efficiency in doing」であると述べている[33]。特定の行動が、「特定の刺激に対する特別な敏感さや近づきやすさ」によって容易（速やか）に引き起こされることである[34]。活動を経験として反省的・連続的に積み重ねることから形成された、特定の状況において人間の実践を目的に向けて高い確実性において効率的に導くための、知的能力に基づく行動様式なのである。

しかし、「習慣」は、直面している状況に特定の要素が存在している場合に、それを選択的に認知して、それに優先的に反応するという点で、認知における特定の構えに基づいて発動する。このことは、ロック以来の経験についての考え方と対立し、観察言語の成立の論拠を否定する論点を提起している。つまり、デューイにとって認知とは、感覚与件の徹底的な受動的受容という公正な観察ではない。デューイのいう知的活動は、「習慣」という一種の選択的な認知に基づいて進められている。つまり、あらゆる認知の可能性に開かれた公正な態度で観察がなされているのではない。選択的認知の構えが「習慣」として形成されることにより、特定の状況において思考が「知性的」に、適切かつ効率的に機能するような準備状態、すなわち「態度」が整えられるのである。

デューイにとって、「習慣」は確かに過去の経験に基づいて形成される。しかし、それは過去に成功した行動の単なる繰り返しではない。「習慣」は過去の経験の「反省」的な積み重ねによって形成された知的能力なのであり、それが「知性的」であることは、その状況において必要とされる「熟慮」の開始へと速やかに導くことに示される。「熟慮」を開始させる「態度」は、経験の連続的構成によって形成された「習慣」を基盤として構えられている。そのようにして「熟慮」がなされることにより、その知的活動は高い確実性を持って遂行されていく。このように「習慣」は、「知性的」な知的活動を通じて形成され、「知性的」な知的活動を速やかに遂行させる構えである。

「習慣」は個人に形成され、個性的に発揮される知的能力の要素であり、デューイによれば「技芸 arts」である[35]。「習慣」は、知的活動を「知性的」に遂行する上で思考と不可分・不可欠に結びついて機能している。このようにデューイの「知性」についての論理では、近代西欧の認識論哲学においてロック以来前提とされたような、外界についての正しい知識を獲得するためには、観察において先入観なく客観的公正な態度で、受動に徹して感覚与件を受容しなければならないという考え方は放棄されている。

7　「衝動」による新たな経験の構成

デューイにとって「習慣」とは、決まり切った固定化された行動ではない。同様に、「衝動 impulse」も、帰結を考慮せずに働きかけるだけの行為ではない。「習慣」と「衝動」とは、相互に対比的な概念ではあるものの、デューイにとって両者は、思考から切り離された要素ではない。すなわち、知的活動を妨げる非合理的な要素ではない。

デューイによれば、生命体の本質は、環境からの刺激に対して反応するという「衝動性 impulsion」にある。環境からの刺激が安定している時には、生命体は「習慣」によって反応している。しかし、環境が変化して新たな刺激が生命体に「習慣」に対する妨害として発生したとき、生命体はどのような帰結を引き起こすのかについて不明なまま反応しなければならない。そして、「衝動」としての働きかけが環境からの抵抗を受けることによって、状況は問題状況として意識され、その解決のための探究が開始される。そのように、新たな相互作用の仕方を探る知的活動へと連続していく。デューイは「思想は、習慣が妨害されるときにはいつも、衝動の双生児として生まれる」と述べている[36]。そのようにして「探究」という知的活動によって問題を解決し、「経験」を新たな様式において構成すること、さらにいえば、新たな「習慣」の確立によって環境へ再適応することが必要となる。つまり、デューイによれば、「あらゆる経験は、衝動によって、というよりもむしろ衝動として始まる」のである[37]。このことから「成長 growth」が遂げられていく[38]。

このことについて、デューイは、「衝動は、古い習慣に新しい方向を与え、その質を変化させ、活動の再構成へと転換する回転軸、すなわち、方向転換の推進力となる」と述べている[39]。「衝動」とは、確かにどのような帰結に至るのか不明なままで刺激に対して反応する行為である。しかし、重要なことは「衝動」としての行為を実験的に行い、その帰結を反省して認知することである。そのように新たな意味を発見する実験的な活動として行うことである。たとえば、デューイは、明るい光（炎）の中に指を突っ込み、それにより火傷を負った子どもは、その後、炎に指を突っ込むと指の痛みを引き起こすという新たな意味を抽出すると述べている。そのようにして炎との新たな相互作用の仕方を学び、炎に身体を接触させないように行動するという、炎に関する新たな経験の構成ができるようになる。その後、その子どもには、その経験を契機として、大人が木片や紙を投げ入れて燃やす、鍋や釜を上にかざして煮炊きする、水をかけて消すなどの行為を見て、炎に関する多くの意味を獲得していくだろう。

デューイにとって「衝動」とは、知的能力の機能を妨害する要素なのではない。知的能力の機能から、「衝動」を非合理的な要素として排除することはできない。むしろ「衝動」は、経験の再構成に不可欠・不可分な要素である。新たな意味を発見するという知的能力の機能と不可分に連続している。知的能力が「衝動」を「熟慮」の中で活用することにより、新たな経験の構成を遂げることが可能となる。このように新たな様式での経験の構成は、「衝動」を出発点としている。「衝動」は知的能力の「知性的」な機能における不可欠・不可分な要素である。「衝動」が経験の再構成への起点として「熟慮」の中で活用されることに、知的能力が「知性的」に機能していることが示される。

まとめ

デューイは、問題状況が「全く同じように繰り返されることはない」[40]と述べている。問題解決に向かう知的活動がどのように遂行されるかは、個々の問題状況の不二の特質に依存している。だから、問題状況の個々の具体的で個性的な特質から脱文脈的に、問題解決に導くための一般化された手続き的規則を先験的に知的活動に設定することはできない。

しかし、それと同時に、本稿における分析・検討を通じて、次の点が明らかになった。すなわち、問題解決における知的活動に「知性」がどのように示されるかは、その個人の経験を通じて育まれている個性的な知的能力に依存している。

しかも、デューイが自然主義的に考察した「知性」についての論理では、知的活動において、近代西欧の認識論哲学では非合理的として排除されてきた、示唆、意志、態度、習慣、衝動など、「合理的」に統制することが不可能な要素が、知的能力の不可欠・不可分の要素として機能していることが明らかにされている。デューイによれば、それらとの連携・連動を「反省」によって意図的に活用することにより、知的能力の遂行の「知性的」な水準は高いものとなる。つまり、行動の意図した帰結に至る確実性は増大する。知的能力が「知性的」に機能することは、そのような「合理的」には統制できない、また不可欠・不可分の関係にある要素に依存している。それらの要素を「反省」において統制的に活用することに、その個人の個性的な知的能力に関する「知性」は示される。

以上のように、個人の個性的な知的能力から脱文脈的に、問題解決に導くための普遍化された手続き的規則を超越的に設定することはできない。このように、デューイの「知性」についての自然主義的な考察は、「合理的」な認識を追求した実証主義哲学や人間の行動の「合理的」な統制方法をめざす技術主義において追求されてきた知的方法を、無効にする論理をすでに提起していた。

デューイは、学習活動において、「典型的 typical な状況を具体的に現わしている遊びや活動的なしごと[41]」や「典型的な対象[42]」を教材として使用することを提唱している。確かにこのような教材を使用した学習活動を通じて、類似した他の状況において共通に見出すことのできる意味を認知する構えの形成は容易になる。経験を連続的に発展させていくための出発点を構成させることができる。

しかし、たとえ「典型的」な対象や状況と相互作用することを通じて、その対象や状況についての共通性の高い意味を習得したとしても、デューイによれば、人は問題状況に直面した時、意味の認知・使用に関して、「独自の反応」をしなければならない。直面している問題状況において独力で意味を認知・使用できることに学習の成果、すなわち、「資質・能力」が育成されたことが示される。

学習者が所属する文化的実践集団の成員たちと同じように意味の認知・使用ができるようになったこと、つまり、所属集団から期待されている知的能力が育まれたことは、実演によって示される。知的能力が形成されたことについての間主観的な確認は可能である。しかし、「知性的」な知的能力は、先験的・超越的に設定された方法に従うことによって、普遍性あるものに形成することはできない。デューイの論述に依拠するならば、教師に直接可能なことは経験そのものを指導すること、すなわち、対象や状況と相互作用できるように環境を設定して活動を促すことである。このことについて、デューイは次のように述べている。

「教育を企図とすることにおける教育者の役割は、反応するように刺激して学習者の進路を方向づける環境を準備することである。つまるところ教育者にできることは、せいぜい刺激を調整して、それに対する反応ができるだけ確実に望ましい知的及び情緒的性向の形成という結果になるようにすることにすぎない」43。

学習活動に対して教師は、環境の設定と刺激の調整という間接的な指導ができるにすぎない。生徒自身による独力での相互作用を待ち、教師はその行為に対するフィードバックを与えることができるにすぎない。教師が生徒から対象や状況に対する適切な相互作用を直接的に引き出すことはできない。したがって、教師の役割は、教材の論理と生徒の心理について精通したうえで、「生徒の現在の必要及び能力と教材との相互作用に専心すること」になる[44]。すなわち、毎回の教材や生徒たちの状況に応じて実験的に学習活動を導くことである。個々の学習活動に対して、先験的・超越的に学習指導の方法を設定することはできない。

知的能力の「知性的」な機能の育成は、先のような教師による監督的な支援の下で、当人の意図的な努力として知的活動を反省的に積み重ねさせること、すなわち、経験として連続的に発展させることによってのみ可能となる。

註

1 「中央教育審議会答申」（平成二八年一二月）

2 Dewey, John, *Experience and Nature*, 1925, in The Later Works Vol.1, p.200.

3 ibid., p.10

4 Dewey, John, *Logic:Theory of Inquiry*, 1938, LW12, p.31.

5 Childs, John L., *Education and Morals*, Applenton- century, Co., 1950, p.3.

6 Hook, Sidney, *John Dewey:An Intellectual Portrait*, Green Wood, 1971, p.107.

7 ローティは「哲学の脱構築」という観点から批判的に捉えているものの、スリーパーは、伝統的な形而上学の変容として評価している（Sleeper, R.W., *The Necessity of Pragmatism*, Yale Univ., 1986, p.7.）。

8 Dewey, John, *How We Think*, 1933, p.200. LW8, p.200.

9 「問題解決の過程が典型的に踏んでいく段階」として、「i、児童が問題に直面すること。ii、問題を明確にすること、iii、問題解決の手順の計画を立てること。iv、その計画に基づいて、問題の解決に必要な資料となる知識を集めること。v、知識を交換し合うこと。そして、……問題解決の見とおし、すなわち仮説をたてること。vi、この仮説を検討し、確実な解決方法に到達すること」と説明されている。

10 Bernstein, Richard, J.,（ed.）, John Dewey:*On Experience, Nature and Freedom*, Liberal Arts Press, 1960, p.xxi.
11 杉浦美朗『デューイにおける探究としての学習』（風間書房、1984年）、237頁。
12 佐々木俊介『探究のモデルと授業』（明治図書、1974年）、61-62頁。
13 Dewey, John, *How We Think*, 1910, in The Middle Works, Vol.6, pp.236-237.
14 天野正輝「デューイの思考と探究の理論における暗示の機能について」『日本デューイ学会紀要』（第12号、1971年）、19-20頁。佐々木俊介、前掲書、61頁。
15 *How We Think*, 1933, LW8, p.206.
16 ibid., p.207.
17 藤井千春『ジョン・デューイの経験主義哲学における思考論』（早稲田大学出版部、2010年）、269-271頁。
18 *How We Think*, 1933, LW8, p.133.
19 ibid., p.202.
20 ibid., pp.118-9.
21 ibid., p.145.
22 ibid., p.120.
23 ibid., pp.146-148.
24 Dewey, John, *Democracy and Education*, 1916, MW9, p.109.
25 ibid., p.135.
26 バークも、デューイは探究において「意図的努力性 conative intentionality」を、不安定を避けるための内面的な動機いう形形で位置付けている」として、意志は認知能力と一体化されていると論じている。（Burk, Tom, *Dewey's New Logic:Reply to Russell*, The Univ. of Chicago, 1994, p.141.）
27 Dewey, John, *Human Nature and Conduct*,1922, MW14, p.132.
28 *How We Think*, 1933, LW8, p.252.
29 *Democracy and Education*, MW9, p.179.
30 *How We Think*, 1933, LW8, p.136.
31 ibid., pp.136-7.

32 *Human Nature and Conduct*, MW14, p.32.

33 *Democracy and Education*, MW9, p.51.

34 *Human Nature and Conduct*, MW14, p.32.

35 ibid., p.15.

36 ibid.,,118

37 Dewey, John, *Art as Experience*, 1934, LW10, p.64.

38 齋藤直子は、衝動と知性が関連し合って機能することによる「習慣の再構成のメカニズムが、デューイのいう成長のための成長というプロセスの内実である」と指摘している(「終わりなき成長への挑戦」『現代思想』(2004年4月号、vol.28-5)、177頁)。

39 *Human Nature and Conduct*, MW14, p.67.

40 *Democracy and Education*, MW9, p.234.

41 ibid., p.176.

42 *How We Think*, 1933, LW8, p.336.

43 ibid., p.188.

44 ibid., p.191.

第10章　デューイのエマソンとは誰か

高柳　充利

1　なぜデューイのエマソンか

本章では、ジョン・デューイがどのように一九世紀アメリカの思想家ラルフ・ウォルドー・エマソンに言及したかを検討することを通して、デューイとエマソンの思想の関係性をめぐる議論における、デューイのエマソンという視点に含意される可能性の一端を示すことを目的とする。そのために、最初にデューイにおけるエマソンの重要性についての議論を三つの観点でもって概観する。続けて、デューイのエマソンという観点から展望される資料を提示する。最後に、そのような資料が、デューイとエマソンとの関係性をめぐる議論に対して含意する可能性を検討する。

それではまず、デューイにおけるエマソンの重要性について、三つの観点でもって概観することから始めたい。一つ目は、デューイの先駆者としてのエマソンという観点である。デューイが生涯エマソンに関心を寄せ続けたことについては、グッドマンがアメリカ哲学の伝統をロマン主義の観点から検討するなかで、次のように指摘している。「デューイのヘーゲル用語に対する執着は（正統的キリスト教信仰へのそれと同様）一八九〇年代には薄れていったが、もう一人のロマン主義の観念論者——ラルフ・ウォルドー・エマソン——への敬意が消えることはなかった」(Goodman, 1990: 103)。こうした事実は、デューイがエマソンに関心をもち続けたことのみならず、思想的に依拠し続けたとの視点につながる。実際、デューイも、アメリカが、「未だ不鮮明で無計画な努力にすぎないものを、明瞭な考えに変える」段階に至ったとき、達成された価値信条の「預言的先駆者」として、ウィリアム・ジェイムズとならんでエマソンに光が当てられることになるだろう、と述べている(WJ: 97)。進歩主義教育を批判的に論じる文脈においてすら、アメリカの歴史家ホフスタッターの評、すなわち、エマソンが「デューイの思想の多くを先取りしていた」との見方が知られている(Hofstadter, 1963: 368=2003: 320)。

デューイの先駆者としてのエマソンという観点は、エマソンの継承者としてのデューイという理解と対になり検討がなされてきた。デルバンコは次のように述べる。「ある意味では、デューイの思想のすべては、『唯一の罪は制限することである』というエマソンの見解を敷衍した注釈(extended commentary)であった」(Delbanco, 1995: 175-176［原文挿入引用者］)と[1]。そして、このように述べるデルバンコをローティは、「デューイを正しく理解している」と評価している(Rorty 1998 : 34 = 2000: 36)。

そのように言うローティ自身の取り組みについて、バーンスタインは「ジェファソン、エマソン、ホイットマン、デューイに代表される、根源的民主主義というアメリカの最良の伝統を守り、成長させようとする」試みであるとしている。そしてそれを「立派だと思う」(Bernstein 2010: 213=2017: 321)と評価する。このことから、バーンスタインがデューイにおけるエマソンの影響を追認していることがうかがえる。もっとも、バーンスタインによるこのローティへの評価は、(自文化中心主義との側面をもつ)「ローティのヒューマニズムにかんして態度を決めかねている」との前提を示したうえでの言明ではある（Bernstein 2010 : 211-213=2017: 318-321）。しかしこうした留保は、バーンスタイン自身がデューイとエマソンとのつながりに疑義を挟もうとしていることを意味するものではない。むしろ、バーンスタインがデューイの今日的意義を論じるなかで参照するのはエマソンとの関連であった。曰く、デューイの「根源的民主主義のヴィジョン」は、コスモポリタンでありながら、「米国のジェファソンとエマソンの伝統に立脚」しているることを自認していたものである、と（Bernstein 2010 : 88=2017: 133）。齋藤も、「デューイは、初期から後期に至るまで、隠れたアイデンティティあるいは精神とも言えるものをエマソンから引き継いでいる」と述べている（齋藤 2009: 70）。また市村によれば、デューイは『デモクラシーと教育』において、「子どもの個性の尊重すべきことの理由づけとなると、エマソンから大幅な引用をしなければならなかった」のであり、「デューイが個性を尊重すべき理由をエマソンに求めた」という構図が読み取れるという（市村 1994 : 168-169）。

先駆者エマソンの継承者デューイという軸において後者における前者の重要性を読み解くことは、角度を変えると、前者の解釈における後者の重要性という議論にもつながる。ビュエルは、アメリカの学界において、エマソンの哲学を素人風のものであると退け、エマソンの論証は浅薄であると批判する側を真の哲学と見なすような傾向があったなかで、こうしたしきたりを礼儀正しく守ることに意味はないと考える哲学者は、エマソンの側により説得力のある哲学を見出してきたと述べる。そして、そうしたことを最も早く行った主要な人物のひとりがデューイであったとしている（Buell 2003 : 199）。ここに示唆されるのは、二つ目の観点、すなわち、デューイは、哲学者エマソンの発見者（のひとり）である、との観点である。デューイ自身も、エマソンに対して「プラトンの名がもつのと同じ意味で彼の名が語られるような新世界の一市民」（EPD: 191）といった表現をもちいている。市村がデューイを「エマソンを哲学者として認知した哲学者」（市村 1994 : 267）と評したのは言い得て妙であるといえる。

デューイがエマソンの発見者としての役目を十全に果たしているのは、論文「エマソン――デモクラシーの哲学者」においてであることは、その題名からも明白である[2]。もとよりデューイは、既存の哲学の枠組みにエマソンを押し込めようとしたわけではなく、デューイ自身の哲学の再構築の試みの一環として、エマソンの思想の可能性を再提起しようとしたと受け取ることができる。同論文の冒頭、デューイは次のように述べる。「エマソンは哲学者ではないと言われている。わたしがこの否定の正誤を判断するのは、それが褒め言葉として言われているのか、それとも非難として言われているのかによる――すなわち提示されている理由いかんによる」(EPD: 184)[3]。人が「エマソンは哲学者にあらず」とエマソンを非難するとき、むしろ問われるのは、その者が前提としている「哲学者」(であるということ)の内実自体である。こうした構図でもってデューイはエマソンを論じ始める。ゆえにデューイは「エマソンは哲学者だということを否定するひとのほうがおそらくはより正しい」(EPD: 185) とすら述べる。なぜならエマソンは「哲学者以上だから」(EPD: 185)。こうした言明について、ウェストはアメリカの思想史における哲学の回避という独自の基軸に照らし合わせ、「デューイが主張しているのは、エマソンがなによりも哲学者なのだということではなく、エマソンの哲学的回避は深いメタ哲学的な意味あいをもっているということである」と解釈している (West, 1989 : 73=2014 : 161)。

哲学者エマソンの発見者デューイが論じたエマソンの哲学が、デューイの言葉のとおり「哲学者以上」のそれであったのか、それとも(あるいは、それがゆえに、だろうか)ウェストが言うような「メタ哲学的な意味あい」をもった「哲学的回避」であったのかについて早急な結論を導くことは本稿の目的ではない。むしろ注目したいのは、ウェストの次のような指摘である。「『民主主義の哲学者』としてのエマソンという呼称」を提示するデューイの論文は、「自分自身のイメージにあわせてエマソンを読もうとするデューイの試み」であった、とウェストは述べる (West 1989:

75=2014: 167)。それは言い換えると、「自分自身の自己創造を引き起こすための手段としてエマソンを利用している」(West 1989: 76=2014 : 168) ということでもある。ゆえに「デューイにとってエマソンは、デューイ自身が実際にやろうとしていたことをあらわす」(West 1989: 75=2014: 167) と考えることができる[4]。デューイがエマソンに言及するとき、「デューイ自身が実際にやろうとしていたこと」を託したものであるのだ、というウェストの解釈は、デューイの次のような言に目を向けるとき、説得力を増す。

エマソンとウォルト・ホイットマンとメーテルリンクは、民主主義は統治形態でも社会的方便でもなく、人間とその経験の自然にたいする関係の形而上学であるということを、習慣的にそしてあたかも本能的にわかっていた、これまででひょっとすると唯一の人たちである (MPL: 135)[5]。

ここに示したのは、「メーテルリンクの生命の哲学」と題された論文の末尾近くの一文である。ベルギーの作家メーテルリンクを高く評価する論考の、その結論を示すにあたり、議論がデモクラシーのヴィジョンに及ぶと、デューイはわざわざエマソンの名をもち出している[6]。

こうした見方に関わり、市村の指摘は重要であると考える。市村は、デューイが『デモクラシーと教育』第4章「成長としての教育」の結論部分において、エマソンの「教育論」を引用していることについて、次のように述べる。「この『引用』は、教育を成長と同義として捉え、成長概念を経験の再構成の過程として規定したデューイの考えを示している」(市村 2003: 12)。市村はここにおいて、「引用」の語を鉤括弧でくくり注意を喚起したうえで、デューイのエマソンが示す言葉が「デューイの考え」を示すそれであることを見て取っている。こうしてみると、デューイの自己創造の契機としてのエマソン、という三つ目の観点が浮かび上がってくるだろう。

継承者デューイにとっての先駆者エマソン、発見者デューイにとっての哲学者エマソン、そしてデューイの自己創造の契機としてのエマソン。以上の三つの観点からデューイにおけるエマソンの重要性が確認されたうえで、次に取り組みたいのは、この重要性に疑義を呈することでもなければ、重要性を確認する新たな観点を提起することでもない。そうではなく、こうした重要性が示す今後の議論の可能性に向け、そのような議論に資すると思われる材料を提示することを試みる。それは、デューイのエマソンという視点が導く資料である。

2　エマソンに言及するデューイ

デューイにとってのエマソンの重要性が確認されたうえで、今後の議論にどのような材料を提示することができるのか。前節でふれたとおり、すでに米国はもとより、本邦においても、デューイとエマソンの関係性については、優れた成果の蓄積のもと、現在も研究が進行中である。そこで本節では、デューイとエマソンとの関わりについての議論に資すると思われる、デューイのエマソンの一端を提示するための道筋を検討したい。その道筋とは、デューイがエマソンを引用した箇所を照射する、というものである。

これは、カベルの次のような指摘に示唆を得たことによる。前節でも取り上げたデューイの論文「メーテルリンクの生命の哲学」について、カベルはその大部分がメーテルリンク――エマソンの賞賛者であり、『エマソンその他のエッセイ』（On Emerson, and Other Essays）の著者――からの引用によって構成されていることに点に目を向ける。

そしてその多量の引用に対して、デューイが「私にはこれらの発言をパラフレーズする能力がないと感じている」(MPL: 127) と述べていることにも着目する。カベルは言う。

彼自身の心情や見解の根幹（彼が現代における哲学の不毛性と呼ぶものに直結する主題）がメーテルリンクの言葉によって的確に表現されているのを知ったデューイは、彼自身の主題に沿うように、メーテルリンクの言葉を長々と引用する。しかしデューイはメーテルリンクの散文を敷衍《パラフレーズ》することができないと言う。いったい、どうしたのか。いまここで検証しようとは思わないけれど、私にとって印象深いのは（中略）デューイが自分で引用した箇所を敷衍する能力がないと意味深長な仕方で打ち明けるとき、彼の念頭にあった人物はエマソンだという点である。デューイはエマソンの著述を自らの著述に同化させることができず、エマソンの言葉を自らの言葉のなかに葬ることができなかった (Cavell 1994: 168=2008: 269)。

ウェストの指摘との対比において、カベルの指摘は興味深い。ウェストは、「デューイにとってエマソンは、デューイ自身が実際にやろうとしていたことをあらわす」としている一方、カベルは、「デューイが自分で引用した箇所を敷衍する能力がない」と打ち明けるとき「彼の念頭にあった人物はエマソン」であったとしている。この対照について、単にウェストとカベルとが、デューイのエマソンについて全く異なる読み方をしていることの帰結に過ぎないとして退けることも可能であろう。しかし、近年米国においてエマソンの哲学に特別な関心を示してきた代表的論者ともいえる二人が、ともにデューイのエマソンへの言及の仕方に注意を払っていること自体に意味を見出そうとするならば、次のような解釈を挟む余地はあるかもしれない。すなわち、デューイのエマソンは、デューイ自らの思想の核心としてのヴィジョンに関わる一方、把捉しきれないがゆえに追い求めた可能性という意味でのヴィジョンであり続けた、と[7]。

ここにおいても市村の指摘は示唆に富む。市村は、「エマソンはおそらくわれわれ哲学者の慣習的な定義づけ以上に何か深いものを知っていた」（EPD: 186）というデューイの表現に目を向ける（市村 2003: 19）[8]。「何か」が何であるかをデューイ自身がすべて掴み取って（定義づけ）我がものとしているのであれば、こうした表現をすることなく、そのこと自体を示した方がよいことになる。一方で、まったくイメージのできない事柄、あるいは核心からは遠い事項、といったことであった場合にも、やはり「何か深いもの」といった言い方をする必然性はなくなる。こう考えると、デューイのエマソンは、デューイの思想の核心への鍵であると同時に、デューイ自身が追求しながらもその手から零れ落ちてしまう掴みがたさを含意しているとの見方につながる。そしてその二重性は、ウェストとカベルの言からすると、デューイがエマソンを引用する際に露わになることが多いように推測される。

このような視座に立ち、次節では、デューイのエマソンを、デューイが参照するエマソンの言葉に光を当てることで検討する。

3 デューイのエマソンはいつどこに現れるか

デューイによるエマソンの引用の特質を考えるうえで、ボイドストン編の『デューイ著作集』（*The Collected Works*）の総索引を手がかりとする。総索引の事項索引において、エマソンの項目に示されていたのは五〇箇所であった

(Sharpe, 1991: 205-206)[9]。そのうち、デューイ本人の手によらない文章に登場する一〇箇所は、ここでは除外して考える。（『デューイ著作集』各巻の冒頭の解説（Introduction）における言及が八箇所、参考資料として掲載されているモリス・R・コーヘンの文章での言及が二箇所。）残された四〇箇所のうち、エマソンからの引用に類することがなされているのは、〈表1〉に示した二五箇所である。

類すること、というような幅をもった言い方をしたのは、デューイによるエマソンの文章への参照が、次の三種類の仕方を含んでいることによる。一つ目は、引用符と共に直接引用がなされている場合。二つ目は、引用符は付されていないものの、エマソンの文章がほぼそのままに引用されている場合。三つ目は、エマソンが述べたこととして提示されてはいるものの、言い換えがなされている場合、である[10]。

別の言い方をすると、〈表1〉に組み込まなかった一五箇所は、エマソンの文章（エマソンが述べたこと）への言及がなされてないとみなされる箇所である。たとえば、ハーバード大学で宗教を学んだ名高い卒業生としてエマソンの名前が示されたり（CRH: 135）、作品それ自身の性質と構成において理解する必要がある作品としてエマソンの『随筆集』がひとつの例としてあげられたり（AE: 320=2010: 395）、といった具合である。もちろんエマソンの文章へではなく、名前への言及であったからといって、デューイのエマソンを検討する資源として価値が低いというわけでは決してない。〈表1〉に組み込まなかった一五箇所は、それぞれに興味深いものである。「私たちは、新たな、そしてより政治的なエマソンを必要としている」（USE: 188）といった言はその一例である。（また、先ほど触れた卒業生エマソンのくだりでは、続けて、エマソンをその精神において「宗教におけるヒューマニズムの創設者」（CRH: 135）と評している。）ただ、前節での議論のとおり、エマソンの述べたことへのデューイの言及を本稿では検討の端緒とすることから、二五箇所に絞って作成した。

表1　デューイ[1]におけるエマソンの引用・言い換えとその根拠

No.	項目[2]	巻[3]	頁	著作名[4]	典拠[5]
1	エマソン, ラルフ・ウォルドー (Emerson, Ralph Waldo)	M7	154	教育における興味と努力 (*Interest and Effort in Education*)	償い (Compensation)
2		M9	57	デモクラシーと教育 (*DEMOCRACY AND EDUCATION*)	教育論 (Education)
3		M14	72	人間性と行為 (*HUMAN NATURE AND CONDUCT*)	自己信頼 (Self-Reliance)
4			100		イギリスの国民性 (English Traits)
5		L2	372	公衆とその問題 (*The Public and Its Problems*)	自己信頼
6		L6	99	僧院の教育か、バーゲンカウンターの教育か、それとも実験室の教育か？ (Monastery, Bargain Counter, or Laboratory in Education?)	詩人 (The Poet)
7	～の美学について (on esthetics)	E4	197	バーナード・ボザンケット『美学史』書評 (Review of Bernard Bosanquet's *A History of Aesthetic*)	芸術 (Art)
8		L10	35	経験としての芸術 (*ART AS EXPERIENCE*)	自然 (Nature)
9	～の償いについて (on compensation)	E5	115	意志の訓練にかかわる興味 (*Interest in Relation to Training of the Will*)	償い
10	～の大霊について (on oversoul)	M2	180	『哲学・心理学辞典』への寄稿 (Contributions to *Dictionary of Philosophy and Psychology*)	大霊 (The Over-Soul)
11	～の信仰について (on believing)	M3	99	信念と存在［信念と実在］ (Beliefs and Existences [Beliefs and Realities])	知性の自然史 (Natural History of Intellect)
12	～の論理について (on logic)	M3	184	エマソン ― デモクラシーの哲学者 (Emerson—the Philosopher of Democracy)	知性 (Intellect); 偉人の効用 (Uses of Great Men)
13	～の詩人について (on poet)	M3	185		書簡[6]; 知性の自然史; 精神の法則 (Spiritual Laws); 円 (Circles); 知性
14	～の思想家について (on thinker)	M3	187		円 ; 教育論
15	～の観念論について (on idealism)	M3	188		円 ; 知性
16	～と超越主義者との比較 (compared with transcendentalists)	M3	189-190		教育論 ; 自己信頼 ; 家庭生活 (Domestic Life); 歴史 (History)
17	～のコモン・マンについて (on commom man)	M3	190-192		家庭生活 ; 成功 (Success)
18	～の善行について (on good act)	M5	316	倫理学 (*ETHICS*) ＜ 1908 年版＞	礼拝 (Worship); 精神の法則
19	～の思想の自由について (on freedom of thought)	M5	399n		家庭生活
20	～の刑罰改革について (on punishment reform)	M5	420		改革者としての人間 (Man the Reformer)
21	～の詩人の物の名前について (on poet's name for thing)	M6	316	思考の方法 (*How We Think*) ＜ 1910 年版＞	日記[6]
22		L8	304	思考の方法 (*How We Think*) ＜ 1933 年版＞	日記[6]
23	～の社会について (on society)	L5	122	個人主義 ― その古いものと新しいもの (*Individualism, Old and New*)	自己信頼 ; 芸術
24	～の自己信頼について (on self-reliance)	L5	139	構築と批評 (*Construction and Criticism*)	自己信頼
25	～の禁欲について (on abstinence)	L7	210	倫理学 (*ETHICS*) ＜ 1932 年版＞	改革者としての人間

1 『デューイ著作集』(*The Collected Works of John Dewey*, J. A. Boydston (ed), Carbondale, IL, Southern Illinois University Press) の中のデューイ本人の著作を対象とした。
2 一番上の「エマソン , ラルフ・ウォルドー」が親項目、それより下はその小項目。
3 上記『デューイ著作集』のうち、初期著作集は E、中期著作集は M、後期著作集は L とし、続けて巻を数字で示した
4 原題の記載は『デューイ著作集』に基づく。原則として副題は割愛した。＜＞内は作成者注記。
5 改変しての直接引用や間接引用のため、あくまで推測の結果となった箇所もある。詳しくは本文で述べる。
6 『エマソン全集』(*The Complete Works of Ralph Waldo Emerson*, E. W. Emerson (ed), Boston, Houghton, Mifflin and Company) に所収されていない文献。詳しくは本文で述べる。

同表から浮かび上がるデューイのエマソンへの考察に移る前に、煩雑になってしまうため表のなかには示すことのできなかった但し書きの意味も込めて、表の情報そのものについて解説を加えておきたい。まず、全体を通して、デューイの著作中、引用符つきで示されていながらも、エマソンの文章に若干の変更が加えられている場合が多くみられた。ただ、コンマの有無や部分的な語句の改変、といった程度の相違であり、典拠を同定するにあたり特段の懸念はなかったことから、表のなかで逐一示すことはしなかった。また、「エマソンは『償い』についての論文の冒頭の部分で（後略）」（IEE: 154）といった具合に、典拠がデューイによって明言されている場合もあったものの、そうでないケースはテキストの近似性において典拠の同定を行った。たとえば、No. 25 の一九三二年版『倫理学』にて、デューイは次のよう述べる。「エマーソンは、禁欲の優雅さ（*elegance* of abstinence）について語っている」（E: 210=2002: 96［強調は原文、原文の挿入は引用者］）と。この箇所は、エマソンの次の言を参照していると判断した。「自分のための欲望をすくなくして（have few wants）、しかもつねにそれをすばやくつかみ取ろうとはせず、一部分は他人に与える余裕をもつほど、高雅な（elegant）生活態度はあるだろうか」（Emerson, 1903c : 247=1960: 48［原文の挿入は引用者］）。エマソンの「欲望を少なくして」という表現を、デューイが「禁欲」と言い換えたと理解した。

『エマソン全集』に所収されている作品以外への言及もみられた。No. 13 で示した箇所には、エマソンが妻リディアンに宛てた一八四二年三月一日付の私信の中のものとみられる文言も含まれていた。「私は、私のすべての理論、倫理、政治において、詩人である」との表現である（EPD: 185; Emerson, 1939: 18）。また、No. 21 と No.22 の箇所に登場する表現は、エマソンの日記を典拠としたものとみられる。デューイは『思考の方法』で——一九一〇年版・一九三三年版のいずれにおいても——次のように述べている。「エマソンが、ものそのものを知るよりは、むしろ真の名を、この詩人独自の名を知ることを望むといった時、おそらく彼は心の中に言語の機能に光を与えて輝かせることを考えていたのであろう」（HWT: 316; HWTR: 304）[11]。これに対応する文章として、エマソンの一八六六年（あるいは一八六七年）の日記に、次のような文言がみられた。「よく分からないが、しかし私は物よりも、物の名に、すなわち真の詩人がその物につけた名に、より価値を見出す」（Emerson 1982: 50）。

以上が、デューイの参照するエマソンのテキストについての表とその但し書きである。次節ではここから浮かび上がってくるデューイのエマソンについて考察を加える。

4　デューイのエマソンが提起する問い

デューイがどのテキストで、エマソンのどのテキストを参照したのかについて示した〈表1〉を足がかりとして、三点ほどデューイのエマソンという視点から見えてきた事項を述べる。

一点目は、デューイのエマソンは、デューイとエマソン両者の生涯にわたって関連づけられている、ということである。〈表1〉で示した対応関係（デューイによるエマソンの引用・言い換えとその典拠）を時系列で対照させ直線でつなぐと、**〈図1〉**のようになる。

図の左半分には、デューイが著述活動を行なった年代を示した。そして、〈表1〉にあげた著作名をそれぞれの出版年に配した。図の右半分は、同様にエマソンが著述活動を行なった年代を示し、デューイによる引用・言い換えの典拠となった著作を出版年にそって記した（例外は〈図1〉の註2ならびに註3を参照）[12]。デューイ側、エマソン側いずれにおいても、最も早い年代（デューイ側一八八二‐一八九二、エマソン側一八三一‐一八三五）と最も遅い年代

図1　デューイによるエマソンの引用・言い換えとその典拠の時系列的対応

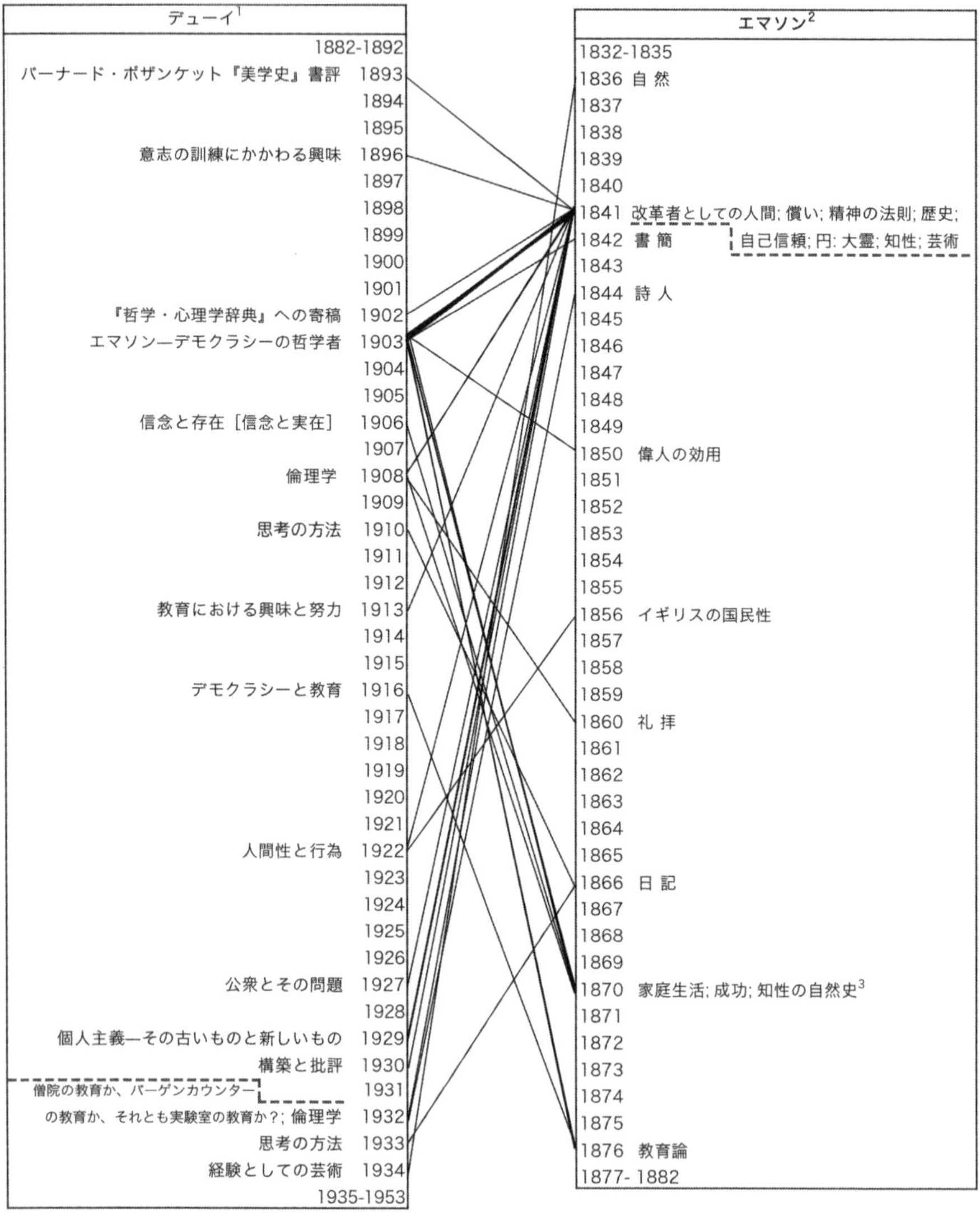

1　出版年は『デューイ著作集』(*The Collected Works of John Dewey*, J. A. Boydston (ed), Carbondale, IL, Southern Illinois University Press) による。
2　出版年は原則として『エマソン全集』(*The Complete Works of Ralph Waldo Emerson*, E. W. Emerson (ed), Boston, Houghton, Mifflin and Company) による。ただし、書簡と日記は当該の箇所に付された日付を基にした。
3　出版されたのはエマソン没後のため、同名の講演が行われた年に基づく。

（デューイ側一九三五-一九五三、エマソン側一八七七-一八八二）において、引用・言い換えとその典拠の関わりがみられなかったので、その期間は図において空白を縮めるかたちで示した。

〈図1〉の左右の島のあいだで幾重にも交差する直線からは、デューイが職業人生全体を通してエマソンに言及し続けたことが伝わってくる。このことは、最初の節で示したグッドマンや齋藤の指摘と呼応する。さらに、交差が図の上部にも下部にもみられることからは、デューイが生涯言及し続けたエマソンは、エマソンの側にあってもその職業人生全体にわたる時間的な幅をもったものであることを示しているといえる。すなわち、初期のエマソンや後期のエマソン、といった時期的な偏りからは比較的自由なエマソン像が浮かび上がっていると考えらえる。たしかに、エマソンの代表作「自己信頼」を収録した『エッセーズ・第一集』が出版された一八四一年には多くの線が集中しており、この時期のエマソンの著作に、デューイが永きにわたり強い関心を寄せたことは事実であろう。しかしながら四〇代前半のデューイが、エマソン晩年の「教育論」を引用する、といったコントラストもみられる。亀井は「晩年のエマソンは、『コンコードの聖者』として尊敬」されていたものの、「文学者としての歴史的使命は、もうだいたい終わっていたような感じ」がする、と述べている（亀井 1997: 205）。〈図1〉の右下に向かう何本もの直線をみるかぎりは、デューイのエマソンにあっては、その使命――最初の節で述べた三つの観点における使命――は生涯尽きることがなかったと考えられる。

二点目。一点目で示した、デューイのエマソンは、デューイの生涯を通しての、生涯を通してのエマソンであった、という認識を踏まえたからこそ検討できる事項があるように思われる。それは、デューイのエマソンが、どのように変わり、そして変わらなかったか、という問題である。対照的なのは、時を経て改訂された、二冊の著作におけるデューイのエマソンである。『思考の方法』にあっては、一九一〇年版も、一九三三年版も、エマソンへの言及は全く変化がなかった。一方、『倫理学』では、エマソンへの言及は新旧の版ともになされたものの、その内容は大きく変わっている。一九〇八年版で言及していた三箇所は、一九三二年版ではすべて姿を消している。その代わりに（消えた三箇所のうちのひとつと同じく「改革者としての人間」を典拠としてはいるものの）新しい箇所が言及されていた。（第3節で触れた「禁欲の優雅さ」のくだりがこれにあたる）。デューイのエマソンの変容ではなく、それぞれの著作の改訂のされ方自体が全く異なるものであったのだ、とすることも、もちろんできるだろう。ただ、そうであったとしても、そのような、全く異なる改訂、というものがどのように異なるものなのかを検討するひとつの手がかりとしても、デューイのエマソンが物語るものは少なくないかもしれない。

三点目は、総索引を手がかりにデューイのエマソンへの参照を表と図によって明示しようとしてきたなかでの気づきとしては逆説的なものではあるが、顕在化していないデューイのエマソンの姿を垣間見たように感じていることである。デューイが、メーテルリンクの引用に関して、自分にはそれらをパラフレーズする能力がないと感じている、と論文「メーテルリンクの生命の哲学」において記していることはすでに述べた。そして、デューイがこのように打ち明けるとき、デューイの念頭にあった人物は、実のところエマソンではないか、というカベルも解釈も、第2節で示した。筆者は、カベルがここでデューイの言葉にエマソンの影を感じたのには理由があると考えている。それは、カベルが光を当てたデューイの言葉の続きに目を向けると明らかであるように思われる。

私にはこれらの発言をパラフレーズする能力がないと感じているが、しかし、次のように言っても、これらの発言が示す精神に反することにはならないだろう。（ダンテの『神曲』のように）過去の人々が無限の謎を記録しようと努めた偉大な作品のどれ（any of the great works）をとっても、その作品の粗さ、乱暴さ、狭さはその作品自体がもつものであるのに、その美しさは、そして激情を静める力と感情を養う力は、私たち自身のもつ、より正確な展望からもちだされたものであり、それらはどのような年代にあっても共有されている日常生活(ordinary life)の尽きることのない蓄えから流れ出るものであるということである(MPL: 127-128［原文の挿入は引用者］)。

この一節に接し、エマソンの「自己信頼」を想起する者は少なくないと考える。

偉才の作品のどれ(every work of genius)にも私どもは自分の捨てた思想があるのに気づく。あらためてそれを見れば、遠ざけられた威厳(alienated majesty)をもって迫ってくるものである。偉大な芸術作品([g]reat works of art)から受ける教訓のうち、これほど感銘の深いものはない。それは、私どもが万人に挙《こぞ》って反対されるときこそ、最も泰然自若として、わがうちにおのずと湧く考えに従うべきであるということを教える(Emerson 1903d: 45-46=1961b: 41-42［引用に原文を挿入。訳語を一部改変した］)。

両者ともに、偉大な作品の偉大さは、作品自体によりも、見る者自身に帰するものであるとの発想が共有されている。また、デューイが自分たち自身の偉大さの源泉を「日常生活」に求めていることは、偉大な作品のもつ「威厳」はそもそも私たちの近く――すなわち、「日常生活」――にあったものを「遠ざけ」たものである、とのエマソンの主張を別の側から述べたものであると受けとれる。

このような相似を、パラフレーズできなかったことの結果とみるか、それともそうではなかったことの結果とみるかは読む者によるであろうが、いずれにせよデューイがエマソンの名前を明示していない箇所にも、両者の対応関係を探る余地があることは確認できるように思う。いわば、デューイのエマソンは、ときにデューイに伏流するエマソンでもある、との感覚である。

本稿はこうしてデューイのエマソンとは誰か、という問いに向きあってきた。向き合うなかで見えてきたのは、次のような事柄であった。デューイのエマソンは、デューイの著作全体を貫いて散見されること。しかしながらその姿は、デューイの生涯を通して変わり続けた面もあった可能性のあること。そして、ときに姿を見せずに、名を明かさずに、ひそんでいるかもしれないこと。すると、本稿が向き合った問いは、デューイとエマソンをめぐる議論において、次のような問いを投げかけることになるといえるかもしれない。遍在しているはずのデューイのエマソンは、このデューイのテキストの、どこに、どのような姿で、見出されるだろうか。そしてそこでは、デューイが見出し得たいかなるヴィジョンが示されていて、いかなるヴィジョンをデューイが見出そうと試みているのか。

5　日常言語のデモクラシー

最後に、一点だけ、デューイとエマソンの思想的紐帯について、仮説を述べたい。それは、デューイのエマソンを介在させたからこそ見える、両者の絆があるのでは、という感覚に基づく。本稿の冒頭で、デューイがエマソンを「預言的先駆者」（WJ: 97）と呼んでいたことに触れた。また、「デューイにとってエマソンは、デューイ自身が実際にやろうとしていたことをあらわす」（West 1989: 76=2014: 169）、というウェストの言も。そのうえで、デューイのエマソンが、デューイにとって、自らの思想の核心であると同時に未だ把握しきれない可能性であるという二重性をもったヴィジョンとしての意味合いをもっていたのではないか、という見方を述べた。そのヴィジョンの内実について、もう一歩踏み込んで考えてみたい。デューイは次のように述べている。

> しかしすくなくとも、エマソンを、プラトンの名がもつのと同じ意味で彼の名が語られるような新世界の一市民として見るならば、人はためらいなく次のように考えるだろう。たとえエマソンには体系がなかったとしても、それにもかかわらず彼は、デモクラシーが将来にわたり作り出し持ち続けるすべての体系の預言者であり使者であったこと。そして、デモクラシーがはっきりその姿を現す時、それがすでにエマソンによって提案されていたものであったことが容易に確認されるであろうことを (EPD: 191)。

こうした言葉から、ヴィジョンを貫くテーマを、かりに「デモクラシーの哲学」と呼んでみよう。すると、すぐさまこう問わねばなるまい。それは、どのような特質をもったものなのか。仮説を重ねるならば、言語の哲学、それも、日常言語 (ordinary language) の哲学が、デモクラシーに必須の視座であることを預言するものであったのではないかと考える。日常と言語と哲学とデモクラシーとをつなぐかもしれない糸を、次のようにたぐってみる。

「偉大な作品」――ダンテの作品にせよ、メーテルリンク、ホイットマン、エマソンのそれにせよ――の偉大さを、デューイは「日常生活」(ordinary life) に湛えられた展望がもたらすものとしたことは、前節で述べたとおりである。そうした見方が、もしエマソンの言う「遠ざけられた威厳」に呼応するものであるとするならば、なぜ人はエマソンの言うように自分の思想を捨て、遠ざけてしまうのか、という疑問が湧く。エマソンによれば、人は「自分の考えを、それが自分のものであるからという理由で無雑作に捨てている」(Emerson 1903d: 45=1961b: 41)。ここで、「自らのもの」という言葉の含意として、「自らの日常のもの」というような意味合いを読み取るならば、次のように問いを言い換えることができよう。なぜ人は、自分の日常のもの、という理由で、自分の考えを見捨ててしまうのか。デューイによるエマソンの引用がここでもひとつの応答となるように思われる。「私は、哲学はいまだ無作法で初歩的であると考えている。哲学はいつの日か詩人によって教えられるようになるだろう」(Emerson 1904 :14; EPD: 185)。ビュエルが指摘していた、エマソンの哲学を素人風のものであると退け、その論証が稀薄なものであると批判するような——裏返せば、玄人向けの体系と論述のみをありがたがるような——「不作法で初歩的」な哲学こそが、人が自らの考えを自分にとって日常的なものであるという理由だけで退けてしまうことの背景のひとつにあると考えられる。そして、そのような背景にこそエマソンは変化もたらそうとしたのではないだろうか。

それでは、いかにして変化はもたらされるとエマソンは考えていたのか。デューイの引用したエマソンの言を通して、エマソンが預言する哲学のヴィジョン——「いつの日か詩人によって教えられるようになる」哲学——を照射してみる。

偉才が、昔の芸術において示した奇跡を、今またくりかえすことを求めても、むだである。偉才の直観は、美しいものと聖なるものとを、新しい必要な事実のうちに、畑と路傍に、商店と製粉所に見出す(Emerson 1903a: 368=1961a: 17-18［一部訳語を改変した］; ION: 122=1975:110)。

ここには、自分の日常の世界に美しいもの、聖なるものを見出す、という詩人の働きが示されている。デューイのエマソンは、詩人の働きと願いとを、言葉との関わりのなかで次のように説明する。「心の中」で「言語の機能に光を与えて輝かせることを考え」(HWT: 316; HWTR: 304=1955: 238［一部訳語を改変した］) ながら、「ものそのものを知るよりは、むしろ真の名を、この詩人独自の名を知ることを望む」(Emerson, 1982: 50; HWT: 316; HWTR: 304=1955: 238［一部訳語を改変した］) ものである、と。

ところで、デューイが言及したこのエマソン言葉は、日記を典拠とするものであることはすでに述べた。実は日記のこの箇所には、興味深い続きがある。

> よく分からないが、しかし私は物よりも、物の名に、すなわち真の詩人がその物につけた名に、より価値を見出す。もし私が月や、月を取り囲む事柄に適した、正しい言葉――私とすべての人に向けて、月の慈悲深く万人に通じる美しさと意義深さを示す言葉――を見つけられたなら、そうしたら私は、月に望んでいたものを手にしたことになり、我が家の裏庭から月に通じる道がつくられたり、こうした道を乗せてくれる象を贈られたりすることを欲するようなことはないだろう (Emerson 1982: 50)[13]。

ここで語られている「月」を、「ヴィジョン」に置き換えてみると、「詩人によって教えられるようになる」哲学の特質が明らかになるように思われる。そこで論じられ、要請されるのは、一部の専門家にのみ可能な論証による特権的なアプローチではない。そうではなく、私たちが言語を用いて生活しているということ自体に何が起こっているのかという次元への眼差しである。私たちが、畑を横ぎり、国道をわたり、買い物をし、職場に向かい、といった日常を送るなかで、月にせよ、美しさにせよ、気高さにせよ、言葉を用いて思考し、他者に関わるという事態に、言語共同体への参与が実践されている。そうした次元から、自己の生き方、社会のあり方を見つめ直すことが含意されているのではあるまいか。

さらには、言葉を学ぶことと、自己と社会に関わること（関わり直すこと）が不可分の事柄として見つめ直されるなかで、たんなる話者ではなく、詩人が教えるものが強調されるところに、デューイのエマソンの特徴が見受けられる。言葉を学ぶことは共同体への参加であり、言葉を使うことは共同体を追認することである、といった面だけが示されるならば、いかなる言葉も、学び手なり話者なりに追従（conformity）を強いる装置でしかない[14]。そうした言語観とは異なり、詩人の言葉は、社会の日常の言葉を用いながら、人の言葉と振る舞いとに変容をもたらす。月についてのすぐれた詩は、その共同体で、月という語から連想される世界、夜空を見上げるその眺め方を、変えて行く。その変容は、詩人のみが知りうる特権的な何かが分け与えられた結果ではなく、人々が日常の生活ですでに知っていたことが思い起こされ、喚起されたことに導かれての展開といえる。デューイのエマソンを貫くヴィジョンは、一人ひとりが言葉を学び、用い、馴染み深くかつ新たな気づきに向きあうなかで、生き方や社会の変容がもたらされるという、詩的かつ日常的なデモクラシーの哲学であったのではないだろうか。

「私は、私のすべての理論、倫理、政治において、詩人である」(EPD: 185; Emerson 1939: 18)。そうデューイのエマソンが宣言した論文「エマソン――デモクラシーの哲学者」を、デューイは、「エマソンの哲学の結語」と呼ぶものでもって締めくくる。「存在(Being)と性格(Character)との、不易かつ徹底的な同一性」(EPD: 192［原文の挿入は引用者］)。自己と社会のあり方(being)への探究と、文字(character)――書き、読む言葉――に向きあう試みとが重なる次元において哲学を捉え直す声として、エマソンとデューイの預言を聴きとることができるかもしれない[15]。

註

1 邦訳は、ローティ 2000: 36 を参照した。なお、「唯一の罪は制限することである」というエマソンの言は、論文「円」に登場する (Emerson 1903b: 308)。

2 栗田は同論文を検討し「エマスンが人間の深奥に認め、大切にした〈知的・道徳的な情感〉」は、「デューイにおいて〈民主主義の哲学〉として立派に成人した」と述べている (栗田 1998: 72)。なお、栗田には、デューイの「自然」の概念と、エマソンの「大霊」とをつなげて検討した論文 (栗田 2011) もある。

3 邦訳は、ウェスト 2014 の第3章を参照した。同論文の邦訳については特にことわりのない限り以降も同様である。

4 ウェストは、デューイによる「エマソンを読むこうしたエマソン的方法」は、「エマソンからパースとジェームズを通ってデューイにいたる類似した主題群の明白な連続性を明らかにする」ものであるとしている (West 1989: 76=2014: 168)。

5 邦訳は、ウェスト 2014: 159 を参照した。

6 苫野は『民主主義の哲学者』と後のデューイによって賞賛されたエマソンは、しかし、というよりも、むしろだからこそ、同時に、当時の民主主義に対する激しい批判者でもあった」と述べている (苫野 2010: 47)。デモクラシーの批判的な捉え直しを目指したエマソンをデューイが言及することは、ウェストの指摘に符合する。

7 エルドリッジは、カベルのエマソンと、デューイと、ウェストの「預言的プラグマティズム」との距離は、いずれの論 (者) も、たんに「処理する」ことではなく、持続する不確実性における、そしてそれを通しての、完成主義的な自由の追求を強調している点において、一般的に考えられているほどには離れたものではないという感覚を示唆している (Eldridge 2003: 189)。

8 EPD: 186 の引用の邦訳は、市村 2003: 6 を参照した。

9 『デューイ著作集』の総索引に掲載されている表題索引と事項索引のうち、事項索引に記載されたエマソン (Emerson, Ralph Waldo) の項目を対象とした。同項目に属する小項目 (たとえば、Emerson on esthetics 等) も含めて計上した。

10 言い換え・パラフレーズ・敷衍の区別についての問題は残る。言い換えを英語に訳せば paraphrase であり、デューイが告白しカベルが引用するパラフレーズする能力の話との整合性に欠けるのではと指摘する向きもあろう。ただ、カベルがデューイの言に光を当てたのは、たんなる言い換えの技能の存否としてではなく、引用者と被引用者との距離 (と近さ) の問題についてであると考える。この点については、前節にてヴィジョンの二重性の問題として述べたとおりである。敷衍については、翻訳をめぐる事項としてここでは立ち入らない。

11 邦訳は、デュウィー 1955: 238 を参照した。

12 いつからいつまでを著述活動の時期とするかについては、デューイの側は『デューイ著作集』の初期著作集（一八八二‐一八九八）から後期著作集（一九二五‐一九五三）までとした。エマソンの側は、エマソンが物心ともに独立した思想家として活躍することになる節目として、ボストン第二教会の辞任に際しての説教「主の晩餐」(The Lord Supper) をおこなった一八三二年を起点とした。終点の一八八二年は没年である。

13 日記 (*The Journals and Miscellaneous Notebooks of Ralph Waldo Emerson*) 編纂にあたって付された記号は省略した。

14 エマソンは論文「自己信頼」で次のように述べる。「社会はいたるところで、その社会に属するだれかがこのような勇気を持つのを抑えようと共謀している。社会は一種の合資会社であって、社員は株主全部によりよくパンを確保するため、パンを食べる人の自由と教養を放棄する申し合せをしている。社会で最も要請されている美徳は追従 (conformity) である。自己信頼は社会の忌み嫌うものである。社会は真実と創造的人間を愛さず、美名と慣習を愛する」(Emerson 1903d: 49-50=1961b: 45［一部訳語を改変した。原文の挿入は引用者］)。

15 カベルはエマソンの「性格は意志を超越しておのれを物語っている (Character teaches above our wills)」(Emerson 1903d: 58=1961b: 52[原文の挿入は引用者]) との一文における、[c]haracter に二重の意味を見て取る。ある個人（ないしは人間集団）を他のそれから分かつ価値や特質に関するもの、ということがひとつ。もうひとつは、書くという動作によって生じる物理的な形跡、である。そのうえで、当該の一文について、二重の解釈を示している。「私たちの振る舞いはことごとく、私たちの意志が成し遂げたり気づいたりする以上に多くを表現している」こと。そして、「書かれたものは私たちの意図を超えて意味を伝える」こと、である (Cavell 2004: 33)。

文献

Bernstein, Richard J. 2010 *The Pragmatic Turn*. *Cambridge: Polity Press*. = バーンスタイン 2017 廣瀬覚・佐藤駿訳『哲学のプラグマティズム的展開』岩波書店.

Buell, Lawrence 2003 *Emerson*. Cambridge, MA: Harvard University Press.

Cavell, Stanley 1994 *A Pitch of Philosophy: Autobiographical Exercises*. Cambridge, MA: Harvard University Press. = カヴェル 2008 中川雄一訳『哲学の〈声〉――デリダのオースティン批判論駁』春秋社.

Cavell, Stanley 2004 *Cities of Words: Pedagogical Letters on a Register of the Moral Life*, Cambridge, MA: Harvard University Press.

Delbanco, Andrew 1996 *The Death of Satan: How Americans Have Lost the Sense of Evil*. New York: Farrar, Straus and Giroux.

Dewey, John 2008 *The Collected Works of John Dewey*, 1882-1953. ed., Jo Ann Boydston. Carbondale, IL: Southern Illinois University Press（CWD と略記 Early Works = ew / Middle Works = mw / Later Works = lw）.

EPD = Emerson—The Philosopher of Democracy（1903, mw. 3）.

HWT = How We Think（1909, mw. 6）.

WJ = William James［*Independent*］（1910, mw. 6）.

MPL = Maeterlinck's Philosophy of Life（1911, mw. 6）.

IEE = Interest and Effort in Education（1913, mw. 7）.

USE = Universal Service as Education（1916, mw. 10）.

E = Ethics（1932, lw. 7）= デューイ 2002 河村望訳『倫理学』人間の科学新社.

ION = Individualism, Old and New（1929, lw. 5）= デューイ 1975 明石紀雄訳「新しい個人主義の創造」『アメリカ古典文庫 13 ジョン・デューイ』研究社.

HWTR = How We Think: A Restatement of the Relation of Reflective Thinking to the Educative Process（1933, lw. 8）= デュウイー 1955 植田清次訳『思考の方法』春秋社.

AE = Art as Experience（1934, lw. 10）= デューイ 2010 栗田修訳『経験としての芸術』晃洋書房.

CRH = Comment on "Religion at Harvard"（1947, lw. 17）.

Eldridge, Richard 2003 "Cavell on American Philosophy and the Idea of America," *Stanley Cavell*. ed., Richard Eldridge. Cambridge: Cambridge University Press.

Emerson, Ralph Waldo 1903a "Art," *The Complete Works of Ralph Waldo Emerson, Volume 2*. eds., Edward W. Emerson. Boston: Houghton Mifflin Company = エマソン 1961a 斎藤光訳「芸術」『エマソン選集・5 美について』日本教文社.

Emerson, Ralph Waldo 1903b "Circles," *The Complete Works of Ralph Waldo Emerson, Volume 2*. eds., Edward W. Emerson. Boston: Houghton Mifflin Company.

Emerson, Ralph Waldo 1903c "Man the Reformer," *The Complete Works of Ralph Waldo Emerson, Volume 1*. eds., Edward W. Emerson. Boston: Houghton Mifflin Company. = エマソン 1960 原島善衛訳「改革者としての人間」『エマソン選集・4 個人と社会』日本教文社.

Emerson, Ralph Waldo 1903d "Self-Reliance," *The Complete Works of Ralph Waldo Emerson, Volume 2*. eds., Edward W. Emerson. Boston: Houghton Mifflin Company. = エマソン 1961b 入江勇起男訳「自己信頼」『エマソン選集・2 精神について』日本教文社．

Emerson, Ralph Waldo 1904 "History of Natural Intellect," *The Complete Works of Ralph Waldo Emerson, Volume 12*. eds., Edward W. Emerson. Boston: Houghton Mifflin Company.

Emerson, Ralph Waldo. 1939 *The Letters of Ralph Waldo Emerson 1842-1847, Volume 3*. ed., Ralph. L. Rusk. New York: Columbia University Press.

Emerson, Ralph Waldo 1982 *Journals and Miscellaneous Notebooks of Ralph Waldo Emerson, Volume XVI*: 1866–1882. eds., Ronald A. Bosco and Glen M. Johnson. Cambridge, MA: Harvard University Press.

Goodman, Russell B. 1990 *American Philosophy and the Romantic Tradition*. Cambridge: Cambridge University Press.

Hofstadter, Richard 1963 *Anti-intellectualism in American Life*. New York: Vintage Books. = ホーフスタッター 2003 田村哲夫訳『アメリカの反知性主義』みすず書房．

市村尚久 1994『エマソンとその時代』玉川大学出版部．

市村尚久 2003「超越主義経験論『直観』の論理――デューイのエマソン理解を軸として」市村尚久・早川操・松浦良充・広石英記編『経験の意味世界をひらく――教育にとって経験とは何か』東信堂．

亀井俊介 1997『アメリカ文学史講義Ｉ――新世界の夢――植民地時代から南北戦争まで』南雲堂．

栗田修 1998「デューイは何故エマスンを民主主義の哲学者と呼ぶのか」『日本デューイ学会紀要』第39号、pp. 67-72.

栗田修 2011「エマソンの自然論からデューイの宗教論へ――大霊から大自然へ」ジョン・デューイ 2011 栗田修訳『人類共通の信仰』晃洋書店．

Rorty, Richard 1998 *Achieving Our Country: Leftist Thought in Twentieth-Century America*. Cambridge, MA: Harvard University Press. = ローティ 2000 小澤照彦訳『アメリカ 未完のプロジェクト――二〇世紀アメリカにおける左翼思想』晃洋書房．

齋藤直子 2009『〈内なる光〉と教育――プラグマティズムの再構築』法政大学出版局．

Sharpe, Anne S. 1991 "Index," The Collected Works of John Dewey, 1882-1953. ed., Jo Ann Boydston. Carbondale, IL: Southern Illinois University Press.

苫野一徳 2010「エマソン政治思想の可能性――現代政治哲学の観点から」『日本デューイ学会紀要』第51号、pp. 45-58.

West, Cornel 1989 *The American Evasion of Philosophy: A Genealogy of Pragmatism*. Madison, WI: The University of Wisconsin Press. = ウェスト

2014 村山淳彦・堀智弘・権田健二訳『哲学を回避するアメリカ知識人』未來社．

第11章　デューイのコミュニケーション概念
――再参入とコミュニオン

田中智志

1　デューイのコミュニケーション概念とは

人と人の分かちあい

コミュニケーションは、じつにありふれた、そしてさまざまな営みである。たとえば、「コミュニケーション能力」と呼ばれるものの「コミュニケーション」など、もっともらしく語られているが、そのなかには、人が自己利益のために他人をうまく丸め込む行為にひとしいものも、ふくまれている。

また、一般に「コミュニケーション」といわれる営みは、人と人の情報の伝達であり、情報の送り手には「意図」があり、その受け手には「理解」が生じるとされている。たとえば、だれかに道を教えたいという私の意図があり、何らかのかたちで、それが相手に伝わり、その人が行先を理解することである。そうしたコミュニケーションは、人以外の動物も行っている。仲間に、鳴き声か何かで、危険を知らせ、仲間がそれを理解するという行動は、群れで行動する動物にごくふつうに見られる行動である。

　しかし、「コミュニケーション」という言葉が「共有・参加・分担」を意味するラテン語の「コミュニオ（コンムニオ）」（communio）に由来することを考えれば、コミュニケーションの意味するところは、変わってくるだろう。すなわち、コミュニケーションは、本来、たんなる情報の伝達という行為ではなく、何かを「分かちあう」（通じあう）という状態と不可分である、というように。この「分かちあう」という状態は、そうされるべき何かを前提にしている。その何かは、財貨・食物のような実体ではなく、おそらくいのちにかかわる情感だろう。たとえば、新しいいのちの誕生の喜びや、大切な人を喪い遺された人の悲しみだろう。

　加えて、容易に推測できることは、この分かちあうことが他者への気遣い、支援をふくむことである。人は、情感のうちでも激しいもの、すなわち「情念」（passio）を他者と分かちあうことで、それを引き受けてきた。たとえば、悲しみやつらさをだれかと分かちあうことで、それらを何とか引き受け、やけにならず生き抜いてきた。この情感分有の事実が忘れられるとき、むりやり平静を装うという痛々しいふるまいが、もっともらしい自律性として、また他者への気配りとして賞賛されるのだろう。

　自・他のあいだで分かちあわれる情感は、人のなかにありながら、人を越えて広がっている。それは「空気」や「雰囲気」の「気」に重ねられるかもしれない。この情感の広がりないしつながりは、実体論的なものではなく、現象学的なものである。それは、「私」の「自己」が意図し欲望し作りだすものではなく、いつのまにか感受されるもの、自生（自然《じねん》）的なものである。この自生し広がる情感は、むろん、人びとが伝える・伝えるべき情報、すなわち意味・価値として言語的に象られていく。たとえば、日本の「喜・怒・哀・楽」や、キケロのいう四つの「情念」、すなわち「悲しみ」（aegritudo）と「喜び」（laetitia）、「恐れ」（metus）と「望み」（libido）のように。そうした意味・価値としての情感は、たしかに人の言表の連鎖(言う/応えるの連鎖)を円滑にするが、言表の端緒ではない。言表の端緒は、自生する情感の分かちあいである。

人と〈神〉の分かちあい

ともあれ、もしもコミュニケーションが、情報の伝達だけでなく、情感を分かちあい、他者への気遣いを体現する営みであったとすれば、コミュニケーションは、本来、人と人のかかわりだけでなく、人と人を超えるものとのかかわりをふくんでいる、と考えられるだろう。すなわち、現世の関係に超越の関係がかけ合わされた構造をもっていたと。というのも、情感、他者への気遣いは、自己利益に向かう「自己」を超え忘れることに、つきつめていえば、超越者への——「自己」を前提とした「願い」ではなく——無心の祈りに通じているからである。このように考えられるのなら、〈神〉のいないところには、本来のコミュニケーションは生じないということになるだろう。また、たんなる情報の伝達としての通念のコミュニケーション概念は、本来のコミュニケーション概念が矮小化されたものということになるだろう。

憶測を重ねるなら、〈神〉が人格化されて象られるとき、分かちあいは、人と人の情感的なつながりにとどまらず、人と〈神〉の情感的(?)つながりへと拡大されるだろう。このとき、人と人を超える〈神〉は、〈有限/無限〉という区別のもとに区別されるだろう。たとえば、人の知識はつねに更新途上にあり、限定されているが、人を超える〈神〉のそれははじめから完全性であり、無限である、というふうに。キリスト教思想において一一世紀ころに生まれた「全知」(ominscientia)という概念、すなわち万物をつかさどる〈神〉の力を形容するそれは、無限だろうし、「永遠」(aeternitas)という概念、すなわち〈神〉が始まりと終わりのある「時間」(tempus)を超えて存在することを形容するそれも、やはり無限だろう。

さらに憶測を重ねるなら、この〈有限／無限〉という区別に密接にかかわるものが、〈過ち／原罪〉という区別だろう。キリスト教思想においては、「過ち」は、戒律や規範に反することで、道徳的・社会的に否定され、謝罪が求められ処罰が下される、個人の「行為」である。これに対し、「原罪」（peccatum originale）は、倫理的・篤信的に責められつづけ、担いつづけるという決意が求められる、人の「宿痾」であり、つまるところ〈神〉による「最後の審判」に委ねられるものである。「原罪」は、人の有限性を特徴づける概念であるが、この概念は、有限である人が、無限である〈神〉を想像しなければ、生まれない。有限でありながら無限を想像し、すなわち死に逝く存在者でありながら死なない存在者を想像し、死に逝くことを忌み嫌うからこそ、死に逝くことが人の宿痾、根源的罪深さの徴しと考えられたのだろう。

ざっと素描したように、もしもコミュニケーションが、情報の伝達だけでなく、分かちあうという状態を意味していたすれば、その分かちあいは、人と〈神〉のあいだにも想定されたはずである。本章のキーワードの一つである「コミュニオン」は、この人と〈神〉と分かちあいを形容するキリスト教思想の言葉である。

デューイのコミュニケーション概念を考える

本章の課題は、デューイがこの「コミュニオン」という言葉とともに意味づける人と人のコミュニケーションは、どのようなコミュニケーションなのか、と考えることである。そうするために、私は、ルーマン（Luhmann, Niklas）のコミュニケーション概念を援用する。この試みは、デューイの思想に「形而上学的基礎づけ」の残滓を見いだす解釈はもちろん、そうした解釈を批判し、デューイの思想を「実験主義」「プラグマティズム」に還元する解釈、すなわち脱形而上学に傾く解釈も、ともに退けることになるだろう（別途、検討されるべきであるが、たとえば、ベルマンの解釈（Bellmann 2007）などを）。

デューイのコミュニケーション概念についての研究は少なくないが、私がここでめざすことは「自己」を超越するコミュニケーションを解明することである。すなわち、個人主体と個人主体の情報の交換（意思の疎通）としてのコミュニケーションの存立条件ではなく、デューイがコミュニオンと不可分であると見なすコミュニケーションの存立条件を語ることである。この試みを助けてくれるのは、さきほどふれたルーマンの「再参入」という論理であり、アレグザンダー（Alexander, Thomas M.）の「真正のコミュニケーション」という概念である。彼らの議論は、ここでいう超越を語る視界を開いてくれるだろう。

私は、以下において、まず、ルーマンに依りつつ、通念のコミュニケーションが、共同体と一体であることを示し、その通念のコミュニケーションから区別される超越のコミュニケーションとして、キリスト教思想においてコミュニオンとしてのコミュニケーションが語られたことを確認する（第2節）。次に、アレグザンダーに依りつつ、デューイのいうコミュニケーションをコミュニオンと不可分なものととらえることは、人が全体性に参与的につながることや、そうしたつながりを顕わにする「呼応の関係」を浮き彫りにする、と論じる（第3節）。それは、人と人が全体性を分かちあうという存在論的事実を析出することでもある。最後に、こうしたデューイの超越のコミュニケーションのなかで、私たちは「自己」を超えていきいきと生きること、また自分を世界を映しだす鏡と考えることを理解するだろう、と述べる（第4節）。

2　超越者の再参入と呼応

通念のコミュニケーションと超越のコミュニケーション

ルーマンは、基本的にコミュニケーションは社会（＝現世）の外をもたない、と考えている。「コミュニケーションは、社会が現実化されうる唯一の営為である。なるほど、意味・価値を社会において実現する可能性は、コミュニケーション以外に存在しない。必要とあれば、［禁秘、矛盾、自己反省といった］コミュニケーション不能なものについても、人はコミュニケーションしなければならない」（Luhmann 2000: 168/193）。つまり、そうしたものを「この世界」に引きずり込まなければならないと。このように、共同体のうちに閉じているコミュニケーション、すなわち社会に流通する意味・価値で雁字搦めにされているそれにおいては、コミュニケーション不能なものへの「問い」は、禁じられ、問われなくなる。こうしたコミュニケーション不能なものを放逐するコミュニケーションは、共同体と一体である。

しかし、宗教的なコミュニケーションは、こうした通念のコミュニケーションから区別される。たとえば、キリスト教思想が語ってきた「神への信」（fides in Deo）は、こうした通念のコミュニケーションをゆるがす。キリスト教思想に見られる「［唯一］神という偶有処理定式が、こうしたコミュニケーションに逆らっている」からである（Luhmann 2000: 168/192）。偶有処理定式（Kontingenzformel）とは、ルーマン固有の用語で、たまたま生じたこと（偶有的なもの）を理解可能なものにする概念である。突然の地震、津波、落雷、噴火など、人知を越える現象を、なんとか納得・受容できるものにするために、考え出されたものである。〈神〉は、そうした意味で、人が考えだしたたにもかかわらず人を超えている何か（「それ」）である。つまり、〈神〉は、共同体（通念の意味・価値）と一体であるコミュニケーションに根本的に違背している。

共同体と一体の通念のコミュニケーションは、〈神〉を語っていても、それを現世的なものとして位置づけている。これに対し、キリスト教思想において求められるコミュニケーションは、共同体を超越する〈神〉の呼び声に聴き従うことである。その呼び声は「啓示」（revelatio）と呼ばれてきた。キリスト教の〈神〉は、自分をみずから啓示するが、人は、その罪のために、その「神の意志」を知ることができない、と考えられてきた。つまり、人は、自分が、「神の求め」を満たしているかどうか、「神の恩寵」を受けられるかどうか、知りえない、と。しかし、「神の意志」を意図的に知ろうとせず、自分の「心」（mens）に耳を傾けるなら、人は〈神〉の呼び声に聴き従うことができる、と語られてきた。その〈神〉を、たとえば、アウグスティヌスは、「内なるもの」（interius）と形容している（AO, C: 11. 6. 9.）。

こうした〈神〉の呼び声に人が聴き従うことが、「神への信」すなわち人が〈神〉へと――〈神〉をではなく――信じることである。〈神〉の呼び声は、パウロによって「盗人のように」と形容されるように、唐突に到来し、通念の意味・価値で構成されるコミュニケーションを遮断する。人が信じる〈神〉は、対象格の「を」で語られる〈もの〉ではない。それは、収束点のように、人が向かうところであり、人が由来するところである。つまり、〈神〉の呼び声に人が聴き従うことは、〈神〉と人が響きあうこと、共鳴共振することである。私の理解するところでは、コミュニオンとは、〈神〉と人がおのずから共鳴共振することである。それは、いいかえれば、たがいに相手を自分のこととして自然に「分かちあう」ことである。

道徳（善悪の区別）を支える超越者

キリスト教思想における〈神〉は、もともと共同体的（つまり人為的）である道徳から区別されていたにもかかわらず、しだいにその根拠（それを基礎づけるもの）として位置づけられるようになった。すなわち、キリスト教思想の〈神〉は、しだいに道徳の基底と化していった。道徳的であることが、さしあたり〈善／悪〉の区別であるかぎり、〈神〉は、そのうちの善を体現し、地上に〈善／悪〉という違いを創りだし、人に善をめざすことを求めてきた、といえるからである。たとえば、旧約聖書のなかで、ヨセフが、自分を奴隷として売り飛ばした兄たちに向かって、「あなたがたは、悪を為そうとしたが、神は、多くの民が生存できるように善を為し、善が生じることを考えた」と述べているように（創世記 50. 20）。

もっとも、人為の道徳のなかに〈神〉の超越性を見いだすというキリスト教的な試みは、古くから論難されてきた。その〈神〉が、地上において善の勝利を手助けせず、悪の勝利を放置しているように見えたからである。そのため、〈神〉の善、すなわち「義」（justitia/rightiousness）を論じるための議論が、繰りかえし提案された。哲学の世界でよく知られているのは、ライプニッツ（Gottfried Wilhelm Leibniz 1646-1716）の「神義論」（théodicée / Theodizee）だろう。神義論は、この世界において、事実上否定されているように見える善を存立させている〈神〉を何とかして肯定しようとする議論である。こうした〈神〉を弁護する言説は、〈神〉をいただく社会（キリスト教的世界）を維持し存立させるうえで、不可欠であった。

ここで確認するなら、キリスト教思想の〈善／悪〉の区別を可能にしてきたのは、その区別を超える高次の善である。すなわち、何かについて「善／悪という区別ができる」人は、人為を超える「義」に支えられている。いいかえれば、「善か悪かがわかる」のは、より高次の善である「義」に支えられてである。現世的に経験された〈善／悪〉は、その区別を超える善を体現する超越者によって存立可能化されている。驚かれるだろうが、この構造に類似するものは、反キリスト者を唱えたニーチェの議論にも見いだされる。ニーチェのいう「善／悪の彼岸」（Jenseits von Gut und Böse）は、「力への意志」（Der Wille zur Macht）であるが、それも、通俗的な〈善／悪〉を超え、それを存立可能にする、いわば高次の善だからである。

そして、〈神〉がこの世界から後退するとともに、道徳は「よさ」に変わっていく。かつての神律の道徳のかわりに、何らかの世俗的な「よさ」（good）――ルーマンのいう「メディア」――をめぐるコミュニケーションが各機能システムで営まれる。たとえば、経済システムにおいては、人は商品価格・利益率などに体現される市場の動向に従いつつ、「利益」というよさを追い求め、政治システムにおいては、ニュースやアクセス件数に体現される世論の動向に従いつつ、「権力」というよさを追い求め、教育システムにおいては、社会全体の有用性指向をおもに反映しつつ、「有能性」（学力・資格）による「主体」（「自己」）の優越・充実というよさを追い求める。ようするに、〈神〉が退去した世界においては、〈善／悪〉という区別が〈よい／わるい〉という区別に変わり、人は、〈神〉のかわりに機能システムに依拠するようになる。同じく〈見えないもの〉でありながら、機能システムは、〈神〉とちがい、義のような高次の善とは無縁である。

区別された超越者の再参入

人と〈神〉の超越のコミュニケーションに戻ろう。ルーマンは、この超越のコミュニケーションを通念のコミュニケーションから、「再参入」（re-entry）という論理形態によって、区別している。「宗教は、［慣れ親しまれたもの／慣れ親しまれていないものという］区別によって生じる［慣れ親しまれていないものという］象りが［慣れ親しまれたもの］という象りに再参入することによって、はじめて生じる」（Luhmann 2000: 184/206）。この再挿入という論理形態によってのみ、「宗教的に慣れ親しまれていないもの（超越者）と、たんに知らないものやただすごいもの［という現世的なもの」が、区別されうる」（Luhmann 2000: 83/92-3）。この再参入は、超越者が現世的なもののなかに立ち現れることである。すなわち、人から区別された超越者という象りが、人のなかに立ち現れることであり、いいかえれば、原罪から区別された「無垢」（innocentia/Unschild）という象りが、現世的な罪深さのなかに見いだされることである。

超越のコミュニケーションを特徴づける超越者の再参入は、たとえば、イエスの存在や、ルターのいう罪人義人論に見いだされる。新約聖書に描かれているイエスは、生身の人であったが、「神の子」と呼ばれるように、同時に無垢（無［in］- 損なう［nocere］）であった。現世者であったが、超越者であった。また、ルター（Luther, Martin 1483-1546）は、パウロを踏まえつつ、「［信じる人は］同時に義人であり、罪人である」（simul justus et peccator）と考えていた（金子 1975: 150-64 参照）。「同一の人が霊的であり、肉的である。義人であり、罪人である。善くて、悪い」（idem homo est spiritualis et carnalis, Iustus et peccator, Bonus et malus）（WA 56, RE: 343）、「聖なる人は、義人であり、罪人である」と（WA 56, RE: 347）。人は、人であるかぎり、自己中心的という原罪から逃れられないが、キリストを信じることで、義として象られる（方向づけられる）と。

イエスのような、最初から再参入状態の人（?）はともかく、ルターのようなもともとただ現世的であった者に超越者が再参入することは、さきほどふれたように、「啓示」としての「呼び声」を聴くことによって可能になる。すなわち、どこからかその「呼び声」が到来・出来することによってである。そうした「呼び声」の端緒は、パウロ（精確にいえば、イエスを否定し捕らえようとしていた改名前のサウロ）が砂漠で突然、聴いたという、会ったこともないイエスからの「呼び声」であろう。パウロは、その「呼び声」に聴き従うことでキリスト者となるが、この「呼び声」は、かならずしも神秘的事象ではないだろう。それはおそらく、私たちがときに口にする「良心」の「呼び声」とも考えられるだろう。そうした「呼び声」は、一人ひとりに固有・特異に生じるが、多くの人びとに多様・汎的に生じているはずである。

この「呼び声」への聴従が成り立つためには、この「呼び声」を正当化する何らかの物語が必要である。呼びかけられた者は、パウロがそうだったように、始めのうちとまどい、いぶかしむが、その「呼び声」を深く意味づける文脈を象ることで、その「呼び声」を必然的なものとして受け入れ、向かうべきところに向かおうとする。ルーマンは、「再参入は、構造的に未決定である状態をもたらす。それゆえ、再参入は、付帯するもの（parergon）に依りつつ、［人に］必然的な選択をうながす」と述べている。この「付帯するもの」は、あの「原罪からの救済」というキリスト教的物語であり、「必然的選択」は、「魂の救済を得られるかどうかの確証がないまま、［自分の］原罪が許されることを望むこと」である（Luhmann 2000: 84/94）。

再参入が生みだす全体論的思考

超越者が人に再参入するとき、いいかえれば、人が〈神〉を真摯に信じるとき、「これは人為であり、あれは神意である」といった二分法的区別は、もはやできなくなり、すべてが人為かつ神意であるという、差異（区別）の包含が行われるようになる。超越者は、たしかに重要な意味・価値を「基礎づけ」るが、「宗教の場合、その基礎づけは、反対項の排除ではなく、それを肯定項に包含することによって、行われる」（Luhmann 2000: 91/101）。キリスト教の場合、それは、この世界のすべては「被造物」（creatura）、創られたもの、贈られたものである、と語られることである。「いのち」（vita）は、その表徴である。すなわち、一つひとつのいのちは、一人ひとりのものであるが、同時に人に贈られたものである、と語られる。

ルーマンが明示するところではないが、こうした差異の包含における「基礎づけ」は、二様の思考を可能にするだろう。一つは、意味・価値を「基礎づけ」るものを実体として象り、それを崇めたてまつり、それにひれ伏すこと、すなわち崇拝的思考である。もう一つは、意味・価値を「基礎づけ」るものを「全体」(universitas) として象り、できるかぎりそれを認識しようとすること、すなわち、全体論的思考 (holism) である。この全体論的思考における「基礎づけ」は、何らかの外なるもの（超越者）に依拠して行われるのではなく、全体に内在することによって行われる。この「全体」は、人が「知性」とともに象り認識するものである。私がルーマンの再参入論から引き出したかった概念は、この全体論的思考である。

再参入が全体論的思考を可能にすることを確認することで、ようやくデューイのコミュニケーション概念を敷衍する準備ができたといえるだろう。というのも、全体論的思考において包含されるのは、キリスト教における人為／神意だけではなく、哲学における個人／社会、存在者／「存在」でもあると考えられるからである（ルーマンのいう営為／システムは外しておこう）。いいかえれば、個人、存在者は、それぞれ社会、「存在」に参与している、それらを享受し、贈与されている。さしあたり、こうした個人、存在者から見た、それらと社会、「存在」の関係を「参与的つながり」（「享受的つながり」でも「贈与的つながり」でもいいが）と呼んでおこう。それは、英語にすれば participatory associatedness となるだろうか。

ようするに、ルーマンの議論から示唆を受けながら、コミュニケーションをキリスト教思想を文脈としつつとらえるなら、それは、次の三つの特徴をもっている。第一に、通念のコミュニケーションは、神律的な道徳を失い、機能的な「よさ」を追い求めている。第二に、超越のコミュニケーションの本態は、超越的なものの現世への再参入を招来する呼び声への応答、つまり「呼応の関係」をふくんでいる。第三に、人と〈神〉のコミュニケーションという超越のコミュニケーションは、「形而上学的基礎づけ」から区別される全体論的思考をふくんでいる。私は、これらの知見を踏まえつつ、以下において、デューイの、コミュニオンと不可分のコミュニケーションが、呼応の関係のなかで、参与的つながりを了解することで、「自己」を超越すること、つまり機能的な「よさ」の追求を相対化することである、と論じてみたい。

3　コミュニオンのコミュニケーション

コミュニケーションのなかに

一見すると、デューイのコミュニケーションは、情報の伝達としてのそれだけのように見えるが、アレグザンダー（Alexander, Thomas M.）は、そのようには理解していない。私なりの形容の仕方をすれば、彼は、デューイのコミュニケーションを、情報の伝達として把握するだけでなく、人と人のつながりとして存在論的に把握している。それは、彼の一九八七年の『ジョン・デューイの芸術・経験・自然の理論』の結論に見いだされる。そこで、アレグザンダーは、デューイのいう「文化」は「人という存在者（human beings）がたがいに意味深く現前することで、諸活動が編み合わされ、一体となっていること」である、と述べるとともに、このような「文化」を「コミュニケーションの場」といいかえている。

アレグザンダーは、まず、デューイが語る通念のコミュニケーションのなかに、人と人のつながりとしての「ともに」（com-）を見いだしている。その論拠として、アレグザンダーが挙げているのは、デューイが一九一六年の『デモクラシーと教育』のコミュニケーション論において、コミュニケーションの「なかに生きる」(living in) こととして、「ともに」を強調していることである (Alexander 1987: 270)。

> 「社会は、[情報]伝達によって、すなわち[通念の]コミュニケーションによって存続しているだけではない。正しくいえば、社会は、[情報]伝達のなかに、すなわち[通念の]コミュニケーションのなかに存立している。common [共有の]、community [共同体]、communication [コミュニケーション] という言葉には、字形を越えるつながりがある。人は、共同体のなかに生きている。人びとがともに親しむものに与りながら。そしてコミュニケーションは、人びとが事物をともに保有するための方途である。人びとが共同体や社会を形成するためにともに保有するべきものは、目標、信念、動機、知識――ともに理解されるもの――、類似する気構え (like-mindedness) である。…… [それは] あのコミュニケーション、すなわち、ともに理解されるものに参与すること [＝わかちあい] を保証するそれであり、期待や要請に対する応答が似通ってくる、類似した情動的・知性的な性向を保全するそれである」(DE: 7　傍点は引用者)。

なるほど、アレグザンダーが述べているように、「コミュニケーションがなければ、人と人は、たがいに有意味に現前することがほとんどできない」。そして、デューイ自身が述べているように、さまざまな活動を一体にまとめるためには「合意」が必要であり、その「合意は、コミュニケーションを要請する」(DE: 9)。さらに、これもデューイ自身が述べていることであるが、「社会的な生はコミュニケーションと一体であり、かつすべてのコミュニケーションは教育的である」(DE: 9)。確認しておくなら、ここで「教育的」と形容される営みは、日本的な意味のそれではなく、人に「想像的に、すなわち情動的かつ概念的に社会に参与することを思い描かせる」ような、人へのはたらきかけである (Alexander 1987: 271)。

真正のコミュニケーション

こうした「現前する」「合意する」「教育的である」ことが、コミュニケーションによって可能になるためには、コミュニケーションが、たんなる情報伝達のそれであることにとどまってはならない。アレグザンダーの言葉を用いれば、コミュニケーションは「真正のコミュニケーション」(genuine communication) でなければならない。それは、「デモクラティックな共同体」が支えるコミュニケーションである。このデモクラティックな共同体は、デューイが「コミュニオン」と形容する、人びとの「理想的」実存様態にひとしい (Alexander 1987: 273)。つまり、コミュニオンであるデモクラティックな共同体のなかで営まれるコミュニケーションが、「真正のコミュニケーション」である。確認しておくなら、デューイは、一九二七年の『公衆とその諸問題』において、デモクラシーを「豊穣なコミュニオン」と呼んでいる。

「……コミュニケーションの技法は、[電話のような] 伝達や転送の物質的装置を保有することであり、かつそれにいのちを吹き込む (breathe life into) ことである。[始まったばかりの] 機械の時代が、そうした装置を完全化するとき、それは、生を支えるものとはなっても、生に対する横暴な支配者とはならないはずである。デモクラシーは、コミュニケーション自体に立ち現れるはずである。というのも、デモクラシーは、自由ないのち (life of free)、豊穣なコミュニオン (enriching communion) に与えられた名称だからである」(PP: 350;

Alexander 1987: 273)。

この「豊穣なコミュニオン」が立ち現れるコミュニケーション、すなわちアレグザンダーがいう「真正のコミュニケーション」と重なる言葉を、デューイの一九三四年の『芸術としての経験』のなかから引いておこう。「純粋で無垢なかたちのコミュニケーション」である。

「……コミュニケーションは、ものごとを伝え広めること (announcing) ではない。コミュニケーションは、［全体性へ］参与する状態 (participation) を創りだすプロセスであり、孤立し独りであるものをともにつなぐ (making common) プロセスである。……人びとは、さまざまな様態でつながっている。しかし、真に人間的である唯一のつながりの様態は……コミュニケーションによって意味や価値を［人と人が］分かちあうことである。……芸術を構成しているさまざまな表現［たとえば、合奏における各人の演奏］は、純粋で無垢なかたちのコミュニケーションである」(AE: 248 傍点は引用者)。

ようするに、アレグザンダーのいう「真正のコミュニケーション」は、「豊穣なコミュニオン」のなかで行われる、すなわち人びとが互いに「経験［＝意味・価値］を分かちあい」、「全体性」(totality) に「参与する」なかで行われる、コミュニケーションである。いいかえれば、それは、人びとが「自己」を越えて他者を感受し、他者とともに全体性に参与しているときの、たとえば、演奏している楽曲全体に個々の演奏者が参与しているときの、互いの表現のつながりであり、互いの呼応の連鎖である。

アレグザンダーのデューイ論は、デューイの議論に、ヴィトゲンシュタイン、そしてハイデガーに見いだされる、「人間的な生の創造的かつ批判的な象り」という「果敢な誓い」を見いだして、終わっている（Alexander 1987: 277）。アレクサンダーはまた、二〇一三年の『人間的なエロス』の結論部分においても、「真正のコミュニケーション」を論じ、そのコミュニケーションの存立条件、すなわち「互恵的・分有的・参与的な対話の広がり」としてのコミュニケーションを可能にする「他者の視点」（standpoint of the other）を強調している（Alexander 2013: 411）。他者の視点をもつことは、デリダふうにいえば、「他者の他者性」とともに生きることである。私がここで引き受けようとする課題は――この「他者の視線」の存立条件にもかかわるかもしれないが――デューイのいう「コミュニオン」に立ちかえり、その思想的含意をいくらか明示的に語ることである。すなわち〈神〉／人の関係性を黙示するコミュニケーションを語ることである。

全体性との参与的つながり

まず、真正のコミュニケーションを支えている「全体性」の含意について、再確認しよう。それは、人びとが「分かちあう経験」（Shared experience）（EN: 157）を支えるものである。デューイは、経験を「一次経験」（原初的経験）と「二次経験」（派生的経験）に分けるが、全体性は、そのうちの一次経験のなかで感受される（序章を参照）。この全体性は、卑近なものから壮大なものまで、多様である。

もっとも卑近な全体性は、アメリカ英語の「経験」という言葉に見いだせる。シェパード（Shepherd, Gregory J.）は、「超越としてのコミュニケーション」という論文において、「最悪の夕食経験（worst dining experience）」という表現を例示している。この表現の意味は、「最悪の夕食（worst dining）」という表現の意味とは異なる（傍点は引用者）。前者の「夕食経験」

は、「たんなる食事そのものよりも大きな全体性（totality）を暗示している」からである。この経験は、たとえば「ひどい態度の給仕、泣き叫ぶ隣席の乳児、レストラン全体の凍えるような寒さ、喫煙席の隣の禁煙席、異様に高い値段」など、つまり「全体的な、収まりきらず溢れるような何か、単純で狭義の表象をはるかに越える何か」をふくんでいる（Shepherd 2006: 23）。

もっとも壮大な全体性は、デューイのいう「自然の本態」（nature of nature）である（EN: 201）。自然の本態は、ものごとの変化、すなわち人と人、人と物、物と物の不断の相互活動のなかに読みとられる、それらのつながりであり、そうした無数のつながりの連鎖である。この無数のつながりの連鎖が、自然の全体性である。このつながりは、たとえば、「あなた」が「私」の呼びかけに応え、「私」がそれに対し「あなた」にまた呼びかける、という呼応の連鎖である。人と物のつながりの場合も、物と物のつながりの場合も、同じような呼応の連鎖である（「呼応」という表現に違和感を覚える人もいるだろうが）。

人は、こうした全体性と参与的につながっている。「最悪の夕食経験」が「経験」であるのは、「私」がその夕食に現実的に参入しそれを受容していたからである。「私」が「あなた」に応えるのは、「私」が「あなた」とともに在ることに現実的に参入しそれを受容しているからである。自然の全体性に現実的に参入しそれを受容していると感じることは容易ではないだろうが、序章で述べたように、さまざまな「自然体験」のなかで、そうした壮大な全体性への参与的つながりを象ることは可能である。

拙速ながら、次に確認したいことは、デューイが、こうした全体性との参与的なつながりによって人が「充全化」（fulfillment）に向かうと論じていることである（CC: 291; DE: 56; HNC: 200; AE: 42）。

象徴の愛の再参入

「充全化」は、人が「自然」が黙示する「至高性」すなわち「愛」に向かうことである。この「愛」は、人為を超えるものに通じ、いつの日にか到達されうる理念であるという意味で、「象徴」にとどまりつづける。デューイは次のように述べている。「人のコミュニケーションは、道具的であるだけでなく、完結的（consummatory）である。……人のコミュニケーションにおいては、動物に特徴的である結合や愛着が［人間に特徴的である］無限の理念化を可能にする慈しみ（endearments）に成り変わるからである。すなわち、それがまさに自然の至高性（culmination）を意味する象徴（symbol）に成り変わるからである」。その「象徴」としての「愛（love）がその頂点に到達するとき、人に啓光（illumination）と叡智（wisdom）をもたらすという意味で、愛は、神性が真理であるということと同じくらい、重要である」と（EN: 157-8）。

この象徴の愛は、ささやかなかたちながら、ふだんの生活に見いだされる。「ある人が、他の人の歓び、悲しみ、情緒、望みに参与すること」に。ただし、それには範囲や程度の幅がある。たとえば、「一時的な気遣いから、継続的な洞察・誠意にいたるまで」（EN: 158）。この象徴の愛、すなわち「完結的」なコミュニケーションないしコミュニケーションの「終局態」（final）としてのそれは、人と人の存在様態が「コミュニオン」であることにひとしい。すなわち「人が意味を［他者と］分かちあうことは、コミュニオンという意味において［人が］気高く深く生き結びついていること」であり、「人が、孤立の直接性から引き揚げられ、コミュニオンという意味において［互いを］分かちあうことである」（EN: 159）。

ここで注視したいことは、デューイのコミュニケーションに、〈神〉という超越者ではなく、現世と地続きでありながらそれを超越しうる、象徴の愛が再参入していることである。この愛は、ヨハネ、パウロのいうアガペーの翻案であるとすれば、その翻案は、文脈のずらしによる翻案である。それは、少なくとも形而上学的テオロジー（teology 神学）のもとに置かれているのではなく、いわば全体論的テレオロジー（teleology 目的論）のもとに置かれている。この全体論的テレオロジーについて、いくらか敷衍しよう。

大いなる共同体を支える象徴

デューイは、「大いなる共同体」（Great Community）の形成を提唱したが、それは、この象徴の愛の再参入を踏まえることで、よりよく理解できるのではないだろうか。デューイは、コミュニケーションが「大いなる共同体」を形成するというが、いわゆる共同体のなかでのコミュニケーションは、通念のそれであり、「大いなる共同体」を構成するのは、真正のコミュニケーションである。このコミュニケーションの礎は、それを行う人びとが「経験」を、すなわち「[人びとの]感性（sentiment）と思想（thought）を制御する」（PP: 323）ような象徴の愛を、人びとが分かちあっていること、である。

デューイによれば、二〇世紀という「新しい時代は、その諸活動にふさわしい象徴をもっていない」。なるほど、あらたに登場した電信・電話という情報機器は、たしかに便利であるが、参与的つながりを作りだせるほど充分に便利ではない。「何らかの行動において、人びとを結びつけているつながりは、なるほど膨大で強靭で複合的である。しかしそれらのつながりは、不可視であり不可触である」。しかも、象徴の愛という経験は、分かちあわれていない。「そうした[=象徴の分かちあいに与る]コミュニケーションがなければ、公衆は、依然として影絵のようなもの、かたちなきものである。ときにみずからそう在ろうとしても、実体ではなく影絵をつかみとるだけである。この[アメリカ社会という]偉大な社会（the Great Society）が、一つの大いなる共同体（a Great Community）に変容するまで、公衆は衰退しつづけるだろう。[真正の]コミュニケーションだけが、大いなる共同体を創りだしうる。私たちの歩みを妨げているバベルの塔は、あの[分断された]言語というバベルの塔ではない。分かちあわれた[象徴の愛の?]経験(shared experience)を不可能にする記号と象徴というバベルの塔である」(PP: 323-4)。

象徴の愛という「経験」を分かちあことは、すでにすべての人が知っていたにもかかわらず、多くの場合、忘れている「人間的協同(=つながり)」(human association)を想起することである。それは、個人と個人が協力する方法をあれこれと考案することよりも大切である。この想起のために根本的に想起すべきことがある。それは、「すべての人間存在は、幼い子どもとして生まれる」ことである。すなわち「未熟で無力で、他者の活動に依存している」こと、つまり無条件の愛の営みに依存していることである(PP: 250-1)。この依存性は、「弱さというよりも、むしろ力を意味している」(DE: 49)。この依存性が、デモクラシー、真正のコミュニケーションの礎だからである。

明示的目的なき目的論

ようするに、人を、想像される全体性としての「自然」の「うちに」位置づけ、「人間的共同体」の「内に」位置づけること、つまるところ象徴の愛を現世へ再参入させることは、論理だけ取り出していえば、人を愛そのものとしての〈神〉の「内に」位置づけること、カリタス/アガペーを真理として現世に再参入させることと、およそ相同的に見える。しかし、象徴の愛を現世へ再参入させることは、〈神〉の意志のもとにすべてが統御されていると、〈神〉になりかわって人が勝手に宣言し、それを他者に強要することではなく、人が、さしあたり「愛」としか形容できない明示しえない超越的目的に向かいつつ生きるということ、そうした生のベクトルを信じ、それを本来性として認めることである。

こうした明示的目的なき目的論は、むろん知識として教えられない。この目的論は、一人ひとりにおいて自己創出される（おのずから創り出される）しかない、つまりみずから学びとるしかない。しかも、この目的論的思考は、たえず「超越とは何か」「愛とは何か」と、問いつづけなければならない。この目的論の自己創出は、私見を述べるなら、デューイが最初の論文でとりあげたスピノザの思想に、その一例が示されている。それは、「感受する」（afficere/passio）――「知り象る」（concipere/imaginatio）――「覚知する」（percipere/meditatio）という思考の「高まり」である。この「成長」がいわゆる「発達」ではなく「メタノイア」（metanoia 超えて―考える）であるということは、あらためて論じるべきだろう。

ともあれ、デューイは、テロスを忌み嫌い、それを退けようとした、と表現することもできるだろうが、私がデューイのコミュニケーション概念に見いだすのは、明示的目的なき目的論、すなわち所与永遠のテロスなきテレオロジー、一人ひとりが事後回顧に固有特異のテロスを語るだろうと考えるテレオロジーである。この事後回顧的に語られる固有特異のテロスを支えているのは、全体性との参入的つながりの了解である。たとえば、享受の自然観をもっていることである。付言すれば、このテロスは、アレグザンダーが『人間的エロス』で唱える「生態存在論」と「実存の美学」と整合的である（Alexander 2013）。

さしあたり、冒頭に述べた「超越のコミュニケーション」は、通念のコミュニケーションを裏打ちするように、「自然」を全体性と象り、またそれと参与的につながること信じ認める真正のコミュニケーションである、と再規定しよう。この超越のコミュニケーションは、不断に「自己」を超える思考をふくみ、また「発達の隠喩」の外で生育・生存を語ることになるだろう。最後に、それぞれについて確認しよう。

4　超越と鏡の思想

「自己」を超えるという超越

私はここで、「超越」という概念を通念から大きくずらし、「神秘的なもの」ではなく「自己を超えて」という意味で用いてきた。ルーマンも、こうしたずらしに賛同してくれるだろう。ルーマンは、近現代社会において「個人は、社会的である共感、情愛、経歴などを用いて、自分の同一性を構築するが、その同一性は、不確かな基礎のうえに立てられた構築物にすぎない。そうであるかぎり、人は、その自己にとって超越的である、といえないだろうか」と述べている (Luhmann 2000: 110/124 傍点は引用者)。私は、人はすでに自分の外、他者とつながっているという意味で「自己」を超越している、と考えている。ある人が、他者に対し無頓着であり「人は人」と考えて生きているとしても、実際には交感の広がりのなかにすでに生きているのではないだろうか。「人は人」という考え方は、すでに交感の広がりを前提にしていないだろうか。

人が「自己」を超越することとは、「自己」中心の個人ではない状態においては、自明な事実だろう。人は、つねにすでに自分の外とつながり、他者を支え、他者に支えられ、他者を援け、他者に援けられている状態においては。人の「存在」は、自分にとどまらず、他者と通じているという存在論的事実の喪失とともに、すなわち自分の意識が自分にだけ向かうようになることで生じるのが「私はだれか」という問いである。この問いにまともに答えようとすることは、無意味である。この問いは、生真面目に応えるべき問いではなく、その問い方そのものが問いなおされるべき問いである。すなわち、その問いは「私はだれを支え／に支えられるのか」という問いに変えられるべきである。そうするとき、先に引いたデューイの言葉をまた引くならば、私たちは、言語活動に「いのちを吹き込む」ことになるだろう (PP: 350)。

このいのちを吹き込まれた言語活動においては、たとえば、「利害」は、それほど重要ではなくなる。英語の interest は、「自己」(「自分」「自社」「自国」) にとっての「利害・関心・興味」を指し示す言葉であるが、この語源であるラテン語の interesse は、「存在のなかに在る」という情況の形容である。人・ものが世界の「内に」在ることである。通念の interest は、主体／客体の分離が可能にする意味であり、そこでは、つねに何か・だれかが「自分にとってどうなのか」が問題にされる。「あなたはどう思うのか」「あなたの意見を述べなさい」といわれるように。主体としての「私」は、だれかの「内に」在るのではなく、だれかを対象化し物象化し値踏みする「私」に仕立てられ、偉そうに・和やかに人を論難する。超越が可能にするのは、他者から分離された主体ではなく、他者と離接的である主体である。

超越に連なる鏡の思想

思うに、人と世界の関係は、二つに分けられるのではないだろうか。通念のように、人が、世界は自分が生きる「舞台」である、と考えるかぎり、人は、超越のコミュニケーションをなしえないだろう。舞台としての世界における人は、その姿を世界に「登場」させ、その世界で役割を「演じる」人である。この人は、否応なく孤独である。他者が、この主役によって創りだされた脇役、つまり〈もの〉だからである。そこに「完全な他者」(tout autres) は存在しない。したがって、真正のコミュニケーション、コミュニオンに与るコミュニケーションも存在しない。そこで「コミュニケーション」といわれるものは、主体同士の闘争・折伏・論難である。人の発言は、自己主張や自己実現の方途である。創作も出会いも、創る人・会う人の主体的行為として把握される。未知の島が「発見される」＝「暴かれる」

(discovered) ためにあると考えるように、子どもは「発達させる」＝「開発される」(developed) ために生きていると見なされる。

しかし、人が、自分は世界を映しだす「全体」である、と考えるなら、人は、超越のコミュニケーションをなしうる。世界は、全体、すなわち有為転変の〈こと〉の連関として、象られる。したがって、人は、孤独な〈もの〉事象ではなく、〈こと〉の連関にふくみこまれている。その全体において、人は、〈こと〉の連関にそって、〈こと〉の連関を見極めていく。その人の発言は、〈もの〉を自存化させるために行われる自己主張でも自己実現でもない。これこれと指示され語られる〈もの〉は、現実のなかでそれぞれ・いろいろに〈こと〉になっていく。〈もの〉の背後に〈こと〉が広がる。他者の誕生も死去も、風鈴の音も秋風の冷たさも、〈こと〉として分かちあわれる。そうした〈こと〉すなわち「風流」「風情」を排除することは、不可能である。世界が〈こと〉であるかぎり、哀しさもさみしさもただ否応なく、感受される。

教育に引きつけていえば、後者の全体論的思考における学びには、心の「鏡」の映しだしによって始まるだろう。それは、ラテン語の「ミメーシス」(mimesis)や、日本の「まねび・ならふ」という言葉に示されているように、「自己」を越えた象りの生成である。日本語の「学び」の語源は、「まねび［真似び］」であり、「習う」の語源も、「ならふ［倣ふ］」である。つまり、自己創出は、外にある何らかの対象を〈もの〉として獲得し所有することではなく、生動する何か・だれかを自分に映しだすことである。そうした象りの営みが、存在論的に「共存在」することである。そこでは、「私」がベルトコンベアーに載せられ運ばれるように「時は過ぎる」(Time passes by) のではなく、「私」をふくむ全体、場面としての「今ここ」が変転するように「時はうつる」(「時ふる」)。

〈こと〉の連関と一体の、超越をふくむコミュニケーションは、いわゆる「教師」を教職専門職者ではなくたんなる実存にする。ある人は、たまたま「教師」という役割を担っているとしても、本来的に他者と交感し事後的に語られるテロスに向かう人である。すくなくとも、人が何かを認知し熟達することが日常生活のなかでおのずから行われるかぎり、専業者にせよ、専門職にせよ、「教師」などいらないだろう。いいかえれば、生活環境と労働環境が同時に学びの環境であるかぎり。しかし、現代社会においては、そうした環境は成立しがたい。制度化された教育は必要である。制度化された教育は、あらかじめ内容の決定された〈もの〉であり、その〈もの〉が子どもに伝達されるという営為から成り立っているが、それは、たえず他者と交感し生き生きと想像的に生きる実存それ自体によって、深く補完されるべきである。

文献

金子晴勇　1975　『ルターの人間学』創文社.

*

Alexander, Thomas M. 1987 *John Dewey's Theory of Art, Eperience and Nature : The Horizons of Feeling*. Albany, NY: State University of New York Press.

Alexander, Thomas M. 2013 *The Human Eros: Eco-ontology and the Aesthetics of Existence*. New York: Fordham University Press.

Augustinus, Aurelius 2006- *Augustinus, Migne Patrogia Latina, Documenta Catholica Omnia*. Cooperatorum Veritatis Societas［www.documentacatholicaomnia.eu］［AO と略記］

C = *Confessionum*, PL 32. / 2007　アウグスティヌス（宮谷宣史訳）「告白録」上・下『アウグスティヌス著作集』第5-Ⅰ・Ⅱ巻　教文館.

Belman, Lary S. 1977 "John Dewey' s Concept of Communication," *Journal of Communication* 27: 29-37.

Bellmann, Johannes 2007 *John Deweys naturalistische Pädagogik: Argumentationskontexte, Traditionslinien*. Paderborn : Verlag Ferdinand Schöningh.

Calcagno, Antonio 2010 "Meanings, Communication, and Politics: Dewey and Derrida," Fairfield, Paul ed., *John Dewey and Continental Philosophy*. Cabondale: Southern Illinois University Press.

Dewey, John 2008 *The Collected Works of John Dewey*, 1882-1953. ed., Jo Ann Boydston. Carbondale, IL: Southern Illinois University Press（Early

Works = ew / Middle Works = mw / Later Works = lw) .
MPC = "My Pedagogic Creed" (1897, ew. 2) .
SS = *The School and Society* (rev. edn. 1915, mw. 1) .
CC = *The Child and the Curriculum* (1902, mw. 2) .
IEE = "Interest and Effort in Education"' (1913, mw. 7) .
DE = *Democracy and Education* (1916, mw. 9) .
RP = *Reconstruction in Philosophy* (1920, mw. 12) .
HNC = *Human Nature and Conduct* (1922, mw. 14) .
EN = *Experience and Nature* (1925, lw. 1) .
PA = "The Pragmatic Acquiescence" (1927, lw. 3) .
QC = *The Quest for Certainty* (1929, lw. 4) .
AE = *Art and Experience* (1934, lw. 10) .
L = *Logic : The Theory of Inquiry* (1938, lw. 12) .
CD = "Creative Democracy" (1939, lw. 14)
KK = *Knowing and the Known* (1949, lw. 16) .
PM = *Problems of Men* (1946, lw. 15) .

Luhmann, Niklas 2000 *Die Religion der Gesellschaft*. Frankfurt am Main: Suhrkamp Verlag. / 2016 ルーマン（土方透／森川剛光／渡會知子／畠中茉莉子訳）『社会の宗教』法政大学出版局.

Luther, Martin 1883-1929 *D. Martin Luthers Werke: Kritische Gesamtausgabe, Abteilung 1, Schriften*, 56 Bds. Weimar: Verlag Hermann Böhlaus Nachfolger. [WA と略記]
RE = *Divi Pauli apostoli ad Romanos Epistola, 1515/6*, WA, Bd. 56. / 2005 ルター（徳善義和訳）「ローマ書講義 上／下」『ルター著作集』第2集 第8／9巻 聖文舎.

Pappas, Gregory Fernando 2008 *John Dewey's Ethics: Democracy as Experience*. Bloomington/Indianapolis: Indiana University Press

Shepherd, Gregory J. 2006 "Communication as Transcendence," Gregory J. Shepherd/Jeffrey St. John/Ted Striphas, eds., *Communication as ... : Perspectives on Theory*. Thousand Oaks/London/New Delhi: SAGE Publications.

Stroud, Scott R. 2008 "John Dewey and the Question of Artful Communication," *Philosophy and Rhetoric* 41 （2） : 153-183.

終章　連環する二つの経験

――デューイとともに教育を哲学する

西本健吾・田中智志

〈概要〉 日本でデューイを**教育哲学**として読むことは、どのような意味をもつのか。本論集全体の議論を踏まえながら、この問いに答えてみよう。まず、日本におけるデューイの**経験**概念への批判を確認する。それは、デューイの経験概念が**目的合理性**に傾いていることである。次に、アメリカのローティによるデューイの経験概念への批判を確認する。それは、デューイの経験概念が「**形而上学的基礎**」として機能しているという批判である。しかし、本書の各論を踏まえつついえば、これらの批判は妥当性を欠いている。そのことは、デューイの「経験」概念を厳密に把握することで、明らかとなる。それは、端的いえば、**一次経験と二次経験の連環**、敷衍していえば、「一」なる**参与的つながり**と「多」なる**目的合理性の連環**である。この経験の連環は、私たちが「**教育を哲学する**」うえで欠かせない、思考の足場である。その思考は、**存在論的思考**と形容できるだろうし、その連環は、**形而上学的動態**〈**メタフュシカ**〉と形容できるだろう。

1　デューイ教育思想を読むこと

デューイの教育思想は、日本の教育思想の古典に数え入れられ、また日本の教育学の形成に浅からぬ影響を及ぼしてきた。たとえば、その具体例として、一九四〇年代後半以降、戦後日本における教育の立て直しの際の初期の「社会科」の実施と、そこでの「問題解決学習」の導入などが挙げられる［藤井 1998］。その影響は、今なお衰えたわけではなく、二〇〇〇年代における「総合の学習の時間」の創設や近年の「アクティブ・ラーニング」の興隆に、その影響を読み取ることもできるだろう。

しかし、とりわけ日本の「教育思想史・教育哲学」という学問領域においては、現在、かならずしもデューイは無批判に称揚できるものではなくなっている。その背景の一つは、一九九〇年代以降に興隆した近代教育学批判や戦後教育学批判と呼ばれる動向が、教育のモダニティを批判し、古典として語られてきたデューイの教育思想もまたその批判の対象となったことである。現代教育学のデューイ批判については、のちにあらためてふれるが、さしあたり端的にいえば、デューイの目的合理性への傾きが批判されている。

デューイの目的合理性への傾きは、彼の「プラグマティズム」と呼ばれる考え方の基本的な特徴であると見なされている。たしかに「問題解決学習」は、ＰＤＣＡサイクルと重ねられる。いいかえれば、デューイの「批判」対象であった「形而上学」や「スコラ学」の唱えた超越的な概念が、すでに過去の遺物と化しつつあるなかで、彼のプラグマティズム自体がモダニティとして意味づけられている。

こうした情況において、デューイを読むことにどんな意義があるのだろうか。この終章において、あらためてデューイの「経験」概念に注目し、この問いに答えてみよう。以下、まず、デューイに対する日本の教育哲学の文脈における批判を確認する。そこでは、デューイの教育思想における教育の合目的性と自明性が指摘されるだろう。次に、デューイの教育思想におけるモダニティの問題として、教育の合目的性とによるデューイ批判を確認する。それは、デューイの「経験」概念や「自然」概念が形而上学的基礎づけとして機能しているという批判である。そのあとで、上述の二つの批判に対し、近年のデューイ研究がどのように応答しているのか、本書の各論をふりかえりつつ、確認する。最後に、序章の議論にたちかえり、〈デューイとともに教育を哲学する〉ことにふれよう。

2　デューイの教育思想とローティ

経験の目的合理性？

まず、今井康雄によるデューイの経験概念の批判を確認しよう。今井は、近現代においては、教育概念が、「一方における自己活動、他方における対象世界」へと分解し、子どもの自己活動を対象として目的合理的に統制することに縮減されている、という[今井 1994: 33]。その批判は、デューイにも向けられ、たしかにデューイは「日常的経験」を重視し、そこに目的と手段の一体化を見いだしているが、その「日常的経験」に「本来的合理性」を取り戻そうとしている、という[今井 1994: 154, 157, 156]。今井は、朝焼けの美しさのような「美的経験」、すなわち美的認識に高められた日常的経験を取りあげ、それがもたらす効能(陶酔・癒やし)を論じながら、その効能を目的として経験を操作的に手段化することを嫌う。今井から見れば、デューイは、「経験」の「目的合理的な構造」によって、日常的経験が美的経験に「連続的［に］発展」すると考えている。それは、「経験」を「主観」の目的合理性に還元することである［今井 2004: 257］。

なるほど、デューイの「経験」は「知性」に傾いているし、通念の知性はおよそ目的合理的である。しかし、木下が第3章で論じているように、デューイのいう「知性」すなわち合理性は、予定調和的どころか、中断され、根本からずらされる、非連続の論理である。デューイの知性が語りえない「存在の直接件」という「性状（質）」（quality）とともにあるからである。いいかえれば、本書の各論者がそれぞれの視座から析出しているように、デューイの経験概念は、揺動し変容する目的合理性、つまるところ「形而上学的動態」をふくんでいる。ここでいう形而上学的動態は、「メタフュシカ」［Metaphysica］、すなわち自明化された制度（もっともらしさ）を越えることである。それは、デューイの用いる概念を「自己」や「社会」が求める目的合理性からずらし、つまるところギリシア哲学に由来する「形而上学的基礎づけ」を退けている。

メタフュシカとしての形而上学的動態は、「論難の習俗」から区別される批判の本態である。すくなくとも、松下（第2章）が「ポストモダン的懐疑論」と呼ぶ風潮や有能・公正への過大な傾斜に違和感・嫌悪感を覚えるなら、人は、それらをなんらかのかたちで批判すべきである。いいかえれば、現代社会のように、有能・公正ばかりが求められ、それらに人が縛りつけられ、助けるべきいのちを助けられず、義憤をだれにもぶつけられない現実にいらだつなら、人は〈よりよく生きるようとする〉ことをあらためて問うべきである。そして、松下が論じているように、デューイの教育思想は、その礎となりうるだろう。

ともかく、三つほど確かめておこう。まず、確かにデューイは「方法の優位」を説いているが、それは、松下が確かめているように、神意や本質にすがり何かを達成しようとする原理主義を回避するためであり、不断に変化する情況に応答する可能性を重視するためである。この試行錯誤と不可分の応答可能性は、所与の目的に対する手段の合理性に還元されない。また、デューイの思想のなかには、「最高善」や「超越者」から区別される超越、すなわち「一体性」「全体(性)」「コミュニオン」「相互浸透」などを見いだすことができる［田中 2009; 2017, 2019］。さらに、序章で田中が述べているように、デューイの思想の基礎には、「自己」を超える「享受の自然観」が見いだされる。こうした解釈は、デューイの思想に目的合理性を超える思考、つまるところ「自己」を他者・世界とつなぐ思考を見いだすことであり、また経済的であれ、科学的であれ、教育的であれ、何らかの目的合理性との矛盾・緊張を生き抜く姿勢を見いだすことである。

ようするに、デューイの教育思想のなかに目的合理性を相対化する形而上学的動態を確認することで、現代教育の限界を突破する思考を見いだすことが、デューイとともに「教育を哲学する」ことになるだろう。それは、デューイという古典を現代に生かすことにほかならない。そうするうえで避けて通れないのが、ローティ(Rorty, Richard)によるデューイの経験概念の批判である。というのも、ローティは、デューイの経験概念に形而上学的動態ではなく、形而上学的基礎づけを見いだしてしまうからである。

経験・自然の形而上学的基礎？

大雑把にいえば、日本のデューイ研究は、一九七〇年代から八〇年代かけてアメリカで展開されたローティによるデューイ批判への応答に傾いていた。そうした応答は、教育哲学におけるデューイ研究にも大きな影響を与え、デューイ教育思想への批判に対する応答の土壌をなしてきた[1]。ローティのデューイ批判の核心は、デューイが経験概念・自然概念を自説を「形而上学的に基礎づける」ものとして用いているということである。その内容を、一九八二年に出版された『プラグマティズムの帰結』に収録された一九七五年の所論「デューイの形而上学」（"Dewey's Metaphysics"）に依りつつ、確認しよう。

ローティは、まず、デューイが、ハイデガーとヴィトゲンシュタインが行ったように、ヨーロッパの哲学的伝統である「形而上学」を退けたこと、とくにデューイが二元論的な形而上学を普遍的な理念ではなく歴史的・文化的な構成物であると示したことを高く評価している。ローティは、デューイが、「二元論は、特殊な文化的理由のたせいで、［形而上学という］伝統によって［哲学に］課せられたが、今日ではもう有効性を失っている、と指摘している」と述べている［Rorty 1982: 82=2014: 272］。このようなデューイの「文化批判の哲学」をローティが肯定的に評価することによって、デューイの思想は、ヨーロッパの哲学における伝統である二元論を超え出るものとして、評価されることになった[2]。

しかし、ローティは、デューイの哲学の問題点も指摘している。ローティは、「デューイの誤り……は、文化の批判が『自然』や『経験』の、あるいはその両方の再記述という形を取らなければならないという考え方にある」と述べている［Rorty 1982: 85=2014: 279］。すなわち、ローティは、デューイの「文化批判の哲学」を評価しつつも、その批判を支えるものとしての「自然」や「経験」という概念が、デューイが退けたはずの「超越論的」（＝形而上学的）な「基礎づけ」を呼び戻してしまっている、と難じている。

> 「彼［＝デューイ］が欲したのは『環境との相互活動［transaction with the environment］』とか『条件への適合［adaption to conditions］』とかいった言い方が、自然主義的であると同時に超越論的であること、すなわち心理学者としての、人間の知覚や認識についての常識的な意見であると同時に、「存在の包括的特性［generic

traits of existence］」の表現でもあることである。そこで彼は『相互作用』や『情況』といった概念を、それらが『第一質量』や『物自体』のように神秘的に響くまでに拡張してしまった」［Rorty 1982: 84=2014: 276-277］。

ローティは、デューイが「自然」や「経験」、あるいはそれに基づく「相互活動（作用）」「情況」といった言葉を用いる点に、超越論的与件としての「存在の包括的特性」を読みとり、それを批判している。いいかえれば、ローティは、二元論批判の哲学者としてのデューイを評価しつつも、デューイの「自然」や「経験」の概念を包括的体系と見なし、それを切り捨てるべきた、と論じている。

しかし、早い段階から、このようなローティのデューイ批判は、批判されてきた。まずは、一九二五年に出版されたデューイの『経験と自然』の次の一節を確認しておきたい。

「もし哲学が批判［criticism］であれば、哲学の形而上学にたいする関係については、どのようなものだろうか。というのは、物理的なものと精神的なものとの分化にかかわりなく、すべての種類の存在が示す包括的特性［the genetic traits］についての言明としての形而上学は、効果的な智慧への愛［love of wisdom = philo-sophia］をもって行われる批判や選択とまったく関係がないように見える」［EN: 308］。

ローティは、この箇所を引いて、デューイが形而上学の「包括的特性」と哲学の「批判」のあいだで揺れていた、と考えている。そうした見解に対し、少なくない研究者が、デューイの形而上学を「基礎づけ」とは異なる道筋において解釈している[3]。そうしたローティ批判は、日本でも行われた。もっとも早い段階のそれは、一九八五年に発表された加賀裕郎の研究である。彼はそこで、デューイにおいては、哲学の「批判」と形而上学は両立すると論じている。すなわち、デューイの形而上学は、相互活動が行われるための場についての「認識」であり「基礎づけ」ではないと[加賀 1985]。世界は相互作用(相互活動)によって展開されているというデューイの基本的な発想は、その最終到達点(テロス)を所与の規範命題・事実命題として想定しないという意味で、確かに「基礎づけ」ではなく、具体的な「相互活動」が行われる「情況」についての分析的・記述的な再認として位置づけられるべきだろう。

それでは、「相互活動」や「情況」を支える「経験」や「自然」といった概念は、いかなる仕方で「基礎づけ」ではないといえるだろうか。ここでは、「経験」についてのみ、確認しよう。ローティによる「経験」概念の放逐という提案については、アメリカのデューイ研究においても近年盛んに論じられており、デューイ研究の一つの眼目となっている[4]。そうした動向を踏まえつつも、教育哲学のデューイという文脈において現在なお問うべきことは、デューイの「経験」概念において、二つの経験の様態の関係、すなわちおのずからの経験と目的合理的な経験の関係が、いかに象られているのか、である。いいかえれば、直接的で固有的な経験と言語的で一般的な経験の関係が、いかにとらえられているのか、である。

3　連環する二つの経験

二つの経験様態の連環

以下、こうした経験概念の構成について、本書の各論に言及しつつ、二つの論点を提示しよう。まず一つが、デューイの経験概念自体に、目的合理性を退けながら、相互活動によって、経験の展開の自明性を問いおす視座が織り込まれている、という解釈である。もう一つが、そのようなデューイの経験概念を手がかりとするとき、デューイの思想に存在論的思考を見いだせるのではないか、という問いかけである。

まず注目したいのは、本書に収められている論文の多くが、デューイが『経験と自然』で展開した「一次経験（直接経験・原初的経験）」と「二次経験（間接経験・派生的経験）」の重層性に触れていることである（序章田中論文、第2章松下論文、第3章木下論文、第5章井上論文、第6章西本論文）。一次経験は、言語以前の、主・客が分かたれる以前の、人が世界と参与的につながっているという経験である。言語によって象られるものとして経験、大まかにいえば、シニフィアンである。これに対し、二次経験は、世界を離接的に対象化するという経験である。言語によって象られたものとしての経験、これまた大まかにいえば、シニフィエである。こうした二つの経験の関係は、一方が他方を一方的に規定するという関係ではなく（第3章の木下論文を参照）、一次経験は、二次経験によりつつ、意味として形象化されるとともに、二次経験は、一次経験に組み込まれつつ、習慣として累積されていく、という関係である（第9章の藤井論文を参照）。

デューイの経験概念における一次経験と二次経験は、切り離してとらえることができない。たとえば、序章で田中が指摘しているように、両者を切り離してとらえることは、教育学のなかでいえば、「経験主義」と「系統主義」の対立を生みだすことになる。すなわち、一方で、系統主義・二次経験の重視は、デューイの思想に含まれている目的合理性の側面を過度に強調し、結果としてデューイの思想を矮小化されたプラグマティズムに貶めてしまうことになる。そのようなデューイ解釈は、学びを知識技能の習得に縮減することになりかねない。他方で、経験主義・一次経験の重視は、一次経験を二次経験を不可知的に基礎づけるものと意味づけることになるだろう。そうした意味づけは、より強固な目的合理性を招きかねない。すなわち、かつていわれた「這い回る経験主義」のような、一次経験の過大な目的化に帰着しかねない。

しかし、一次経験／二次経験の連環に着目するなら、どちらか一方を重視することがもたらす危うさを回避できる。端的にいえば、この二つの経験を連環させることは、二次経験的な「知識」を一次経験的な「全体」によって批判しながら、一次経験における「全体」への参与的なつながりを二次経験における「知識」においてたえず組み替えることであり、経験を形而上学的動態として位置づけることである。

経験の連環のコロラリー

そのような二つの経験の連環から、本書の内容をふりかえるなら、佐藤（第1章）が指摘する「実際に考えている過程としての『考えること』[thinking]」と、その結果としての『思考』[thought]」を区別することは、二つの経験の連環に立脚しつつ、「思考」の目的合理性を繰り返し前言語的な「考えること」に帰しつつとらえかえすことといえるだろう。また、藤井（第9章）が指摘する、「非合理的な要素」によって高められる「知性」という議論もまた、目的合理性としての「知識」を、一次経験としての「非合理的な要素」と不可分なものとしてとらえなおすことであるといえるだろう。いささか単純化していえば、二人の主張は、二次経験が一次経験から切り離されるなら、それは事実的で貧しいものになるが、二次経験に一次経験が組み入れられるなら、それは現実的で豊かなものになる、とまとめることができる。

また、木下（第3章）は、前述の今井のデューイ批判に応答し、二次経験を規定する目的合理性は、一次経験が感受する潜在的に拡がる「全体」から分出するものであり、その「全体」の一部にすぎない、と論じるとともに、一次経験は、確かに「全体」と合一的であるが、その内に「多性」(多様な可能性としての目的)をふくむ、と論じている。同じように、井上(第5章)、西本(第6章)も、「全体」との合一性のうちに「多性」が還元不可能な仕方でふくまれている、といい、またその「多性」は、二次経験という反省的行為を通じて明らかになる、という。とりわけ井上は、経験の連環において獲得される「質」(=性状)としての「終わり(目的)」[end]が、所与的・固定的ではなく、「多性」をふくみ、対象への働きかけのたびに現れる、と強調している。いうまでもないだろうが、このような「終わり」は、先験的な神意や本質によって「基礎づけ」られていないし、「自己」の意図や企図によっても根拠づけられていない。

また、経験の連環に注目するとき、木下と西本が論じているように、デューイのいう美的経験は、目的合理的に回収されない豊かさを浮かびあがらせる。従来の研究でも、美的経験には二次経験的な合理性を突破する可能性があると指摘されているが[5]、木下と西本は、美的経験が、経験の連環を端的に体現するものである、と論じている。経験の連環は、古屋論文(第7章)が取り上げる「劇化」概念のなかにも見いだされる。すなわち、没入専心としての「共感的同一化」と、没入専心を感じとりつつもそれを「離接的に観る・表現する」という二つの側面も、経験の連環の現れだろう。さらに、加賀論文(第5章)が取りあげる「文化」も、経験の連環と無関係ではない。加賀は、晩年のデューイの議論、すなわち「文化的自然主義」を取りあげ、それを「機械論的自然主義」と「非/超自然主義」の中道を行く思考として位置づけ、その核心は「習慣」が再編成される過程としての「成長」である、と論じている。目的合理性への傾倒でもなく、自然の本質への依存でもない、その「あいだ」としての「文化」は、経験の連環の翻案といえるだろう。

ここでは、予示するにととどめるほかないが、こうした経験の連環は、デューイの思考の基本パターンといえるかもしれない。というのも、たとえば、デューイのいう「シンパシー」[sympathy]も、衝迫的な交感/知性的な共感という連環する二つの意味で使われている。また「インタレスト」[interest]も、参与している／関心をもつという連環する二つの意味で使われている。さらに、木下が確認しているように、「センス」[sense]と「ミーニング」[meaning]も連環している。「センス」は、情況全体を質的に感受することを意味し、「ミーニング」は、そのセンスの内容を反省的に意味づけ、センスから分出させることである。おそらく、こうした連環する二つの位相を基本的に分けるものは、意図し思惑し欲望する「自己」がないか／あるか、だろう。そしてそれは、ハイデガーの、「存在」と存在者という「存在論的差異」を思い出させるだろう。

参与的つながりの想起

ともあれ、以上に見てきたような、経験の連環は、現代社会を枠づけている機能分化に対する批判的応答を知識論的に支える、といえるだろう。ここでいう「機能分化」は、近現代の基本的な社会構造である。それは、何らかの機能的コミュニケーション・システム、すなわち政治、経済、法、教育、学術といったそれに、社会が分化し、そうしたサブシステムのなかで、固有な価値、たとえば権力、利益、合法性、有能性・主体性、真理などが追求される状態である。「機能的」は、目的合理的（有用性指向的）にひとしい。たとえば、教育というサブシステムは、人を有能化・主体化するための目的合理的なシステムである。

社会全体が有能性、すなわち目的合理性（有用性指向）に大きく傾くとき、人が世界との合一性ないし参与的つながりに何らかのかたちでたち帰ろうとすることは、自然なことだろう。なるほど、科学技術の高度化によって、目的合理性への傾斜は一段と強まっているようにも見える。しかし、そうした強まりのなかでこそ、生澤（第8章）が論じている、一人ひとりの生活に根ざす「社会倫理」を基盤とした「コモン・マンのデモクラシー」が求められるだろうし、その基礎は、世界との参与的つながりではないだろうか。

松下（第2章）が「根源的民主主義」と形容するデモクラシーの本態も、参与的つながりだろう。松下が述べているように、デューイのいう「デモクラシー」は、「民主制」という狭義の政治制度ではなく、人が個人主義的にとらえられ、分断化され断片化された現代社会をよりよく作りかえる礎である。それは、社会を構成する人びとを一枚岩の経験のもとに統合するものではなく、社会を構成する人びとがそれぞれの個別性・固有性を保ちつつ集いあうことである。松下が「リベラル民主主義」と形容する通念のデモクラシーは、参与的つながりに支えられた集いあうデモクラシーによってこそ、生き生きとよみがえる。その意味で、松下は「民主主義の再建の鍵を握るのは、デューイのいう経験による学習だ」と論じるのだろう。

デューイの「コミュニケーション」も、参与的つながりの一つではないだろうか。デューイのいう「コミュニケーション」は、通念のそれ、すなわち個人と個人の「情報の伝達」ではなく、神と人の「コミュニオン」、すなわち他者と自分が大切なことを「分かちあう」ことに与っている（「分かちあう」は、ナンシーのいう「パルタージュ」である）。私たちは、つねにすでにこの分かちあいの準備を整えて生きている。すなわち、つねにすでに他者と参与的につながっている。いいかえれば、私たちは、本来的に〈こと〉の連関に内属し着床し、「全体」（世界）を構成する一つの器官として存在し実存している。しかし、通念の「自己」「主体」「理性」などによって、しばしばその存在論的事実を看過したり忘却したりしている。

参与的つながりは、「表象的」［represtative］にではなく、「詩作的」［poetic］に語られるだろう。デューイの二次経験は、一次経験を言語化し他者に伝達可能である知識に変えるが、伝達される知識が、たんなる事実を写しとった具象命題、多様な事実を一つにまとめた抽象命題や、暫定的な有用性で価値づけられた、またそれを失うと同時に廃棄される「情報」にとどまるかぎり、コミュニケーションは、参与的つながりを語りえない。しかし、高柳（第10章）が論じているように、デューイが求める詩作がエマーソンのいう集いあう生を語る「詩人の言葉」であるとすれば、それは、参与的つながりを語る試みといえるだろう。

4　デューイとともに教育を哲学する

以上、今井、ローティによるデューイの経験概念の批判を確認し、デューイの経験概念の構造的連環を析出し、簡単ながら、その思想的含意を示した。この経験の連環、すなわち一次経験／二次経験の連環、またそこに見いだされる参与的つながり／目的合理的活動の連環は、人があらたに教育の理念（ヴィジョン）を象り語るうえで不可欠な、存在論的・形而上学的な礎ではないだろうか。人が固有本来的に〈よりよく生きるようとする〉とき、その営みを生き生きと構造化するものは、こうした経験の連環ではないだろうか。

本書の冒頭で措定したように、教育を哲学することが、〈よりよく生きるようとする〉という、一人ひとりの固有本来的な生の動態を語ろうとすることであるなら、それは、（子どもたち）一人ひとりが日々の具体的な実践に経験の連環を見いだせるように、この経験の連環をできるだけ具体的に語ることだろう。〈よりよく生きるようとする〉というときの「よりよく」は、他者・他の生きものをより深く顧慮することであり、その顧慮の深さは、経験の一環である世界との参与的つながりによって招来されるからである。人は、人為・作為としての科学技術を用いつつも、他者・生きものが連綿と結びあう全体＝世界に与りつつ生きることを了解することで、日々進化する科学技術が加速させる目的合理性信奉を相対化できるだろうし、そうした傲岸を相対化しなければ、環境汚染・自然破壊への対処策は、ことごとく形骸化するだろう。

最後に確認しておくなら、経験は、そもそも「自己」の意志や意図で中断できることではなく、特異でありかつ普遍的である営みであり、思考は、この経験のなかでこそ行われる。それは、押しつけられる定形の解釈ではなく、おのずから生じる不断の試みである。経験は、今まさに「私」に生まれつつあるもの、ドゥルーズふうにいえば、「現勢的なもの」（アクチュエルなもの）を感受することであり、かつそれを意味づけることである。ある人の固有本来の生を暗示するものは、そうした思考を内包する経験のなかで、ある人（子ども）が何らかの「驚異の感覚」をいだく現勢的なものかもしれない。もしもそう考えられるのなら、教育を哲学することは、一人ひとりの固有本来の自己創出、すなわち出来する現勢的なものの感受（アフェクティオ）、そしてその象り（イマギナティオ）をできるだけ豊かに語ることであろう。ようするに、人は、どのように感動し、魅了され、取り憑かれるのか、それを深く語ることだろう。

註

1　ローティによる再解釈によって加速したアメリカのデューイ研究をひもときながら、ローティが批判したデューイの哲学の側面を一九八〇年代から九〇年代にかけて擁護してきた教育哲学研究者として早川操の仕事[早川 1988; 1989]がある。

2　二元論批判としてのデューイをはじめとする古典的プラグマティズム評価を展開したものとして、.パトナムによる研究もデューイ研究に大きな影響を及ぼしている[Putnam 2002]。

3　アメリカにおける、ローティの批判に対しデューイの形而上学を非基礎付け的な仕方で再解釈する研究の嚆矢は、一九八六年にTransaction of the Charles S. Peirce Societyに掲載された特集“Symposium on Rorty's Consequences of Pragmatism”に収められたスリーパーの論文[Sleeper 1986]だろう。

4 ローティの経験概念の捨象の問題については、アメリカのデューイ研究でも近年盛んに論じられている。たとえば、Bernstein [2010: 125-152]、Schustermann [1997=2012: 166-196] によるローティへの批判が挙げられる。両者は、ローティの「言語論的転回」としてプラグマティズムに対して、容易には分かつことのできない世界の感受としての「経験」にプラグマティズムの可能性を見出す。また、経験概念の思想史的研究からその現代的意義を導こうとする研究として、ジェイの研究 [Jay 2005] がある。

5 美的経験に二次経験的な目的合理性の突破を読み込む研究としては、本書でもたびたび登場するアレグザンダーの研究 [Alexander 1987] がある。

文献

今井康雄 1994『ヴァルター・ベンヤミンの教育思想』世織書房.

今井康雄 2004『メディアの教育学』東京大学出版会.

加賀裕郎 1985 「デューイ哲学における構築的なものと脱構築的なもの――R・ローティのデューイ解釈をめぐって」『デューイ学会紀要』(26), 43-49.

田中智志 2009『社会性概念の構築――アメリカ進歩主義教育の概念史』東信堂.

田中智志 2017 『共存在の教育学――愛を黙示するハイデガー』東京大学出版会.

田中智志 近刊 『超越性の教育学――強度とメリオリズム』東京大学出版会.

藤井千春 1998「問題解決学習」『日本の戦後教育とデューイ』杉浦宏編, 世界思想社, 113-126.

早川操 1988「アメリカにおけるデューイ哲学再評価の動向 (1) ――「自然主義的形而上学」の再検討を中心に」『名古屋大學教育學部紀要』(35), p13-32.

早川操 1989「アメリカにおけるデューイ哲学再評価の動向 (2) ――「脈絡主義」と「経験の美的質」を中心に」名古屋大學教育學部紀要 教育学科 (36), p91-108.

*

Alexander, Thomas M. 1987 *John Dewey's Theory of Art, Experience & Nature: The Horizons of Feeling*, Albany, NY: State University of New York Press.

Bernstein, Richard J. 2010 *The Pragmatic Turn*, New York/London: Polity Press.

Dewey, John 2008 *The Collected Works of John Dewey,* 1882-1953. ed., Jo Ann Boydston. Carbondale, IL: Southern Illinois University Press（Early Works = ew / Middle Works = mw / Later Works = lw）.

EN = *Experience and Nature*（1925 lw. 1）.

Jay, Martin. 2005 *Songs of Experience: Modern American and European Variations on a Universal Theme.* Berkeley, CA: University of California Press.

Putnam, Hilary. 2002 *The Collapse of the Fact/Value Dichotomy and Other Essays*, Cambridge, MA: Harvard University Press.

Rorty, Richard. 1982 "Dewey' s Metaphysics", *Consequences of Pragmatism*, Brighton, Sussex: The Harvester Press, pp. 72-89. = 2014「デューイの形而上学」吉岡洋訳『プラグマティズムの帰結』筑摩書房、pp. 252-286.

Schustermann, Richard 1997 *Practicing Philosophy: Pragmatism and the Philosophical Life.* New York: Routledge. = 2012 樋口聡・青木孝夫・丸山恭司訳『プラグマティズムと哲学の実践』世織書房.

Sleeper, R.W. 1985 "Rorty' s Pragmatism: Afloat in Neurath' s Boat, but Why Adrift?", *Transactions of the Charles S. Peirce Society*,（21）1: 9-20.

あとがき

正直にいえば、私にとって、デューイはあまり魅力的な思想家ではなかった。たしかに、教育実践を考えるうえで、デューイの議論は示唆に富んでいたが、人が生きることを考えるうえでは、あまり刺激的ではなかった。ごく簡単にいえば、デューイにとっての教育の本質は、コミュニケーションであり、それと不可分な営みが他者、自然、全体性への「参与」、ないし経験の「分有」である。デューイにとって、コミュニケーションも、参与も、分有も、「知性」的であり、あからさまに「情感」的ではない。

むろん、デューイの議論は、もっともらしい整理整頓だけをめざしているかのような、図式的なものではない。しかし、総じていえば、デューイの議論に、情感あふれる詩的な記述、感情のほとばしり、暗いうごめきを見いだすことは難しかった。それは、私にとって、デューイを遠ざけるに充分な理由だった。大学院生のころにローティのデューイ論を読んだときも、デューイに取り組もうという気にはなれなかった。

しかし、二〇年くらい前に、あるきっかけで、デューイの『デモクラシーと教育』の「教育における思考」を読みなおしているとき、デューイが「具体的問題」と「人間存在への問い」をつないでいることに気づいた。それは、私にとって、デューイに向かう充分な理由となった。たとえば、デューイのいう rationality を、たんなる「合理性」ではなく「比(かたち)」と考えるようになった。いわば律動(リズム)や旋律(メロディ)のようなもので、まのびもすれば、せっかちにもなるが、その比自体は変わらないと。

ともあれ、本書を企画しようと思った直接的な契機は、日本語版の『デューイ著作集』が東京大学出版会から刊行されることが決定されたことである。この企画の端緒は、二〇一一年にさかのぼり、五〇名あまりの研究者がかかわってスタートした。二〇一三年には、刊行が開始されるはずであったが、よくあることだろうが、大幅に遅れてしまい、二〇一八年に、ようやくその第一回めの配本が開始された。

同著作集の翻訳にもかかわっていただいた、そして私が個人的に関心を抱いてきた研究者の方々に、これまでにないデューイ解釈を書いてください、とお願いすることから、この本づくりは始まった。当初、二〇一八年春に刊行することを予定していたが、およそ一年あまり遅れてしまった。寄稿したくれた方々に呼びかけたのは、二〇一七年の春ころだったと思う。期日をきちんと守り、早くに原稿を寄せてくれた方は、一年近く待っていただくことになり、まことに申し訳なく思う。この場を借りて、お詫び申しあげる。

また、東京大学大学院の院生、西本さんには、寄稿者のみなさんへの連絡や原稿の整理など、事務的な仕事をしていただいただけでなく、終章の執筆についても、大いに助けてもらった。深く感謝する。

末尾ながら、東信堂の下田勝司さんには、二〇代の若いころからお世話になりっぱなしである。今回も丁寧な編集作業をしていただいた。心から御礼申しあげる。

二〇一八年一二月三日

田中智志

人名索引

た行

な行

は行

ま行

ら行

わ行

事項索引

執筆者一覧

序　章　田中 智志

第1章　佐藤 隆之（Takayuki Sato）　早稲田大学教育・総合科学学術院教授。

第2章　松下 良平（Ryohei Matsushita）　武庫川女子大学教育学部教授。

第3章　木下 慎（Shin Kinoshita）　都留文科大学国際教育学科講師。

第4章　加賀 裕郎（Hiroo Kaga）　同志社女子大学現代社会学部教授。

第5章　井上 環（Meguru Inoue）　東京大学大学院教育学研究科博士課程。

第6章　西本 健吾（Kengo Nishimoto）　東京大学大学院教育学研究科博士課程。

第7章　古屋 恵太（Keita Furuya）　東京学芸大学教育学部准教授。

第8章　生澤 繁樹（Shigeki Izawa）　名古屋大学大学院教育発達科学研究科准教授。

第9章　藤井 千春（Chiharu Fujii）　早稲田大学教育・総合科学学術院教授。

第10章　高柳 充利（Mitsutoshi Takayanagi）　信州大学学術研究院教育学系准教授。

第11章　田中 智志

終　章　西本 健吾・田中 智志

編者紹介
田中 智志 (Tanaka Satoshi)
専攻：教育学（教育思想史・教育臨床学）／現職：東京大学大学院教育学研究科教授。
略歴：1958 年、山口県生まれ。早稲田大学大学院文学研究科教育学専攻博士後期課程単位取得満期退学。博士（教育学）東京大学。
著書：『他者の喪失から感受へ－近代の教育装置を超えて』（勁草書房 2002）、『〈近代教育〉の社会理論』（森重雄と共編著、勁草書房 2003）、『教育学がわかる事典』（日本実業出版社 2003）、『教育人間論のルーマン－人間は教育できるのか』（山名淳と共編著、勁草書房 2004）、『教育の共生体へ－ Body Educational の思想圏』（編著、東信堂 2004）、『臨床哲学がわかる事典』（日本実業出版社 2005）、『人格形成概念の誕生－近代アメリカ教育概念史』（東信堂 2005）、『グローバルな学びへ－協同と刷新の教育』（編著、東信堂 2007）、『キーワード 現代の教育学』（今井康雄と共編著、東京大学出版会 2009）、『教育思想のフーコー－教育を支える関係性』（勁草書房 2009）、『社会性概念の構築－アメリカ進歩主義教育の概念史』（東信堂 2009）、『学びを支える活動へ－存在論の深みから』（編著 東信堂 2010）、『プロジェクト活動―知と生を結ぶ学び』（橋本美保と共著 東京大学出版会 2012）、『教育臨床学－〈生きる〉を学ぶ』（高陵社書店 2012）、『大正新教育の思想－躍動する生命へ』（橋本美保と共編著 東信堂 2015）、『共存在の教育学－愛を黙示するハイデガー』（東京大学出版会 2017）、『何が教育思想と呼ばれるのか－共存在と超越性』（一藝社 2017）、『教育の理念を象る－教育の知識論序説』（東信堂 2019）、『超越性の教育学－強度とメリオリズム』（東京大学出版会 近刊）など。

教育哲学のデューイ―連環する二つの経験

2019年　10月30日　初 版　第1刷発行　〔検印省略〕
定価はカバーに表示してあります。

編著者©田中 智志／発行者 下田 勝司　印刷・製本／中央精版印刷

東京都文京区向丘 1-20-6　郵便振替 00110-6-37828
〒 113-0023　TEL (03) 3818-5521　FAX (03) 3818-5514

発 行 所
株式会社 東 信 堂

Published by TOSHINDO PUBLISHING CO., LTD.
1-20-6, Mukougaoka, Bunkyo-ku, Tokyo, 113-0023, Japan
E-mail : tk203444@fsinet.or.jp　http://www.toshindo-pub.com

ISBN 978-4-7989-1593-7 C3037

東信堂

いま、教育と教育学を問い直す—教育哲学は何を究明し、何を展望するか	森田尚人・松浦良充 編著	三二〇〇円
教育的関係の解釈学	坂越正樹監修	三二〇〇円
教員養成を哲学する—教育哲学に何ができるか	林泰成・山名淳・下司晶・古屋恵太 編著	四二〇〇円
大学教育の臨床的研究—臨床的人間形成論第1部	田中毎実	二八〇〇円
臨床的人間形成論の構築—臨床的人間形成論第2部	田中毎実	二八〇〇円
人格形成概念の誕生—近代アメリカの教育概念史	田中智志	三六〇〇円
社会性概念の構築—アメリカ進歩主義教育の概念史	田中智志	三八〇〇円
空間と時間の教育史—アメリカの学校建築と授業時間割からみる	宮本健市郎	三九〇〇円
アメリカ進歩主義教授理論の形成過程—教育における個性尊重は何を意味してきたか	宮本健市郎	七〇〇〇円
ネオリベラル期教育の思想と構造—書き換えられた教育の原理	福田誠治	六二〇〇円
学びを支える活動へ—存在論の深みから	田中智志編著	二〇〇〇円
グローバルな学びへ—協同と刷新の教育	田中智志編著	二〇〇〇円
教育のあり方を問い直す—学校教育と社会教育	福島裕敏・松本大・森本洋介 編著	二九〇〇円
子どもが生きられる空間—生・経験・意味生成	高橋勝	二四〇〇円
流動する生の自己生成—教育人間学の視界	高橋勝	二四〇〇円
子ども・若者の自己形成空間—教育人間学の視線から	高橋勝編著	二七〇〇円
文化変容のなかの子ども—経験・他者・関係性	高橋勝	二三〇〇円
アメリカ 間違いがまかり通っている時代—公立学校の企業型改革への批判と解決法	D・ラヴィッチ著 末藤美津子訳	三八〇〇円
教育による社会的正義の実現—アメリカの挑戦(1945-1980)	D・ラヴィッチ著 末藤美津子訳	五六〇〇円
学校改革抗争の100年—20世紀アメリカ教育史	D・ラヴィッチ著 末藤・宮本・佐藤訳	六四〇〇円
アメリカ公立学校の社会史—コモンスクールからNCLB法まで	W・J・リース著 小川佳万・浅沼茂監訳	四六〇〇円

越境ブックレットシリーズ

⓪教育の理念を象る—教育の知識論序説	田中智志	一二〇〇円
①知識論—情報クラウド時代の"知る"という営み	山田肖子	一〇〇〇円
②知識・女性・災害	天童睦子	続刊